Judaic Artifacts

Unlocking the Secrets of Judaic Charms and Amulets

Includes a CD for electronic search

Compiled by
Abraham Green

ASTROLOG PUBLISHING HOUSE

Cover design: Daniel Akerman

© Astrolog Publishing House 2004

All rights reserved to Astrolog Publishing House Ltd.

P. O. Box 1123, Hod Hasharon 45111, Israel

Tel: 972-9-7412044

Fax: 972-9-7442714

Published by Astrolog Publishing House 2004

10 9 8 7 6 5 4 3 2 1

In memory of my beloved wife Ester
Without her this book would not have happened

Table of Contents

Introduction

The interpretation of Hebrew amulets requires not only a lot of research, but also a big imagination. Many books were written on this subject, both by Rabbis and Judaica research scholars. These books interpret hundreds of Hebrew letter combinations, which are written as spells and charms on different types of amulets. Most of these books address the spells in a random order. Some contain several tables, arranged by different subjects, where the spells in each table are sorted alphabetically. Even there, the tables do not include all the spells that are in the book, and it is difficult to find the letter combinations when the subject is not known, especially when the user is not a professional with expertise in amulet interpretation.

The writer of this document is a collector of various Judaic artifacts, not a researcher. In order to find the interpretation for a group of letters that appears on an amulet or another Judaic artifact, he had to browse through hundreds of pages in different books on the subject of Hebrew amulet interpretation, only to repeat the process for another spell on the same artifact. After reading the same books too many times, he decided to use his personal computer to consolidate the information in all the books in his possession into a single table. This table lists the spells alphabetically, regardless of the subject or source of the information. Moreover, by using the computer's search capability, he could find a partial letter combination, when that combination is missing the first letter(s) of the traditional combination and cannot be located alphabetically.

This table represents a collection of data, which was extracted from other books on the subject. It does not attempt to explain the history, myths or stories behind each spell neither does it describe a specific collection of artifacts as many other books do. It is, though, a powerful tool for finding the data associated with spells on Hebrew artifacts. It contains the spell, it's interpretation, it's use, the origin of the chapter and verse in the scriptures, and which reference books contain that information, all in a single line. There is no need to go back and forth between the research data, the scriptures and other bibliographic information to interpret a spell. However, if the reader needs additional information, all the references are available on the same line in the table.

The book contains two sections, one in Hebrew and one in English. In the English section, the spells and their interpretation are written in Hebrew. The usage of the spell and its source in the scriptures are in English. Where required, additional comments are also in English. The names of the Hebrew reference books are written in Hebrew, and to keep the proper right-to-left flow, the letter ע׳ stands for Page Number. The Hebrew section, of course, is all Hebrew.

This table is aimed at any person interested in the interpretation of Hebrew letter combinations, spells or charms, whether he is an expert or just an amateur collector. A CD enabling the electronic search is supplied with this document. Of course, everyone can use the printed table, but with a basic knowledge of personal computers and a suitable Hebrew word processor, the interpretation can be only a click away.

How to use this table

The table contains 5 columns:

1. Spell

Contains an alphabetical listing of the letter combination or spell written on the artifact.

2. Interpretation

Shows the sentence or list of words from which the spell was derived. Usually, the spell consists of the initial letters of these words. When the method of deriving the spell is different, an explanation is provided in this column (e.g. Final letters). When the method becomes too complex, the letters of the spell are highlighted in bold letters in the text. When the letters belonging to the spell appear in more than one sentence, only the part of the sentence containing the appropriate letters is shown, and the missing words are replaced by an ellipsis (...). When there is more than one interpretation, they are separated by a forward slash (/). When the sentence includes letters or words that were dropped from the spell, these appear in parentheses.

Note: In most cases, the שם המפורש was replaced by ה׳. שם המפורש appears only in a few instances where ה׳ does not explain the spell properly.

3. Usage

When known, the usage for the spell is shown in this column. e.g. Protection for the newborn.

4. Source

The name of the publication (along with the page numbers) where the interpretation was found is given here. When more than one source was found, multiple sources are listed. In most cases, when different sources give different meanings to the spell, each source and its explanation appear on a separate line.

5. Origin

When known, the origin of the sentence in the Scriptures, prayer books or alike is shown here, including the chapter and verse numbers. Here too, when the source books list different origins, they appear on a separate line.

How to use the CD

The CD contains a file written in the Hebrew version of MS Word 2000 by Microsoft. The file name of the Hebrew section of the table is AmulHeb.doc. The name of the English section is AmulEng.doc.

To use the search mechanism with the American version of MS Word, installation of an MS Word multi language Hebrew support option is required, for both the software and the keyboard. This feature is available on the MS Word installation CD. MS Word Help file contains the installation procedure.

The first line of each table lists the complete Hebrew alphabet in order. If the keyboard support option is not installed, the user can use a cut and paste method to insert one Hebrew character at a time into the search window. The second line provides hyperlinks to the beginning of each set of spells starting with the same letter as the hyperlink

Hints for Electronic Search

1. Hyperlinks may not be functional on some versions of MS Word. Instead of using the hyperlinks provided at the beginning of the table to skip to a set starting with a particular letter, type 2 dashes and the desired letter in the search window. e.g. typing --ד will cause the cursor to skip to the head of the list starting with the letter ד without first finding all the preceding instances of the letter ד in the table.

2. Many amulets contain only a part of a spell. When searching, it is best to use only 2 to 4 letters out of the spell.

3. The spaces between groups of letters in a spell can vary in different amulets. If the desired letter combination is not found, try to insert a space in the set. e. g. it the search for עואח fails, try עו אח , or just עו, or just אח.

4. The search mechanism searches for the letter combination in the whole table, not only in the Spell column. As a result it may find matches in other columns. In addition, it may find a match in the middle of longer, different spells. It is best to click the Find Next button in the search window several times to insure that all the matches are found, before selecting a proper interpretation.

5. Many amulets contain errors, such as missing letters and substitution of similar letters. If the desired combination is not found, searching for a different part of the spell may produce a positive result.

Common methods of generating spells in amulets

Usually, Amulet writers use one of the following methods to generate the letter combinations or spells in Hebrew amulets. Examples and photographs of several interpreted amulets are given in the center of this publication.

Initial letters

The spell consists of the initial letter of each word in a set of words or a sentence. e.g. The spell אבי represents the initial letters in the sentence אדיר במרום ה׳. Notice that the actual verse uses the שם המפורש, represented by the letter י in the spell. The interpretation uses the name ה׳ to avoid writing the שם המפורש.

Final letters

The spell consists of the final letters of each word in a set of words or a sentence. e.g. The spell חתך represents the last letter in each word of the sentence פותח את ידך.

Tmurah (Substitution)

Substitution of one letter with another is called Tmurah. Amulet writers use several methods of Tmurah.

אתב״ש

In this scheme, the letter א, the first letter of the Alphabet, is substituted for the last letter of the alphabet, ת. The second letter, ב, is substituted for the second to last letter, ש, etc. e.g. The spell השתפא represents the word צבאות.

אלב״מ

In a similar fashion, splitting the 22 letters in the Hebrew alphabet in half, the first letter, א, is substituted for the twelfth letter, ל, the second letter, ב, for the thirteenth letter, מ, etc.

אבג"ד

Here, the letter א is substituted for the letter following it, ב, the letter ג for the letter following it, ד, etc.

The tables below are given to facilitate easy search for letters using these schemes.

אבג"ד	
ב	א
ד	ג
ו	ה
ח	ז
י	ט
ל	כ
נ	מ
ע	ס
צ	פ
ר	ק
ת	ש

אלב"מ	
ל	א
מ	ב
נ	ג
ס	ד
ע	ה
פ	ו
צ	ז
ק	ח
ר	ט
ש	י
ת	כ

אתב"ש	
ת	א
ש	ב
ר	ג
ק	ד
צ	ה
פ	ו
ע	ז
ס	ח
נ	ט
מ	י
ל	כ

איק בכר

The letters are arranged in nine boxes, three letters in each. Each letter in a box can be substituted for another in the same box. The letters א through ט are written in the nine boxes in order. The letters י through צ follow as the second letter in each box. The letters ק through ת followed by the letters ך through ץ constitute the third letter in each box.

גלש	בכר	איק
וסם	הנך	דמת
טצץ	חפף	זען

vi

אחס בטע

In this method, only eight boxes are used. The first 7 boxes contain the first 7 letters of the alphabet, then the next 7, then 7 more. The letter ת appears in a separate box, and is not substituted. The 5 final letters ךthrough ץ are addressed as regular letters.

גיפ	בטע	אחס
ומר	הלק	דכצ
	ת	זנש

Merging of letters from different words

This scheme intermixes letters of several words into a single spell.
Example 1 - יהייוה consists of the שם המפורש with יי in the middle.
Example 2 - in יאהדונהי each letter of the שם המפורש is followed with a letter from אדני.

Squares

A square is a frame with boxes inside. Each box contains a letter or a group of letters, arranged in different schemes - Gematria, initial letters, final letters, whole words, partial words etc. The specific encoding method of the squares included in this table is explained in the Interpretation column.

Gematria

Each letter in the Hebrew alphabet has a numerical value. Letters א through ט have the values of single digits, 1 through 9. Letters י through צ have are valued in multiples of 10 and have the values of 10 through 90. Letters ק through ת are valued in multiples of 100 and have the value of 100 through 400. In Gematria, words with a certain total numerical value have the same meaning as other words with the same value. e.g. הכם and אדני both have the value of 65. The use of this scheme can get very complicated, especially when the base values of the letters are intermixed, e.g. כ can be valued at 2 or 20, ר can be valued at 2, 20 or 200.

Other methods

Often, amulet writers use other odd methods of encoding.
- Last letter (or first letter) of the last word (or first word) of consecutive verses. e.g. צמרכד consists of the last letter in the first five verses of Genesis.
- Two, three of more letters in the beginning (or end) of each word in a verse.
- Second or third letter in each word in a verse.
- First letter in every other word in a verse - called Serugin (סרוגין)
- First and Last letter in each word in a verse. –
- Random number of letters and/or position in words of a verse. e.g. ביט consists of the bold letters in **בי** חשק ו**א**פל**ט**.
- Random letters taken from words in several verses.

What is not included in this table

Hebrew amulets may also contain whole verses from various scriptures and other books, without any attempt to convert them into mysterious shortcuts, spells and charms. There are also sections written in plain Hebrew, which consist of blessings and wishes common to Hebrew amulet writing. Neither are addressed in this table. The table consists mostly of shortcuts, spells and charms. However, the list of amuletic spells and charms included in this table is by no means complete. It was compiled from data in a limited number of books available to the writer. Other books exist which surely contain additional spells. Even some of the spells in the books that are listed in the Bibliography are not included in this table. Many appear without an interpretation, simply because they were found on one of the amulets described in the book, others have inconsistent references that could not be verified by the writer, and some were simply missed. Still, this table is a useful tool for many, and hopefully will satisfy the curiosity of many owners of Hebrew amulets.

Table of Amulet Interpretations

Origin	Source	Usage	Interpretation	Spell
				--א--
	Hebrew Amulets P. 124		אמן	א
Kabbalah Psalms 67:8	Hebrew Amulets P. 124 הקמיע העברי ע' 202 הקמיע העברי ע' 65 הקמיע העברי ע' 80		**א**מן ו**א**מן ארך אנפין (Forgiving) אפסי ארץ אדני אלהיך	אא
Exodus 3:14 Exodus 34:6	הקמיע העברי ע' י' הקמיע העברי ע' 171 הקמיע העברי ע' 171		אמן אמן אמן אהיה אשר אהיה אל (רחום וחנון) ארך אפים	אאא
Exodus 15:9	הקמיע העברי ע' 171 Hebrew Amulets P. 130	Against an enemy	אמר אויב ארדף אשיג אחלק שלל תמלאמו נפשי אריק חרבי תורישמו ידי	אאא אאש תנא חתי
Exodus 20:2	Hebrew Amulets P. 134	Samaritan Amulet	אנכי ה' אלהיך אשר הוצאתי אותך (הוצאתיך - In Origin) מארץ מצרים מבית עבדים	אאא אהא מממע
Psalms 84:13	הקמיע העברי ע' 171		אשרי אדם בטח בך	אאבב
Deuteronomy 28:15	הקמיע העברי ע' 171		ארור אתה בעיר וארור אתה בשדה	אאבואב
Psalms 91:5	הקמיע העברי ע' 171	Protection for the road	לא תירא מפחד לילה - Final letters	אאדה
	הקמיע העברי ע' 118		אהבת את השלום אמן	אאהא
	רפאל המלאך ע' 78	Salvation for a a gravely ill person	Combination of אהוה and אדני. Each letter in אדני follows a letter in אהוה	אאהדונהי
	רפאל המלאך ע' 78	Salvation for a gravely ill person	Combination of אהיה and אדני. Each letter in אדני follows a letter in אהיה	אאהדינהי
	הקמיע העברי ע' 39	Name of God	Combination of אהיה and אחד. Each letter in אחד follows a letter in אהיה	אאהחידה
	הקמיע העברי ע' 39	Name of God	Combination of **אלהים** and אהיה. **א**להים **אה**יה א**ל**הים אה**יה** אל**הים**	אאהליההים
	הקמיע העברי ע' י'		**א**בות **א**בותינו **הק**דושים	אאהק
Psalms 5:8	הקמיע העברי ע' 171		אשתחוה אל היכל קדשך ביראתך	אאהקב
Psalms 137:5	הקמיע העברי ע' 171		אם אשכחך ירושלם תשכח ימיני	אאיתי
	הקמיע העברי ע' 39	Name of God. Against קליפה (Power of a female twin)	אלהים - Double letters (twins)	אאללההיימם
	Jewish Tradition In Art P. 290		אמן אמן נצח סלה ועד כן יהי רצון	אאנסוכיר
Kabbalah	הקמיע העברי ע' 202		אור אין סוף	אאס

Origin	Source	Usage	Interpretation	Spell
Genesis 46:4	הקמיע העברי ע' 171		אנכי ארד עמך מצרימה ואנכי אעלך גם עלה	אאעמואגע
	הקמיע העברי ע' 38	Name of God	Combination of אדני and אציא. Each letter in אדני follows a letter in אציא. (אציא) = אלהים צבאות יה אלוה)	אאצדינאי
Canticles 7:9	הקמיע העברי ע' 47	For love	אחזה בסנסניו	אב
	Hebrew Amulets P. 51, 124	Protection for the newborn	One of the names of the female demon Lilith (לילית)	אבגו
Initial letters of the prayer אנא בכח in תפילת השחר before שחרית	הקמיע העברי ע' 171	Name of God	The 42 Letter Name. אנא בכח גדלת ימינך תתיר צרורה. קבל רנת עמך שגבנו טהרנו נורא. נא גבור דורשי יחודך כבבת שמרם. ברכם טהרם רחמם צדקתך תמיד גמלם. חסין קדוש ברוב טובך נהל עדתך. יחיד גאה לעמך פנה זוכרי קדשתך. שועתנו קבל ושמע צעקתנו יודע תעלמות. The letters of the last verse, בשכמלו (ברוך שם כבוד מלכותו לעולם ועד) Are not included in the 42 letters.	אבג יתץ קרע שטן נגד יכש בטר צתג חקב טנע יגל פזק שקו צית (בשכמלו)
	Jewish Tradition In Art P. 56		אב בית דין	אבד
Psalms 93:4 Kabbalah	הקמיע העברי ע' 171 הקמיע העברי ע' 202		אדיר במרום ה' / אצילות בריאה יצירה	אבי
Psalms 32:7 Isaiah 26:4 The Amidah prayer	רפאל המלאך ע' 71	To protect from danger	Initial letters in the following verses: אתה סתר לי מצר תצרני... בטחו בה' עדי עד... ה' עוז לעמו יתן....	אבי
	הקמיע העברי ע' 111 Jewish Tradition In Art P. 20	Protection for the newborn	One of the names of the female demon Lilith (לילית)	אביזו (אביטו) (אביטי)
Kabbalah	הקמיע העברי ע' 202		אצילות בריאה יצירה עשיה	אביע
	הקמיע העברי ע' 111 חמסה ע' 116	Protection for the newborn	One of the names of the female demon Lilith (לילית)	אבכו (אברו)
Psalms 92:7	הקמיע העברי ע' 171		איש בער לא ידע וכסיל לא יבין את זאת	אבליוליאז
	Jewish Tradition In Art P. 20	Protection for the newborn	One of the names of the female demon Lilith (לילית)	אבנוקטה
	Hebrew Amulets P. 108	To help in childbirth	Angel, protects against a miscarriage	אברטיאל

Origin	Source	Usage	Interpretation	Spell
	Hebrew Amulets P. 67	Against the plague	Square. Contains the 5 Hebrew letters having an odd numerical value. (א=1, ג=3, ה=5, ז=7, ט=9) Reads both vertically and horizontally	א ג ה ז ט ג ה ז ט א ה ז ט א ג ז ט א ג ה ט א ג ה ז
The Amidah prayer	הקמיע העברי ע' 47, 172 חמסה ע' 91	Against fire and other mishaps	אתה גיבור לעולם אדני	אגלא
Genesis 49:8-11	הקמיע העברי ע' 47, 172		(יהודה) אתה... גור... לא... אסרי... Initial letters in the second word of the first verse and the first words of the next 3 verses.	אגלא
	Hebrew Amulets P. 97		Name of God. In Gematria, same as the 42 letter Name.	אדירירון
	הקמיע העברי ע' י', 47, 172		אדני דרבי מאיר ענינו / **א**להא **דמ**איר **ע**ניני.	אדמע
	הקמיע העברי ע' 26		Square. Contains permutations of: אדמע (אדני דרבי מאיר ענינו)	א ד מ ע ד מ ע א מ ע א ד ע א ד מ
	הקמיע העברי ע' 39	Name of God	אדני followed by יתץ. יתץ is part of the 42 letter Name of God	אדנייתץ
Leviticus 5:19	Hebrew Amulets P. 130	For consumption	אשם הוא אשם אשם להי'	אהא אל
In the Prayer Book	הקמיע העברי ע' 172		אחד הוא אלהינו גדול אדננו קדוש ונורא שמו	אהאגאקוש
Canticles 7:9	הקמיע העברי ע' 47, 172	For Love	**א**מרתי אעל**ה** **ב**תמר אחזה בסנסניו	אהב
	Afghanistan P. 164		Angel	אהביאל
	Jewish Tradition In Art P. 264		Square. Permutations of the Name of God	א ה י ה ה י ה א י א ה י ה י א ה
Psalms 77:15	הקמיע העברי ע' 172 רפאל המלאך ע' 97	Wards off trouble	אתה האל עשה פלא	אהעפ
	הקמיע העברי ע' י'		**א**לו **הש**מות	אהש
	הקמיע העברי ע' 80		**א**מן **וא**מן	או
	הקמיע העברי ע' י'		אלהינו ואלהי אבותינו	אוא
	הקמיע העברי ע' 172		**א**להינו **וא**להי **א**בותינו	אואא
Psalms 91:15-16	הקמיע העברי ע' 58, 172	For life, salvation	אחלצהו ואכבדהו. ארך ימים אשביעהו	אואיא
Kabbalah	הקמיע העברי ע' 202		**או**ר **א**ין **ס**וף	אואס
Kabbalah	הקמיע העברי ע' 202		**או**ר **א**ין **ס**וף **ב**רוך **ה**וא	אואסבה
Kabbalah	הקמיע העברי ע' 202		**או**רות **בכ**לים	אובכ

Origin	Source	Usage	Interpretation	Spell
	הקמיע העברי ע׳ 111	Protection for the newborn	One of the names of the female demon Lilith (לילית)	אודם
Proverbs 6:23	Afghanistan P. 119		**או**ר **ו**דרך **ח**יים **ת**וחכות **מוס**ר	או וחת מוס
Kabbalah	הקמיע העברי ע׳ 203		**או**ר **ח**וזר / **או**ר **ח**יצון	אוח
	הקמיע העברי ע׳ 172	Protection for the newborn	אדם וחוה חוץ לילית	אוחל
Kabbalah	הקמיע העברי ע׳ 203		**או**ר **י**ורד / **או**ר **י**שר	אוי
	הקמיע העברי ע׳ 80		**א**מת **ויצ**יב	אויצ
Kabbalah	הקמיע העברי ע׳ 203		**או**ר **יש**ר	אויש
Kabbalah	הקמיע העברי ע׳ 203		**או**רות **וכ**לים	אוכ
Kabbalah	הקמיע העברי ע׳ 203		**או**ר **מ**קיף	אומ
Psalms 38:12	הקמיע העברי ע׳ 172		אהבי ורעי מנגד נגעי יעמדו וקרובי מרחק עמדו	אומניומע
Kabbalah	הקמיע העברי ע׳ 203		**או**ר **מק**יף	אומק
	Hebrew Amulets P. 125		Angel	אונהאל
Kabbalah	הקמיע העברי ע׳ 203		**או**ר **פ**נימי / **או**ר **פ**שוט	אופ
	הקמיע העברי ע׳ 6, 41		Angel of light	אוריאל
	Hebrew Amulets P. 108		Angel of light - אור פני אל means Light of the Face of God	אורפניאל
	הקמיע העברי ע׳ 42, 46 Hebrew Amulets P. 112		Another name for the Archangel מטטרון. Also a Name of God. Consists of 3 pairs of letters, who's sum Is 8	אזבוגה
	הקמיע העברי ע׳ 27		Square. Permutations of אזבוגה both vertically and horizontally. In Gematria, the sum of the letters is 24 in either direction	אז | בו | גה בו | גה | אז גה | אז | בו
Psalms 97:11	הקמיע העברי ע׳ 172		אור זרע לצדיק ולישרי לב שמחה	אזלולש
	הקמיע העברי ע׳ י׳		**אח**ינו **ב**ית (**ב**ני) **י**שראל	אחבי
	Hebrew Amulets P. 125		Angel	אחביאל
	הקמיע העברי ע׳ 39		אחד (One), followed by יה	אחדיה
Kabbalah	הקמיע העברי ע׳ 203		**אח**רי **הצ**מצום	אחהצ
	לחש וקמיע ע׳ 152		אמרו חכמנו זכרונם לברכה	אחזל
Exodus 28:17	הקמיע העברי ע׳ 172		ארבעה טורים אבן טור אדם פטדה וברקת הטור האחד	אטאטאפוהה
	Jewish Tradition In Art P. 244		Square. In Gematria, the sum of each row or column is 34	א | טו | יד | ד יב | ו | ז | ט ח | י | יא | ה יג | ג | ב | יו

Origin	Source	Usage	Interpretation	Spell
	הקמיע העברי ע' י'		אך טוב לישראל סלה	אטלס
	הקמיע העברי ע' 42	To loosen one's mouth, against secrets	Another name for Metatron (מטטרון), the Archangel	אטמון
Kabbalah	הקמיע העברי ע' 203		אור יורד / אור ישר	אי
Psalms 81:11	הקמיע העברי ע' י' הקמיע העברי ע' 172		איש ירא אלהים / אהיה יהיה אדני / אנכי ה' אלהיך	איא
Deuteronomy 32:30	הקמיע העברי ע' 172		איכה ירדף אחד אלף	איאא
	רפאל המלאך ע' 76	Salvation for a gravely ill person	Combination of אהיה, יהוה, אדני . First letter of each word, followed by second letter in each word etc.	איא ההד יונ ההי
Psalms 91:16	הקמיע העברי ע' 58, 172	For life	ארך ימים אשביעהו ואראהו	איאו
Psalms 91:16	Jewish Tradition In Art P. 241		ארך ימים אשביעהו ואראהו בישועתי	איאוב
Proverbs 3:16	הקמיע העברי ע' 172		ארך ימים בימינה	איב
Proverbs 3:16	הקמיע העברי ע' 172	For healing	ארך ימים בימינה בשמאולה עשר (א instead of ע) וכבוד	איבבאו
	הקמיע העברי ע' 203		אצילות יצירה בריאה עשיה יוד ספירות	איבעיס
Psalms 69:7	הקמיע העברי ע' 59, 172 Jewish Tradition In Art P. 241	For healing	אל יבשו בי קויך אדני ה' צבאות אל יכלמו בי מבקשיך אלהי ישראל	איבקא יצאי במאי
	הקמיע העברי ע' 38	Name of God	Combination of אדני and יהוה. Each letter in יהוה follows a letter in אדני. The opposite of יאהדונהי	אידהנויה
	Jewish Tradition In Art P. 244	Name of God	Combination of אדני and יתצ. Each letter in יתצ follows a letter in אדני. יתצ is part of the 42 letters Name of God	אידתנצי
Psalms 67:2	הקמיע העברי ע' י'		אלהים יחננו ויברכנו	איו
	הקמיע העברי ע' 173		**א**שרי **יו**שבי **ב**יתך	איוב
Psalms 67:2	הקמיע העברי ע' 58, 173	Call for help	אלהים יחננו ויברכנו יאר פניו אתנו סלה	איויפאס
Canticles 5:2	Hebrew Amulets P. 130	In time of trouble	אני ישנה ולבי ער קול דודי דופק פתחי לי	איו עקד דפל
	הקמיע העברי ע' 27		Square. In Gematria, the sum of the letters in all directions is 26, same as in the שם המפורש	א | י | ז | ח ח | ז | ב | ט ו | ה | יב | ג יא | ד | ה | ו
	Jewish Tradition In Art P. 244		Square. In Gematria, the sum of the letters all directions is 40	א | יח | יג | ח טו | ו | ג | יו ז | יב | יט | ב יז | ד | ה | יד

Origin	Source	Usage	Interpretation	Spell
Numbers 21:17	Hebrew Amulets P. 130	Against the Evil Eye	אז ישיר ישראל את השירה הזאת עלי באר ענו לה	איי אהה עבעל
	הקמיע העברי ע' 173	For difficult childbirth	Combination of אברם, יצחק, יעקב First letter of each word, followed by second letter in each word etc.	איי בצע רחק מקב
	הקמיע העברי ע' 173		Combination of אחיה, ישמח, ישמר First letter of each word, followed by second letter in each word etc.	איי חשש ימממ החר
	Hebrew Amulets P. 67 Jewish Tradition In Art P. 244		Square. 12 boxes with 4 letters in each. The first letter in each box reads אהיה ה' אדני The second letter reads - ישלח עזרך מקדש The third - ישמרך מכל רע יש The fourth - ישמר צאתך ובאך In the 3rd sentence, the letters יש stand for the initials of יבורך שמו	אייי הששש ילממ החרר יעכצ הזמא ורכת הכלכ אמרו דקעב נדיא יששך
	הקמיע העברי ע' 111	Protection for the newborn	One of the names of the female demon Lilith (לילית)	איילו (אייל)
	הקמיע העברי ע' 38		Name of God. In Gematria, 91, the same as יהוה and אדני together	אילן
Exodus 15:1	Hebrew Amulets P. 131	For a sweet voice	אז ישיר משה ובני ישראל את-השירה הזאת לה' ויאמרו לאמר אשירה לה' כי גאה גאה סוס ורכבו רמה בים	אימ ויא הלול אלכ גגס ורב
Deuteronomy 33:29	הקמיע העברי ע' 173		אשריך ישראל מי כמוך עם נושע בה' מגן עזרך	אימכענבמע
Kabbalah	הקמיע העברי ע' 203		**אימ**א **ע**ילאה	אימע
Isaiah 50:4	הקמיע העברי ע' 173	Associated with Name of 72 Letters	אדני ה' נתן לי לשון למודים לדעת לעות	אינללללל
Kabbalah	הקמיע העברי ע' י' / הקמיע העברי ע' 203		אלהים יכוננה עולם / אצילות יצירה עשיה	איע
I Samuel 15:2	הקמיע העברי ע' 173		אמר ה' צבאות	איצ
	הקמיע העברי ע' 48 חמסה ע' 116	Protection for the newborn	One of the names of the female demon Lilith (לילית)	איק (איך)
Exodus 15:26	Hebrew Amulets P. 50, 125	To promote health	אני ה' רפאך	איר
Kabbalah	הקמיע העברי ע' 203		**א**ור **יש**ר	איש
	רפאל המלאך ע' 91	For sleeping	The Angel of sleep	איתיאל

Origin	Source	Usage	Interpretation	Spell
Psalms 27	הקמיע העברי ע' 46	To cancel a heavenly judgment. Against libel.	In Gematria - 74. Associated with Psalms 27, which contains 158 letters, twice 74.	אכדטם
	Hebrew Amulets P. 125		Angel	אכזריאל
Psalms 128:1	הקמיע העברי ע' 173		אשרי כל ירא ה' ההלך בדרכיו	אכייהב
	לחש וקמיע ע' 152 הקמיע העברי ע' י'		אמן כן יהי רצון	אכיר
Psalms 128:3	הקמיע העברי ע' 173	A spell in the ear of an infertile woman	אשתך כגפן פריה בירכתי ביתך בניך כשתלי זיתים סביב לשלחנך	אכפ בבב כז סל
	Hebrew Amulets P. 125		Angel	אכתריאל
	הקמיע העברי ע' י'		אמרו לו / אדם למקום	אל
Psalms 116:9	Jewish Tradition In Art P. 76		אתהלך לפני ה'	אלי
Psalms 116:9	הקמיע העברי ע' 173		אתהלך לפני ה' בארצות החיים	אליבה
	הקמיע העברי ע' 110		**אל** **י**ברך **י**אר **י**שא **א**להי **י**שראל	אלייאי
	הקמיע העברי ע' 173		**א**ור **ליש**ראל	אליש
Psalms 91:2	לחש וקמיע ע' 152, 72	To restore speech to a dumb person	אומר לה' מחסי	אלם
Canticles 2:15	Hebrew Amulets P. 131	Against robbers	אחזו לנו שועלים שעלים קטנים מחבלים כרמים וכרמינו סמדר	אלש שקמ כוס
Psalms 38:4	הקמיע העברי ע' 59, 173	For ailments of the skin and muscles	אין מתם בבשרי	אמב
Talmud, Baba Metziah 84, 72 Baba Bathra 118	הקמיע העברי ע' 173 Jewish Tradition In Art P. 54		(**א**נא) **מ**זרעא **ד**יוסף (**צ**דיקא) **ק**אתינה **דלא** **ש**לטא **ב**יה **ע**ינא **ב**ישא	(א)מד(צ)קדלשב עב
	Afghanistan P.. 164		אנא מזרעא דיוסף קא אתינא	אמדקא
Part of the blessing on food, candles etc.	הקמיע העברי ע' 173 Jewish Tradition In Art P. 82		אלהינו מלך העולם אשר קדשנו במצוותיו	אמה אקב
	Hebrew Amulets P. 125		Angel	אמהיאל
Deuteronomy 6:6-7	הקמיע העברי ע' 173		אנכי מצוך היום על לבבך. ושננתם לבניך ודברת בם	אמהעלולוב
	הקמיע העברי ע' י'		**אמ**ת **וצ**דק	אמוץ
Exodus 23:26	Hebrew Amulets P. 125	Against miscarriage	את מספר ימיך אמלא	אמיא
	הקמיע העברי ע' 111	Protection for the newborn	One of the names of the female demon Lilith (לילית)	אמיזו

Origin	Source	Usage	Interpretation	Spell
	הקמיע העברי ע' 111 חמסה ע' 116 Jewish Tradition In Art P. 20	Protection for the newborn	One of the names of the female demon Lilith (לילית)	אמיזרפו (אמוזרפו) (אמזרפו)
Psalms 55:9	הקמיע העברי ע' 174 רפאל המלאך ע' 98	To subdue an enemy	אחישה מפלט לי מרוח סעה מסער	אמלמסמ
Numbers 23:22	Hebrew Amulets P. 131	Against magic	אל מוציאם ממצרים כתועפות ראם לו	אממ כרל
Numbers 8:2	הקמיע העברי ע' 173		אל מול פני המנורה יאירו שבעת הנרות	אמפהישה
	הקמיע העברי ע' י'		אל מלא רחמים	אמר
	Hebrew Amulets P. 51, 125	Protection for the newborn	One of the names of the female demon Lilith (לילית)	אמרוסו
	הקמיע העברי ע' 99		**א**ל **מ**לא **ר**חמים **קד**שי **ש**מיים **ב**רוך **ע**ושה **ב**ראשית	אמר קדש בעב
מחזור for the High Holidays	הקמיע העברי ע' 173		אבינו מלכנו שלח רפואה שלמה לחולי עמך	אמשרשלע
Psalms 85:12	הקמיע העברי ע' 174		אמת מארץ תצמח וצדק משמים נשקף	אמת ומנ
	הקמיע העברי ע' 31		Square. אמת מארץ תצא, both horizontally and vertically	א מ ת מ אר צ ת צ א
Exodus 15:15	הקמיע העברי ע' 174		אז נבהלו אלופי אדום	אנאא
Exodus 15:15	Hebrew Amulets P. 131	Against Robbers	אז נבהלו אלופי אדום אילי מואב יאחזמו רעד נמגו כל ישבי כנען	אנא אאמ ירנ כיכ
First 2 words in the prayer אנא בכח, in תפילת השחר before שחרית	הקמיע העברי ע' 174		The beginning of the prayer on which the 42 Letter Name is based (see אבג יתץ). Also the name of the prayer	אנא בכח
	Hebrew Amulets P. 125		Angel	אנטיאל
Psalms 67:7	הקמיע העברי ע' 174		ארץ נתנה יבולה	אני
	הקמיע העברי ע' 174		אדני נצח ישראל ישמרהה צורה ויחיהה	אנייצו
Psalms 121:7-8	הקמיע העברי ע' 58, 174	Call for help	את נפשך. ה' ישמר צאתך ובואך מעתה ועד עולם	אנייצומוע
Kabbalah	הקמיע העברי ע' 203		אורות ניצוצות כלים	אנכ
	הקמיע העברי ע' 67		אמן נצח סלה	אנס
	הקמיע העברי ע' 117		אמן נצח סלה הללויה	אנסה
	הקמיע העברי ע' 117		אמן נצח סלה ועד	אנסו
	הקמיע העברי ע' יא'		אמן נצח סלה ועד אמן	אנסוא
	הקמיע העברי ע' יא'		אמן נצח סלה ועד הללויה	אנסוה
	הקמיע העברי ע' 38		אל נא קרב תשועת מצפיך, part of the 22 Letter Name	אנקתם

Origin	Source	Usage	Interpretation	Spell
Associated with ברכת כהנים. See Prayer Book, the יהי רצון after the ברכת כהנים.	הקמיע העברי ע' 174 חמסה ע' 91 Hebrew Amulets P. 97		22 Letter Name of God. אנקתם - אל נא קרב תשועת מצפיכה. פסתם - פחודיך סר תוציאם ממאסר. פספסים- פדה שועים (ס instead of ש) פתח סומים ישעך מצפים. דיוניסים - דלה יוקשים וקבץ נפוצים סמוך (י Extra) מפלתנו	אנקתם פסתם פספסים דיונסים (דיוניסין)
Numbers 12:13	לחש וקמיע ע' 152, 90 הקמיע העברי ע' 174	Against fever	אל נא רפא נא לי אל נא רפא נא לה	אנרנל
Kabbalah	הקמיע העברי ע' 45, 203		אין סוף / אמן סלה	אס
Kabbalah	הקמיע העברי ע' 48, 203		אין סוף ברוך הוא	אסבה
	Hebrew Amulets P. 50, 125	General Protection	Another word for Health	אסותא
Genesis 35:5	הקמיע העברי ע' 47, 174	Protection for the road	ויסעו ויהי חתת **א**להים על הערים **א**שר **ס**ביבותיהם ולא רד**פו** אחר**י** ב**נ**י יעקב	אסיפין
Psalms 32:7	Hebrew Amulets P. 50, 125	General Protection	**א**תה **ס**תר **לי מצל ת**צרני	אסל מצת
Psalms 32:7	הקמיע העברי ע' 28		אתה סתר לי מצל תצרני רני	אסל מתר
Psalms 32:7	הקמיע העברי ע' 174		אתה סתר לי מצר תצרני רני פלט תסובבני סלה	אסל מתר פתס
Genesis 35:5	הקמיע העברי ע' 47	Protection for the road	ויסעו ויהי חתת **א**להים על הערים **א**שר **ס**ביבותיהם ולא רד**פו** אחר**י** ב**נ**י יעקב	אספין
Kabbalah	הקמיע העברי ע' 203		אבא עילאה / אימא עילאה / אהבת עולם	אע
Psalms 121:1	הקמיע העברי ע' 74		אשא עיני אל ההרים מאין יבא עזרי	אעא המיע
Canticles 3:9, 11	Hebrew Amulets P. 131	For newlyweds	אפריון עשה לו המלך שלמה מעצי הלבנון.... צאינה וראינה בנות ציון במלך שלמה בעטרה שעטרה לו אמו ביום חתנתו	אעל השמה צוב צבש בשל אבח
Kabbalah	הקמיע העברי ע' 203		אור פנימי / אור פשוט	אפ
Proverbs 3:25	הקמיע העברי ע' 28		Square. Read horizontally the first letter in each box, then the second etc. אל תירא מפחד פתאם ומשיאת רשעים כי תבא	אפר | לתש תאע | ימי רום | אמכ משי | פית חאב | דתא
Kabbalah	הקמיע העברי ע' 203		**א**ור **צ**ח **ומ**צוחצח	אצום
	הקמיע העברי ע' 174		אלהים צבאות יה אלוה	אציא
Kabbalah	הקמיע העברי ע' 174 הקמיע העברי ע' 203		איש קדוש / אדם קדמאה / אדם קדמון / אור קדמון	אק
Genesis 9:13	הקמיע העברי ע' 174		את קשתי נתתי בענן	אקנב

Origin	Source	Usage	Interpretation	Spell
אנא בכח prayer in תפילת השחר	הקמיע העברי ע׳ 174		Initial letters of the first 4 rows in the אנא בכח prayer. אנא... קבל... נא...ברכם...	אקנב
Kabbalah	הקמיע העברי ע׳ 203		אדם קדמאה סתימאה	אקס
ספרי חיד״א Hiddah books	הקמיע העברי ע׳ 174		אחד ראש אחדותו ראש יחודו תמורתו אחד	אראריתא
ספר הרזים 7-6 Book of Razim 7-6	הקמיע העברי ע׳ 174		אנא רחמיך את רוגזך כבשו תעבור אשמותינו	ארארכתא
	הקמיע העברי ע׳ יא׳, 175 Hebrew Amulets P. 108	Against sickness	אוריאל רפאל גבריאל מיכאל נוריאל (Names of Angels)	ארגמן
Exodus 20:19	הקמיע העברי ע׳ 175		אתם ראיתם כי מן השמים דברתי עמכם	ארכמהדע
	הקמיע העברי ע׳ יא׳		אבינו שבשמים	אש
	הקמיע העברי ע׳ 124		**א**דני **שב**שמים	אשב
Kabbalah	הקמיע העברי ע׳ 203		**א**ור **שי**ש **בו מ**חשבה	אשיבמ
Psalms 83:14	הקמיע העברי ע׳ 175 Hebrew Amulets P. 131	Protection in wartime	אלהי שיתמו כגלגל כקש לפני רוח	אשכ כלר
	Jewish Tradition In Art P.238		Bad Demon	אשמדאי
Kabbalah	הקמיע העברי ע׳ 203		אריה שור נשר אדם	אשנא
Psalms 51:17	הקמיע העברי ע׳ 175		אדני שפתי תפתח ופי יגיד תהלתך	אשתוית
Psalms 119:1	הקמיע העברי ע׳ 175		אשרי תמימי דרך	אתד
Kabbalah	הקמיע העברי ע׳ 203		**את**ערותא **דל**עילא	אתדל
Kabbalah	הקמיע העברי ע׳ 203		**את**ערותא **דלת**תא	אתדלת
Genesis 22:12	הקמיע העברי ע׳ 175		אל תשלח ידך אל הנער ואל תעש לו מאומה	אתיאה ותלמ
	הקמיע העברי ע׳ 126		Angel	אתיאל
Psalms 145:16	הקמיע העברי ע׳ 42	For a good livelihood	פותח **את י**ד**ך**	אתיך
Psalms 145:16	הקמיע העברי ע׳ 42	For a good livelihood	פותח **את** י**דך**	אתך
Psalms 71:9	הקמיע העברי ע׳ 175 רפאל המלאך ע׳ 97	To be saved from trouble	אל תשליכני לעת זקנה ככלות כחי אל תעזבני	אתלזככאת
Joshua 7:19 Psalms 51:13	הקמיע העברי ע׳ 175 הקמיע העברי ע׳ 175	For problem with dreams	אל תכחד ממני אל תשליכני מלפניך	אתמ
Proverbs 3:25	הקמיע העברי ע׳ 175		אל תירא מפחד פתאם ומשאת רשעים כי תבא	אתמפורכת
	הקמיע העברי ע׳ 38		השם המפורש	אתניק
Kabbalah	הקמיע העברי ע׳ 203		**אתע**רותא **דל**עילא	אתעדל
Kabbalah	הקמיע העברי ע׳ 203		**אתע**רותא **דלע**ילא	אתעדלע
Kabbalah	הקמיע העברי ע׳ 203		**אתע**רותא **דלת**תא	אתעדלת

Origin	Source	Usage	Interpretation	Spell
				--ב--
	הקמיע העברי ע' יא'		בימינו אמן	בא
	הקמיע העברי ע' יא'		ברוך אלהינו בוראינו/ ברוך אתה בבית/ ברך אתה בבנים	באב
Psalms 115:10	הקמיע העברי ע' 175		בית אהרון בטחו בה'	באבב
Deuteronomy 28:6	הקמיע העברי ע' 175 Hebrew Amulets P. 134	Samaritan Amulet	ברוך אתה בבאך וברוך אתה בצאתך	באב ואב
	הקמיע העברי ע' יא'		ברוך אתה ה'	באה
Numbers 8:2	הקמיע העברי ע' 175		בהעלתך את הנרת אל מול פני המנורה יאירו שבעת הנרות	באהאמפהישה
	הקמיע העברי ע' יא'		בשם אל חי וקיים	באחו
The beginning of the blessing on food, candles, etc.	Jewish Tradition In Art P. 90		ברוך אתה ה' אלהינו מלך העולם	באי אמה
In the prayer book	הקמיע העברי ע' יא', 175		ברוך אתה ה' שומע תפילה	באישת
	הקמיע העברי ע' 133		ברוכים אתם לה' האלהים	באלה
Psalms 31:6	הקמיע העברי ע' 58, 175		בידך אפקיד רוחי פדיתה אותי ה' אל אמת	בארפאיאא
In the prayer book	הקמיע העברי ע' יא'		ברוך אתה שומע תפילה	באשת
	Jewish Tradition In Art P. 192 Jewish Tradition In Art P. 244		במהרה בימינו / בני ביתו	בב
Genesis 1:1	Hebrew Amulets P. 131	To make a person invisible	בראשית ברא אלהים את השמים ואת הארץ	בבא אהוה
Isaiah 26:4	הקמיע העברי ע' 175		בטחו בה' עדי עד	בבעע
	הקמיע העברי ע' 27 Hebrew Amulets P. 67	For success / To destroy an enemy	Square. Permutations of 4 letters with even values in the Hebrew alphabet, vertically and horizontally. (ב=2, ד=4, ו=6, ח=8)	ב ד ו ח ד ו ח ב ו ח ב ד ח ב ד ו
	הקמיע העברי ע' יא'		**בד**וק **ומ**נוסה	בדום
	הקמיע העברי ע' יא'		**בד**רך **כ**לל	בדכ
Kabbalah	הקמיע העברי ע' 203		**ב**רישא **דלא** **א**תידע	בדלא
	Hebrew Amulets P. 108		Angel, protects against miscarriage	בדפטיאל
	הקמיע העברי ע' יא'		בעזרת השם / ברוך הוא/ברוך המקום / ברוך השם/ בשם השם	בה
Jeremiah 17:7	הקמיע העברי ע' 175		ברוך הגבר אשר יבטח בה'	בהאיב
	הקמיע העברי ע' 144		ברוך השם המבורך	בהה

Origin	Source	Usage	Interpretation	Spell
Exodus 40:2	Hebrew Amulets P. 131	On entering a new home	ביום החדש הראשון באחד לחדש תקים את משכן אהל מועד	בהה בלת אמאמ
	Afghanistan P. 95		בעזרת הצור וישועתו	בהו
	Jewish Tradition In Art P. 80		**ב**ית **הכ**נסת	בהכ
	הקמיע העברי ע׳ יא׳, 47, 175		בעזרת ה׳ נעשה ונצליח	בהנו
Genesis 30:22	הקמיע העברי ע׳ 176		Associated with the verse ויזכר אלהים את רחל (Not explained)	בהראל
	הקמיע העברי ע׳ 141		בשר ודם	בו
	הקמיע העברי ע׳ 176		**בו**רא **ה**עולם	בוה
Genesis 1:1-5	הקמיע העברי ע׳ 176		First letter in the first word of the first 5 verses in Genesis (opposite of צמרכד) בראשית.. והארץ.. ויאמר.. וירא.. ויקרא..	בווו
I Chronicles 29:12	הקמיע העברי ע׳ 48 , 176 רפאל המלאך ע׳ 74	To become rich	בכל ובידך כח וגבורה	בוכו
	Hebrew Amulets P. 108		Angel. בוכו is אהיה in אבג״ד	בוכואל
	Hebrew Amulets P. 125		Angel	בוסתריאל
	הקמיע העברי ע׳ 127		Permutation of יעקוב	בוקעי
Kabbalah	הקמיע העברי ע׳ 203		בעל חסד	בח
	הקמיע העברי ע׳ 176		**בט**ל **ד**ינא	בטד
	הקמיע העברי ע׳ 14, 25 Hebrew Amulets P. 65		Square. In Gematria, the sum of the letters in each direction is 15 = יה	4 9 2 ד ט ב 3 5 7 ג ה ז 8 1 6 ח א ו
Deuteronomy 28:5	הקמיע העברי ע׳ 176		ברוך טנאך ומשארתך	בטו
	Hebrew Amulets P. 51, 125	Protection for the newborn	One of the names of the female demon Lilith (לילית)	בטוח
	הקמיע העברי ע׳ 111 חמסה ע׳ 116	Protection for the newborn	One of the names of the female demon Lilith (לילית)	בטנא (בטנה)
	Hebrew Amulets P. 125		A word in the 42 Letter Name	בטר
	הקמיע העברי ע׳ יא׳		**בי**מינו **א**מן	ביא
Psalms 41:14	הקמיע העברי ע׳ 176 רפאל המלאך ע׳ 97	For a new apartment	ברוך ה׳ אלהי ישראל מהעולם ועד העולם אמן (ו)אמן	ביאימוהאא
	Hebrew Amulets P. 17		בעזרת ה׳ אלהי ישראל נעשה ונצליח	ביאינו
	Hebrew Amulets P. 125		בעזרת ה׳ אלהינו נעשה ונצליח	ביאנו
Psalms 30:6	הקמיע העברי ע׳ 176		בערב ילין בכי ולבקר רנה	ביבור

Origin	Source	Usage	Interpretation	Spell
Psalms 91:14	הקמיע העברי ע' 48, 176		כי **בי** חשק ואפל**ט**הו	ביט
	רזיאל המלאך ע' צ"ב, קי"ד		ברוך ה' לעולם אמן ואמן	בילאו
	רזיאל המלאך ע' צ"ב, קי"ג		**ב**רוך **ה'** **ל**עולם **א**מן **וא**מן	בילאוא
	הקמיע העברי ע' 176		ברוך ה' לעולם ועד /בית יעקב לכו ונלכה	בילו
Psalms 114:1	הקמיע העברי ע' 176 רפאל המלאך ע' 97	For success in business	בצאת ישראל ממצרים	בימ
Kabbalah	Hebrew Amulets P. 119		One of the 10 Sephiroth in Kabbalah	בינה
	Hebrew Amulets P. 126		בעזרת ה' נעשה ונצליח	בינו
	הקמיע העברי ע' יא', 47, 122		בעזרת ה' נעשה ונצליח עזרי מעם ה'	בינו עמי
Kabbalah	הקמיע העברי ע' 203		בינה יסוד עטרה	ביע
Psalms 144:1	הקמיע העברי ע' 176		ברוך ה' צורי	ביצ
Psalms 33:6	הקמיע העברי ע' 176	For success	בדבר ה' שמים נעשו וברוח פיו כל צבאם	בישנופכץ
	Jewish Tradition In Art P. 23		בן כבוד	בכ
Psalms 128:3	הקמיע העברי ע' 176 רפאל המלאך ע' 98	For a pregnant woman	בניך כשתילי זיתים סביב לשלחנך	בכזסל
Kabbalah	הקמיע העברי ע' 203		בינה כתר מלכות	בכמ
	הקמיע העברי ע' יא'		**בן לא**דני **א**בי	בלאא
	Hebrew Amulets P. 126		King of the Demons	בלאר
	הקמיע העברי ע' 133		ברוך לעולם נביא אלהים	בלנא
	הקמיע העברי ע' יא'		**בלי עין הר**ע	בלעהר
	לחש וקמיע ע' 152 ,139		בר מינן	במ
	Jewish Tradition In Art P. 327		**בן מו**רנו	במו
	Jewish Tradition In Art P. 327		**בן מו**רנו **הר**ב **ר**בי	במוהרר
	הקמיע העברי ע' יא'		**במח**וז **ק**ודש **ז**ה	במחקז
	הקמיע העברי ע' יא'		**במח**שבה **ת**חילה	במחת
	Jewish Tradition In Art P. 32		**במ**זל **ט**וב	במט
	הקמיע העברי ע' 176		**במ**בחר **ימיו**	במיו
Numbers 12:13	הקמיע העברי ע' 176		אל נא רפא נא לה - אבג"ד In	במ סב שצב סב מו
	הקמיע העברי ע' 176		בורא נפשות / ברכי נפשי	בן
Kabbalah	הקמיע העברי ע' 203		בינה נצח הוד	בנה
Kabbalah	הקמיע העברי ע' 203		בינה נצח הוד יסוד	בנהי
	הקמיע העברי ע' יא'		ברוך נותן ליעף כח	בנלכ

Origin	Source	Usage	Interpretation	Spell
	הקמיע העברי ע' 176		**בני מ**לכים **ט**ובת **ע**ין	בנמטע
Kabbalah	הקמיע העברי ע' 203		**בנ**וקבא ד**ת**הום **ר**בה	בנתר
	הקמיע העברי ע' טו'		בספר	בס
	הקמיע העברי ע' יא'		**בס**יעתה **ד**שמיא (With Heaven's help)	בסד
	הקמיע העברי ע' יא'		**בס**ימנא **ט**בא (With a good sign)	בסט
	הקמיע העברי ע' יא'		**בס**כנת **נ**פשות	בסן
In prayer book, after donning Phylacteries	הקמיע העברי ע' יא', 71		(ברוך שאמר והיה העולם ברוך הוא) ברוך עושה בראשית	בעב
	הקמיע העברי ע' 176		ברוך עושה בראשית ה' ישמור צאתך ובואך	בעבייצו
	הקמיע העברי ע' יא'		**בע**זרת **ה**שם / **בע**זר **ה**אל	בעה
	לחש וקמיע ע' 152		**בעו**לם ה**זה**	בעוזה
	לחש וקמיע ע' 152		**בעז**רת **ה**שם	בעזה
	הקמיע העברי ע' יא'		ברוך עדי עד	בעע
Genesis 49:22	הקמיע העברי ע' 176	Against the Evil Eye	בן פרת יוסף בן פרת עלי עין	בפיבפעע
Genesis 49:22	הקמיע העברי ע' 23 Hebrew Amulets P. 50	Against the Evil Eye	**בן פ**רת **י**וסף **בן פ**רת **ע**לי **ע**ין **ב**נות **צ**עדה **ע**לי **ש**ור	בפיבפעעבצעלש
Genesis 49:22	הקמיע העברי ע' 176 Hebrew Amulets P. 50	Against the Evil Eye	בן פרת יוסף בן פרת עלי עין בנות צעדה עלי שור	בפיבפעעבצעש
Genesis 49:22	Hebrew Amulets P. 50,126	Against the Evil Eye	בן פרת עלי (עין)	בפע
	הקמיע העברי ע' יב'		**בקו**ר **ח**ולים	בקוח
	Afghanistan P. 139		**בק**צור **י**מים **וש**נים	בקיוש
	הקמיע העברי ע' 157		**בק**שת **מ**חילה	בקם
	Afghanistan P. 95		בן רבי	בר
	הקמיע העברי ע' יב'		**ב**ו**ר**א **העו**לם	ברהע
	הקמיע העברי ע' 133		**ברו**ב **ר**חמיך	ברור
	הקמיע העברי ע' 176		בלהה רחל זלפה לאה	ברזל
	רזיאל המלאך ע' נ"א		Angel, in charge of the planet Jupiter	ברכיאל
	הקמיע העברי ע' 124		בעל רחמים כח עליון	ברכע
	רפאל המלאך ע' 114		Angel, in charge of the planet Jupiter	ברקיאל
The book of Zohar,ויקהל	הקמיע העברי ע' 176		בריך שמה דמרי עלמא	בשדע
Psalms 91:1	הקמיע העברי ע' יב', 177		ברוך שם ה' ברוך שומר ישראל בצל שדי יתלונן	בשי

Origin	Source	Usage	Interpretation	Spell
The end of אנא בכח prayer, following the 42 Letter Name	הקמיע העברי ע' 177		ברוך שם כבוד מלכותו לעולם ועד	בשכמלו
	היהודים במארוקו ע' 42		**ב**ש**ב**ת **ק**דש (The Holy Sabath)	בשק
	הקמיע העברי ע' 177		**בן תו**רה **א**שה **וה**דר **ב**עלה	בתאוהב
Kabbalah	הקמיע העברי ע' 204		ב' תקוני דקנא	בתד
	Hebrew Amulets P. 126		Angel	בתואל
Ezekiel 3:3	Hebrew Amulets P. 131	Upon sending children to school	בטנך תאכל ומעיך תמלא את המגלה הזאת	בתו תאה ה
Psalms 67:5	הקמיע העברי ע' 177		בארץ תנחם סלה	בתס

				--ג--
	הקמיע העברי ע' 177		גבורת אלהים עמנו אל	גאעא
	הקמיע העברי ע' 177		**ג**בורת **א**להים **ע**ליון **אדני**	גאעאדני
Kabbalah	Hebrew Amulets P. 119		One of the 10 Sephiroth in Kabbalah	גבורה
Psalms 77:16	הקמיע העברי ע' 177 רפאל המלאך ע' 97	Ward off trouble	גאלת בזרוע עמך בני יעקב ויוסף סלה	גבעביוס
	הקמיע העברי ע' 6, 41 רזיאל המלאך ע' נ"א		The Angel of Strength, Guardian of Israel The Angel in charge of Mars	גבריאל
Kabbalah	הקמיע העברי ע' 204		גדולה גבורה תפארת	גגת
Kabbalah	הקמיע העברי ע' 204		גדולה גבורה תפארת מלכות	גגתמ
	Hebrew Amulets P. 126		Angel	גדיאל
Kabbalah	הקמיע העברי ע' 204		גולגולתא ועיינין	גוע
	הקמיע העברי ע' יב'		**ג**מור **וש**לם	גוש
	Jewish Tradition In Art P. 68		גמילות חסד	גח
	Hebrew Amulets P. 113		The names of the 4 rivers of Paradise	גיחון פישון חדקל פרת
Psalms 34:4	הקמיע העברי ע' 177		גדלו להי' אתי ונרוממה שמו יחדו	גלאושי
	הקמיע העברי ע' 177		גאל לרופא פנה זיוה	גלפז
	הקמיע העברי ע' 26		גבריאל נוריאל מיכאל רפאל	גנמר
Kabbalah	הקמיע העברי ע' 204		ג' ספירות תחתונות	גסת
Kabbalah	הקמיע העברי ע' 204		גילגלתא עיניים אוזן חתם פה	געאחפ
Psalms 119:18	הקמיע העברי ע' 177		גל עיני ואביטה נפלאות מתורתך	געונמ
Kabbalah	הקמיע העברי ע' 204		**ג' ק**לפות **הט**ומאה	גקהט

Origin	Source	Usage	Interpretation	Spell
	חמסה ע׳ 97		In Gematria, 18 = שטן (Satan)	גקטן
	Hebrew Amulets P. 126		Angel	גרזנאל
	Hebrew Amulets P. 126		Angel	גרשנאל
	Afghanistan P. 102		ג שבת קדש (יום ג׳, Tuesday) Similarly: אשק= יום א׳, Sun בשק = יום ב׳, Mon דשק = יום ד׳, Wed השק = יום ה׳, Thu ושק = יום ו׳, Fri	גשק

--ד--

Origin	Source	Usage	Interpretation	Spell
I Chronicles 28:9	הקמיע העברי ע׳ 177		דע את אלהי אביך ועבדהו בלב שלם	דאאאובש
	הקמיע העברי ע׳ 191		דבר אלהים יקום	דאי
	הקמיע העברי ע׳ 191		Permutations of דאי - דבר אלהים יקום	ד א י א י ד א ד י
	הקמיע העברי ע׳ יב׳		**דבקו**ר **ח**ולים	דבקוח
	Jewish Tradition In Art P. 92		דורון דרשה (A present for a groom)	דד
	רפאל המלאך ע׳ 114		Angel, in charge of the Sun	דודניאל
Kabbalah	הקמיע העברי ע׳ 204		דעת חכמה בינה	דחב
Psalms 105:4	הקמיע העברי ע׳ 177		דרשו ה׳ ועזו בקשו פניו תמיד	דיובפת
	חמסה ע׳ 91		Part of the 22 Letter Name דלה יוקשים וקבץ נפוצים סמוך (Extra י׳) מפלתנו	דיוניסין (דיוניסים)
	הקמיע העברי ע׳ 42	For a good livelihood	Angel of livelihood (פרנסה). In Gematria - 431, as in the bold letters in פותח **את ידך**	דיקרנוסא
Kabbalah	הקמיע העברי ע׳ 204		**דלא** תידע	דלא
Kabbalah	הקמיע העברי ע׳ 204		**דלא אתיד**ע	דלאתיד
	הקמיע העברי ע׳ 177		**ד**ע **ל**פני **מ**י **א**תה **ע**ומד **ל**פני **מ**לך **מ**לכי **ה**מלכים **הק**דוש **ב**רוך **ה**וא	דלמאע לממה הקבה
	רזיאל המלאך ע׳ ע״ט		Third Archangel	דלקיאל
	הקמיע העברי ע׳ יב׳		דע מי שהוא קונך	דמשק
	Jewish Tradition In Art P. 58		**דק**הילת **ק**ודש	דקק
	הקמיע העברי ע׳ 42	For a good livelihood	Angel of livelihood (פרנסה). In Gematria - 421, as in the bold letters in פותח **את** ידך	דקרנוסא
Kabbalah	הקמיע העברי ע׳ 204		דעת תפארת יסוד מלכות	דתים

Origin	Source	Usage	Interpretation	Spell
				--ה--
	Hebrew Amulets P. 95		Name of God	ה'
Psalms 95:7	הקמיע העברי ע' 177		היום אם בקלו תשמעו	האבת
	הקמיע העברי ע' 39	To make one smarter	Name of God. Combination of ההוי and אדני. Each letter in אדני follows a letter in ההוי	האהדוניי
Psalms 111:1	הקמיע העברי ע' 177	For a crying boy	הללויה אודה ה' בכל לבב	האיבל
Isaiah 41:24	Hebrew Amulets P. 131	Against magic	הן אתם מאין ופעלכם מאפע תועבה יבחר בכם	האמ ומת יב
Psalms 54:6	הקמיע העברי ע' 177 רפאל המלאך ע' 98	To subdue an enemy	הנה אלהים עוזר לי	האעל
Psalms 113:1 Psalms 135:1	הקמיע העברי ע' 177		הללו את שם ה'	האשי
Exodus 23:20	הקמיע העברי ע' 177		**ה**נה **א**נכי **ש**לח **מ**לאך **ל**פניך **ל**שמרך בדרך ול**ה**ב**י**אך **א**ל **ה**מקום **א**שר **ה**כנתי	הא שמלל היא האה
	הקמיע העברי ע' 177		**הב**ורא **ב**רוך **ה**וא	הבבה
	הקמיע העברי ע' יב'		הקדוש ברוך הוא / הבורא ברוך הוא/המקום ברוך הוא/ השם ברוך הוא	הבה
	הקמיע העברי ע' 178		**הב**ו**ו**רא **י**ת**ב**רך **ש**מו **א**מן	הבויתבשא
Psalms 104:3	הקמיע העברי ע' 178		המקרה במים עליותיו השם עבים רכובו	הבע הער
Kabbalah	הקמיע העברי ע' 204		הוד גבורה בינה	הגב
Kabbalah	הקמיע העברי ע' 204		**ה**וד **ג**בורות **ו**חסד **א**חד	הגוחא
Deuteronomy 32:43	הקמיע העברי ע' 178		הרנינו גוים עמו	הגע
	הקמיע העברי ע' יב'		הרב הגדול/הלא הוא	הה
Psalms 150:1	הקמיע העברי ע' 178		הללויה הללו אל בקדשו	ההאב
Psalms 150:1	הקמיע העברי ע' 178		הללויה הללו אל בקדשו הללוהו ברקיע עזו	ההאבהבע
Psalms 150 (The whole Cahpter)	הקמיע העברי ע' 119		הללויה הללו אל בקדשו הללוהו ברקיע עזו. הללוהו בגבורתיו הללוהו כרב גדלו. הללוהו בתקע שופר הללוהו בנבל וכנור. הללוהו בתף ומחול הללוהו במנים ועגב. הללוהו בצלצלי שמע הללוהו בצלצלי תרועה. כל הנשמה תהלל יה הללויה.	ההאב הבעה בהכג הבשה בוהב והבו הבשה בת כהתיה
Numbers 11:12	הקמיע העברי ע' 178 Hebrew Amulets P. 131	Against Evil Eye	האנכי הריתי את כל העם הזה אם אנכי ילדתיהו	ההא כהה אאי
Genesis 48:16	Hebrew Amulets P. 50,126	Against Evil Eye	המלאך הגאל אותי מכל רע	ההאמר

Origin	Source	Usage	Interpretation	Spell
Genesis 48:16	הקמיע העברי ע' 58, 178 Hebrew Amulets P. 134 Jewish Tradition In Art P. 241	For salvation / Samaritan Amulet	המלאך הגאל אותי מכל רע יברך את הנערים ויקרא בהם שמי ושם אבתי אברהם ויצחק וידגו לרב בקרב הארץ	ההא מרי אהו בשו אאו ולבה
Psalms 135:1-2	הקמיע העברי ע' 178		הללויה הללו את שם ה' הללו עבדי ה'. שעמדים בבית ה' בחצרות בית אלהינו	ההאשיהעהשביב בא
Deuteronomy 32:1-2	Hebrew Amulets P. 131	To win a judgement or an argument	האזינו השמים ואדברה ותשמע הארץ אמרי פי. יערף כמטר לקחי תזל כטל אמרתי	ההו והא פיכל תכא
	הקמיע העברי ע' יב'		**ה**לא **ה**וא **מע**לה **כ**בוד	הה מעכ
	הקמיע העברי ע' 45		Name of God, part of the 72 Letter Name	ההע
Psalms 113:1-2	הקמיע העברי ע' 178		הללויה הללו עבדי ה' הללו את שם ה'. יהי שם ה' מבורך מעתה ועד עולם	ההעיהאשיישימ מוע
Kabbalah	Hebrew Amulets P. 119		One of the 10 Sephiroth in Kabbalah	הוד
	הקמיע העברי ע' 178		**הוד מ**עלתו **מו**רה **מו**רנו / **הוד מ**עלתו **מו**פלא **ומ**ופלג	הוממום
	Hebrew Amulets P. 126		Angel	הושמאל
Psalms 115:12	הקמיע העברי ע' 178		ה' זכרנו יברך יברך את בית ישראל	הזייאבי
	הקמיע העברי ע' יב'		**הח**תום **מ**טה	החמ
	הקמיע העברי ע' 114		**הח**כם **ר**בנו **מ**ורנו	החרמ
	Jewish Tradition In Art P. 26		ה' ישמרני	הי
	Hebrew Amulets P. 126		Angel	היאל
Psalms 20:10	הקמיע העברי ע' 58, 178	Cry for help	המלך יעננו ביום קראנו	היבק
Genesis 1:1-5	הקמיע העברי ע' 178		Substitution using אתבש for the letters צמרכד, the last letters in the first 5 verses in Genesis.	היגלק
Isaiah 62:11	הקמיע העברי ע' 178		הנה ה' השמיע אל קצה הארץ אמרו לבת ציון הנה ישעך (Skip בא) הנה שכרו אתו ופעלתו לפניו	היהאקהאלצהיה שאול
	הקמיע העברי ע' יב' Jewish Tradition In Art P. 327 Afghanistan P. 136		ה' יחיהו ויזכרו / ה' יחיהו ויחזקהו / ה' יחיהו וישמרהו / ה' ישמרהו ויצילהו / ה' ישמרהו ויזכהו	היו
	הקמיע העברי ע' 178		ה' ישמרהו ויחייהו עילוי נשמת	היו ען
	הקמיע העברי ע' יב'		ה' יחיה לי / ה' ישמרהו לעד	היל
Kabbalah	הקמיע העברי ע' 204		הוד יסוד מלכות	הים
Genesis 24:7	הקמיע העברי ע' 178		הוא ישלח מלאכו לפניך	הימל

Origin	Source	Usage	Interpretation	Spell
Zephaniah 3:15	הקמיע העברי ע׳ 178		הסיר ה׳ משפטיך פנה איבך	הימפא
	Hebrew Amulets P. 126		Angel	היפקדיאל
Canticles 1:15	הקמיע העברי ע׳ 178		הנך יפה רעיתי	היר
Canticles 1:15-16	Hebrew Amulets P. 131	To earn a good name	הנך יפה רעיתי הנך יפה עיניך יונים. הנך יפה דודי אף נעים אף ערשנו רעננה	היר היע יהי דאנ אער
Canticles 4:1	Hebrew Amulets P. 131	At a betrothal	הנך יפה רעיתי הנך יפה עיניך יונים מבעד לצמתך	היר היע ימל
	הקמיע העברי ע׳ 91		In Gematria - 65, same as אדני	הכם
Deuteronomy 29:28	הקמיע העברי ע׳ 178 Hebrew Amulets P. 131	For dream divination	הנסתרת לה׳ אלהינו והנגלת לנו ולבנינו עד עולם	הלא ולו עע
Deuteronomy 33:9	Hebrew Amulets P. 134	Samaritan amulet	האמר לאביו ולאמו לא ראיתיו ואת אחיו לא הכיר ואת בנו לא ידע כי שמרו אמרתך ובריתך ינצרו	הלו לרו אלה ובל יכש אוי
Psalms 121:4	הקמיע העברי ע׳ 178		הנה לא ינום ולא יישן שומר ישראל	הליוישי
Psalms 147:3	הקמיע העברי ע׳ 58, 179	For heart ailment	הרופא לשבורי לב ומחבש לעצבותם	הללול
Canticles 1:7	Hebrew Amulets P. 131	For dream divination	הגידה לי שאהבה נפשי איכה תרעה איכה תרביץ בצהרים	הלש נאת אתב
Psalms 103:3	הקמיע העברי ע׳ 58, 179	For healing	הרופא לכל תחלואיכי	הלת
	הקמיע העברי ע׳ 127		Permutation of אברהם	המארב
Psalms 81:11	הקמיע העברי ע׳ 179		המעלך מארץ מצרים הרחב פיך ואמלאהו	הממהפו
Kabbalah	הקמיע העברי ע׳ 204		הוד מלכות תפארת	המת
Kabbalah	הקמיע העברי ע׳ 204		הוד נצח	הנ
	לחש וקמיע ע׳ 152		**הנז**כר **ל**מעלה	הנזל
Psalms 38:6	הקמיע העברי ע׳ 59, 179	For skin diseases	הבאישו נמקו חבורתי	הנח
Psalms 13:4	הקמיע העברי ע׳ 179		הביטה ענני ה׳ אלהי האירה עיני פן אישן המות	העהאהעפאה
	הקמיע העברי ע׳ יב׳		ה׳ עליהם יראה אמן	העיא
Psalms 33:18	הקמיע העברי ע׳ 179		הנה עין ה׳ אל יראיו למיחלים לחסדו	העיאילל
Psalms 104:3-4	הקמיע העברי ע׳ 179		המהלך על כנפי רוח. עשה מלאכיו רוחות	העכרעמר
	הקמיע העברי ע׳ יב׳		הצעיר	הצ
	הקמיע העברי ע׳ יב׳		**הצ**עיר **ב**אלפי **י**שראל	הצבי
	הקמיע העברי ע׳ יב׳		**הק**טן	הק
	לחש וקמיע ע׳ 152		**הק**דוש **ב**רוך **ה**וא	הקבה
	הקמיע העברי ע׳ יב׳		**הק**צין **ה**רבני	הקה
	הקמיע העברי ע׳ 133		**הק**דוש **וה**טהור	הקוה

Origin	Source	Usage	Interpretation	Spell
	Jewish Tradition In Art P. 190		הקדושה והטהורה	הקוהט
	Hebrew Amulets P. 50,126	Protection for the newborn	One of the names of the female demon Lilith (לילית)	הקש
	לחש וקמיע ע' 152		הרואה	הרו
	Jewish Tradition In Art P. 327		הרב רבי	הרר
	Hebrew Amulets P. 126		Angel	הרריאל
	Afghanistan P. 174		ה' בשבת (יום ה' (Thursday, Similarly: אש = יום א' ,Sunday בש = יום ב' , Monday גש = יום ג' , Tuesday דש = יום ד' , Wednesday וש = יום ו' , Friday	הש
	הקמיע העברי ע' 179	For peace	... ההו שלום אהיה (the other letters are not explained)	השאהלהוויימה
	הקמיע העברי ע' יב'		השם יתברך / השם יברך / השם יצילנו / השם ירחם / השם ישמרנו	השי
	לחש וקמיע ע' 152 ,143		השם יתברך	השית
	הקמיע העברי ע' 179		השלום	השל
	הקמיע העברי ע' 38, 179	Name of God	צבאות, using אתב"ש	השתפא
Kabbalah	הקמיע העברי ע' 204		התפארת	התת

				--ו--
Deuteronomy 1:24	הקמיע העברי ע' 179		וירגלו אתה	וא
II Kings 2:8	הקמיע העברי ע' 179		ויקח אליהו את אדרתו	ואאא
Genesis 20:17	הקמיע העברי ע' 179 Hebrew Amulets P. 134	Samaritan amulet	ויתפלל אברהם אל האלהים וירפא אלהים את אבימלך ואת אשתו ואמהתיו וילדו	ואא הוא אאו אוו
Exodus 33:23	הקמיע העברי ע' 179		וראית את אחרי ופני לא יראו	ואא ולי
Genesis 39:2	הקמיע העברי ע' 179 Hebrew Amulets P. 131	For success	ויהי ה' את יוסף ויהי איש מצליח ויהי בבית אדניו המצרי	ואא יוא מוב אה
Exodus 30:34	הקמיע העברי ע' 179 Hebrew Amulets P. 131	Against witchcraft	ויאמר ה' אל משה קח לך סמים נטף ושחלת (וחלבנה סמים ולבנה Skip) זכה בד בבד יהיה	ואא מקל סנו זבבי
Genesis 8:1	הקמיע העברי ע' 179		ויזכר אלהים את נח ואת כל החיה ואת כל הבהמה אשר אתו בתבה	ואאנוכהוכהאאב
Genesis 24:2	הקמיע העברי ע' 179		ויאמר אברהם אל עבדו זקן ביתו	ואא עזב

Origin	Source	Usage	Interpretation	Spell
Genesis 24:2	Hebrew Amulets P. 131	When using a divining rod	ויאמר אברהם אל עבדו זקן ביתו המשל בכל אשר לו שים נא ידך תחת ירכי	ואא עזב הבא לשן יתי
Genesis 30:22	הקמיע העברי ע' 179		ויזכר אלהים את רחל וישמע אליה אלהים ויפתח את רחמה	ואארואאואר
Leviticus 26:42	הקמיע העברי ע' 179		וזכרתי את בריתי יעקב	ואבי
Leviticus 26:42	Hebrew Amulets P. 131	For good health after a fast	וזכרתי את בריתי יעקב ואף את בריתי יצחק ואף את בריתי אברהם אזכר והארץ אזכר	ואבי ואבי ואבא אוא
Ezekiel 16:9	הקמיע העברי ע' 180	To stop bleeding in a woman	**וא**רחצך **במ**ים **וא**שטף **דמ**יך **מע**ליך **וא**סכך **בש**מן	וא במ וא דמ מע וא בש
Deuteronomy 11:18	הקמיע העברי ע' 180		ושמתם את דברי אלה על לבבכם	ואדאעל
Exodus 23:25	הקמיע העברי ע' 58, 180 Hebrew Amulets P. 134	For life, for an infertile woman, for healing / Samaritan amulet	ועבדתם את ה' אלהיכם וברך את לחמך ואת מימיך והסירתי מחלה מקרבך	ואי אוא לום וממ
Genesis 44:18	Hebrew Amulets P. 131	To strengthen the voice	ויגש אליו יהודה ויאמר בי אדני ידבר נא עבדך דבר באזני אדני	ואי ובאינע דבא
Genesis 46:17	Hebrew Amulets P. 131	To win a favor	ובני אשר ימנה וישוה וישוי ובריעה ושרח אחתם	ואי ווו וא
Psalms 1:3	הקמיע העברי ע' 180		וכל אשר יעשה יצליח	ואיי
Numbers 17:12	הקמיע העברי ע' 58, 180	Against the plague	ויקח אהרן כאשר דבר משה וירץ אל תוך הקהל והנה החל הנגף בעם	ואכדמואתהוהה ב
Exodus 33:23	Hebrew Amulets P. 131	Against witchcraft	והסירתי את כפי וראית את אחרי ופני לא יראו	ואכ ואא ולי
Deuteronomy 28:12	הקמיע העברי ע' 180		ולברך את כל מעשה ידך והלוית גוים רבים ואתה לא תלוה	ואכמיוגרולת
Deuteronomy 33:29	הקמיע העברי ע' 180		ויכחשו איביך לך ואתה על במותימו תדרך	ואלועבת
I Samuel 25:6	הקמיע העברי ע' 58, 180	For peace	וכל אשר לך שלום	ואלש
Genesis 37:7	הקמיע העברי ע' 180		והנה אנחנו מאלמים אלמים	ואמא
Leviticus 1:1	Hebrew Amulets P. 131	To counteract magic	ויקרא אל משה וידבר ה' אליו מאהל מועד לאמר	ואם ויא ממל
Leviticus 10:2	הקמיע העברי ע' 180		ותצא אש מלפני ה' ותאכל אותם וימתו לפני ה'	ואמיואולי
Exodus 15:8	Hebrew Amulets P. 131 הקמיע העברי ע' 180	To calm a raging river / To cross a river	וברוח אפיך נערמו מים נצבו כמו נד נזלים	ואנ מנכ נג

Origin	Source	Usage	Interpretation	Spell
Leviticus 25:36 Deuteronomy 32:43 Deuteronomy 26:15	הקמיע העברי ע' 180		וחי אחיך עמך / וכפר אדמתו עמו / וברך את עמך	ואע
Leviticus 1:11	הקמיע העברי ע' 180		ושחט אותו על ירך המזבח צפנה	ואעיהצ
Numbers 6:27/ ברכת כהנים	הקמיע העברי ע' 180		ושמו את שמי על בני ישראל ואני אברכם	ואשעביוא
Jeremiah 46:27 Jeremiah 30:10 (skipped נאום ה' in this verse)	הקמיע העברי ע' 181		ואתה אל תירא עבדי יעקב ואל תחת ישראל כי הנני מושיעך מרחוק ואת זרעך מארץ שבים	ואתעיותיכהממו זמש
Deuteronomy 27:4	Hebrew Amulets P. 134	Samaritan amulet	והיה בעברכם את הירדן תקימו את האבנים האלה	ובא התא הה
Numbers 26:46	לחש וקמיע ע' 152, 80 Hebrew Amulets P. 131	Against Evil Eye / To win a favor	ושם בת אשר שרח	ובאש
Genesis 48:20	הקמיע העברי ע' 181	At Circumcision	ויברכם ביום ההוא	ובה
Exodus 1:16	הקמיע העברי ע' 181		ואם בת היא וחיה	ובהו
Numbers 17:13	הקמיע העברי ע' 58, 181	Against the plague	ויעמד בין המתים ובין החיים ותעצר המגפה	ובהוהוה
Genesis 44:12	Hebrew Amulets P. 131	For a profitable trade	ויחפש בגדול החל ובקטן כלה וימצא הגביע באמתחת בנימין	ובה וכו הבב
Numbers 10:35	הקמיע העברי ע' 181 Hebrew Amulets P. 131	For a safe journey	ויהי בנסע הארון ויאמר משה קומה ה' ויפצו איביך וינסו משנאיך מפניך	ובה ומק יוא וממ
Genesis 48:20	Hebrew Amulets P. 131	For a baby after circumcision	ויברכם ביום ההוא לאמור בך יברך ישראל לאמר ישמך אלהים כאפרים וכמנשה וישם את מנשה לפני אפרים (In origin - את אפרים לפני מנשה)	ובה לבי ילי אכו ואמ לא (ואא למ ?)
	הקמיע העברי ע' יב'		ובשעת ברכה והצלה	ובו
Psalms 5:8	הקמיע העברי ע' 181		ואני ברב חסדך אבוא ביתך	ובחאב
Psalms 5:8	Hebrew Amulets P. 131	Against evil spirits	ואני ברב חסדך אבוא ביתך אשתחוה אל היכל קדשך ביראתך	ובח אבא אהקב
Exodus 11:7	הקמיע העברי ע' 181 Hebrew Amulets P. 131	Against a fierce dog	ולכל בני ישראל לא יחרץ כלב לשנו למאיש ועד בהמה למען תדעון אשר יפלה ה' בין מצרים ובין ישראל	ובי ליכל לוב לתאי אבמוי
Exodus 33:22	הקמיע העברי ע' 181	For an infertile woman, to become pregnant	והיה בעבר כבדי ושמתיך בנקרת הצור ושכתי כפי עליך עד עברי	ובכובהוכעעע
Genesis 12:3	הקמיע העברי ע' 181		ונברכו בך כל משפחת האדמה	ובכמה

Origin	Source	Usage	Interpretation	Spell
Psalms 128:6	הקמיע העברי ע׳ 181		וראה בנים לבניך שלום על ישראל	ובל שעי
Psalms 119:46	הקמיע העברי ע׳ 181		ואדברה בעדתיך נגד מלכים	וב:מ
Exodus 22:11	Hebrew Amulets P. 134	Samaritan amulet	ואם גנב יגנב מעמו ישלם לבעליו	וג׳מיל
Exodus 15:7	Hebrew Amulets P. 131	Against slander	וברב גאונך תהרס קמיך תשלח חרנך יאכלמו כקש	וגת קתחיכ
I Chronicles 29:10	הקמיע העברי ע׳ 181		ויברך דויד את ה׳ לעיני כל הקהל ויאמר דויד ברוך אתה ה׳ אלהי ישראל אבינו מעולם ועד עולם	ודאי לכהודבאיאיאמו ע
	הקמיע העברי ע׳ 39	Brings life and cure to a sick person	Name of God. The letter ו and a permutation of אדני	ודאני
Genesis 46:23	הקמיע העברי ע׳ 181		ובני דן חושים	ודח
Numbers 25:8 Numbers 17:13 Psalms 106:30	הקמיע העברי ע׳ 58, 181	Against the plague	ותעצר המגפה	וה
Numbers 11:2	הקמיע העברי ע׳ 59, 181	To prevent Headaches	ויצעק העם אל משה	והאמ
Numbers 11:2	Hebrew Amulets P. 134	Samaritan amulet	ויצעק העם אל משה ויתפלל (Skip משה) אל ה׳ ותשקע האש	והא מוא יוה
Numbers 11:2	הקמיע העברי ע׳ 181 Hebrew Amulets P. 131	Against fire	ויצעק העם אל משה ויתפלל משה אל ה׳ ותשקע האש	והא מומ איוה
Genesis 19:11	הקמיע העברי ע׳ 59, 181 Hebrew Amulets P. 131	For eye ailment / To become invisible	ואת האנשים אשר פתח הבית הכו בסנורים מקטן ועד גדול וילאו למצא הפתח	והא פהה במוג ולה
Deuteronomy 4:44	הקמיע העברי ע׳ 181		וזאת התורה אשר שם משה לפני בני ישראל	והאשמלבי
Genesis 27:28-29	הקמיע העברי ע׳ 26		Square. Initial letters, read vertically. ויתן לך האלהים מטל השמים ומשמני הארץ (י, כ instead of ו, ה) ורב דגן ותירש. יעבדוך עמים וישתחו לך לאמים הוה גביר לאחיך וישתחוו לך בני אמך ארריך ארור.	ו ה ד ו ג ב ל י ו ל ל א ה כ י ל ו א מ ו ע ה ל א
Deuteronomy 6:6	הקמיע העברי ע׳ 182		והיו הדברים האלה אשר אנכי מצוך היום על לבבך	וההאאמהעל
Genesis 2:12	הקמיע העברי ע׳ 182		וזהב הארץ ההוא טוב שם הבדלח ואבן השהם	וההטשהוה
	רזיאל המלאך ע׳ ק״י		Permutations of the Name of God	וההי והי היו הי
Deuteronomy 31:8	הקמיע העברי ע׳ 182		וה׳ הוא ההלך לפניך	וההל
Deuteronomy 31:8	Hebrew Amulets P. 134	Samaritan amulet	וה׳ הוא ההלך לפניך הוא יהיה עמך לא ירפך ולא יעזבך לא תירא ולא תחת	והה להי עלי ויל תות
	Hebrew Amulets P. 96		Name of God	והו

Origin	Source	Usage	Interpretation	Spell
	הקמיע העברי ע' 38		Name of God, according to Rabbi Moshe Zechut	והוה
Leviticus 14:55-56	הקמיע העברי ע' 59, 182	Against Leprosy	ולצרעת הבגד ולבית. ולשאת ולספחת ולבהרת	והווו
Genesis 2:1	הקמיע העברי ע' 182		ויכלו השמים והארץ וכל צבאם	והווצ
Exodus 14:19-21	רזיאל המלאך ע' ע"ט		72 letters Name of God. This name contains 72 three letter words, but is called 72 letters. The words are constructed from 3 verses, each consisting of 72 words. The first letter of verse 19, the last letter of verse 20 and the first letter of verse 21 comprise the first word in the Name. The second letter in verse 19, next to last in verse 20 and the second in verse 21 comprise the second word of the Name, etc. The three verser are: ויסע מלאך האלהים ההלך לפני מחנה ישראל וילך מאחריהם ויסע עמוד הענן מפניהם ויעמד מאחריהם. ויבא בין מחנה מצרים ובין מחנה ישראל ויהי הענן והחשך ויאר את הלילה ולא קרב זה אל זה כל הלילה. ויט משה את ידו על הים ויולך ה' את הים ברוח קדים עזה כל הלילה וישם את הים לחרבה ויבקעו המים.	והו ילי סיט עלם מהש ללה אבא כהת הזי אלד לאו ההע יזל מבה הרי הקס לאו כלי לוו פהל נלך ייי מלה חהו נתה האא ירת שאה ריי אום לכב ושר יחו להח כוק מנד אני העם רהע ייז ההה מיך וול ילה סאל ערי עשל מיה והו דני החש עמם ננא נית מבה פוי נמם ייל הרח מצר ומב יהה ענו מחי דמב מנק איע חבו ראה יבם היי מום
Genesis 18:18	הקמיע העברי ע' 182		ואברהם היו יהיה לגוי גדול ועצום	והילגו
Genesis 32:1	Hebrew Amulets P. 131	Against robbers	ויעקב הלך לדרכו ויפגעו בו מלאכי אלהים	והל ובמ א
Exodus 12:13	Hebrew Amulets P. 134	Samaritan amulet	והיה הדם לכם לאת על הבתים אשר אתם שם וראיתי את הדם ופסחתי עלכם	והל לעה אאש ואה וע
Numbers 14:37	הקמיע העברי ע' 182 Hebrew Amulets P. 131	To cause the death of an enemy	וימתו האנשים מוציאי דבת הארץ רעה במגפה לפני ה'	והמ דהר בלי
Isaiah 10:14	Hebrew Amulets P. 131	To fatten fowl, Against an enemy	ולא היה נדד כנף ופצה פה ומצפצף	והנ כופו
Deuteronomy 7:15	הקמיע העברי ע' 27		Square. The letters in the verse below are divided into groups of 3 letters each, one group in each box. והסיר יוי ממך כ(ל) חלי וכל (מדוי מצרים)	והס | ירי | וימ מכב | חלי | וכל

Origin	Source	Usage	Interpretation	Spell
Deuteronomy 5:14	Hebrew Amulets P. 134	Samaritan amulet	ויום השביעי שבת להי׳ אלהיך לא תעשה כל מלאכה אתה... למען (Skip the words between למען and אתה)	והש לאל תכמ אל
	הקמיע העברי ע׳ 182		וחניני ועניני	וו
Genesis 25:14	הקמיע העברי ע׳ 182	For a crying child	ומשמע ודומה ומשא	ווו
Exodus 25:38	הקמיע העברי ע׳ 182		ומלקחיה ומחתתיה זהב טהור	ווזט
Genesis 35:5	הקמיע העברי ע׳ 182	Prayer for the road	ויסעו ויהי חתת אלהים (Skip על) הערים אשר סביבותיהם ולא רדפו אחרי בני יעקב	ווחאהאסוראבי
Genesis 27:28-29	הקמיע העברי ע׳ 144		Square. Initial letters, read vertically ויתן לך האלהים מטל השמים ומשמני הארץ ורב דגן ותירש. יעבדוך עמים וישתחו לך לאמים	ו ו י ל ה ע ה ו ו מ ד ל ה ו ל
	הקמיע העברי ע׳ 76		Fourth letter in the names of the 4 rivers of Paradise (פרת has only 3 letters) פישון גיחון חדקל פרת	וול
Genesis 28:12	הקמיע העברי ע׳ 30		Square. Read the verse vertically- ויחלם והנה סלם מצב . At the end of each row there is a name of an angel	ו ו ל חלומיאל י ה מ סולמיאל ח נ מ ראשיאל ל ה צ שמשיאל מ ס ב מיכאל
Genesis 28:17	הקמיע העברי ע׳ 182		ויירא ויאמר מה נורא המקום הזה אין זה כי אם בית אלהים וזה שער השמים	וומנההאזכאבאו שה
Genesis 28:12	הקמיע העברי ע׳ 182		ויחלם והנה סלם מצב	ווסמ
Numbers 8:4	Hebrew Amulets P. 147		**וזה** **מע**שה **המ**נרה **מק**שה **זה**ב **עד** **יר**כה **עד** **פר**חה **מק**שה **הוא** **כמ**ראה **אשר** **הראה** ה׳ (=**יוי**) **את** **מ**שה **כן** **ע**שה **את** **ה**מנרה	וזה מע המ מק זה עד יר ע דפר מק הא כמ אשר הראה יוי א מכעאה
Numbers 13:27	הקמיע העברי ע׳ 182		וגם זבת חלב ודבש הוא	וזחוה
Exodus 12:27	הקמיע העברי ע׳ 182		ואמרתם זבח פסח הוא להי׳ אשר פסח על בתי בני ישראל במצרים בנגפו את מצרים ואת בתינו הציל ויקד העם וישתחוו	וזפהלאפעבביבב אמובהוהו
Deuteronomy 32:40	הקמיע העברי ע׳ 182		ואמרתי חי אנכי לעלם	וחאל
Genesis 6:8	הקמיע העברי ע׳ 185		**ונח מצא חן בעיני** - First and last letters in each word	וח מא חן בי
Isaiah 65:24	הקמיע העברי ע׳ 58, 182	For all pains and ailments, call for help	והיה טרם יקראו ואני אענה	וטיוא

Origin	Source	Usage	Interpretation	Spell
Leviticus 15:28	הקמיע העברי ע' 59, 183 Hebrew Amulets P. 131	To halt menstrual flow	ואם טהרה מזובה וספרה לה שבעת ימים ואחר תטהר	וטמ ולש יות
Psalms 25:13	הקמיע העברי ע' 183		וזרעו יירש ארץ	ויא
Deuteronomy 30:6	הקמיע העברי ע' 183	For revenge, to receive a favor	ומל ה' אלהיך את לבבך ואת לבב זרעך לאהבה את ה' אלהיך (Extra א) בכל לבבך ובכל נפשך למען חייך	ויאאלולזלאיאא בלונלח
Genesis 39:2	הקמיע העברי ע' 183		ויהי ה' את יוסף	ויאי
Genesis 39:2	הקמיע העברי ע' 183		ויהי ה' את יוסף ויהי איש מצליח	ויאיואמ
Deuteronomy 6:22-23	הקמיע העברי ע' 183		וידבר ה' אל משה לאמר. דבר אל אהרן ואל בניו לאמר כה תברכו	ויאמלדאאובלכת
Genesis 2:21	הקמיע העברי ע' 183	For sleep (better than medicine)	ויפל ה' אלהים תרדמה על האדם ויישן	ויאתעהו
Genesis 26:6	הקמיע העברי ע' 183	To protect from slander	וישב יצחק בגרר	ויב
Exodus 34:5	הקמיע העברי ע' 183		וירד ה' בענן ויתיצב עמו	ויבוע
Genesis 37:1	הקמיע העברי ע' 183 Hebrew Amulets P. 132	On entering a new home	וישב יעקב בארץ מגורי אביו בארץ כנען	ויב מאב כ
Genesis 47:27	Hebrew Amulets P. 132	On entering a new home	וישב ישראל בארץ מצרים בארץ גשן ויאחזו בה ויפרו וירבו מאד	ויב מבג ובו ומ
Numbers 23:5	הקמיע העברי ע' 183		וישים ה' דבר בפי בלעם	וידבב
	לחש וקמיע ע' 152, 139		ויאמר ה' הנה מקום אתי ונצבת על הצור	ויה מאועה
Genesis 37:5	הקמיע העברי ע' 183		ויחלם יוסף חלום	ויח
Genesis 39:4	הקמיע העברי ע' 151, 183		וימצא יוסף חן בעיניו וישרת אותו ויפקדהו על ביתו וכל יש לו נתן בידו	ויחבוא ועבויל נב
Genesis 39:21 Exodus 14:21	הקמיע העברי ע' 183		A word in the תורה. Also the first word in the last verse of the 72 Letter Name.	ויט
Isaiah 62:1	הקמיע העברי ע' 183		ולמען ירושלים לא אשקוט	וילא
Exodus 12:23	הקמיע העברי ע' 183 Hebrew Amulets P. 134	Samaritan amulet	ועבר ה' לנגף את מצרים וראה את הדם על המשקוף ועל שתי המזוזת ופסח ה' על הפתח ולא יתן המשחית לבא אל בתיכם לנגף	ויל אמו אהע הוש הוי עהו יהל אבל
Genesis 50:23	הקמיע העברי ע' 183		וירא יוסף לאפריים בני שלשים גם בני מכיר בן מנשה ילדו על ברכי יוסף	וילבשגבמבמיעבי
Ruth 4:13	הקמיע העברי ע' 183		ויתן ה' לה הריון	וילה
Numbers 6:26	Hebrew Amulets P. 164	For peace	**וי**שם **לך** **ש**לום	וי לש
Deuteronomy 33:2	הקמיע העברי ע' 183		ויאמר ה' מסיני בא וזרח משעיר למו	וימבומל

Origin	Source	Usage	Interpretation	Spell
Deuteronomy 7:15	הקמיע העברי ע' 58, 184 Hebrew Amulets P. 132	For healing / Against fever	והסיר ה' ממך כל חלי וכל מדוי מצרים הרעים אשר ידעת לא ישימם בך ונתנם בכל שנאיך	וימ כחו ממה איל יבו בש
Psalms 9:10	הקמיע העברי ע' 58, 184	Salvation	ויהי ה' משגב לדך	וימל
Exodus 34:6	הקמיע העברי ע' 184		ויעבר ה' על פניו ויקרא	ויעפו
Exodus 34:6	Hebrew Amulets P. 132	To have a prayer answered	ויעבר ה' על פניו ויקרא ה' ה' אל רחום וחנון ארך אפים ורב חסד ואמת	ויע פו ייא רוא אוחו
Psalms 67:2-3	הקמיע העברי ע' 58, 184	Call for help	ויברכנו יאר פניו אתנו סלה. לדעת	ויפאסל
Psalms 106:30	הקמיע העברי ע' 139 Jewish Tradition In Art P. 242	Against the plague	Square. Reads vertically. First letter in each box - ויעמד פינחס ויפלל ותעצר המגפה. The second letter in the first 4 columns - שם המפורש, repeated 5 times	וי פה וו וה ה יה יו יה תי מ עו נה פי עה ג מה חי לה צו פ די סה לו רה ה
Exodus 1:7	הקמיע העברי ע' 184		ובני ישראל פרו וישרצו וירבו ויעצמו במאד מאד ותמלא הארץ אתם	ויפווובמוהא
Genesis 32:31	הקמיע העברי ע' 58, 184 Hebrew Amulets P. 132	For mental illness / Against danger in travel	ויקרא יעקב שם המקום פניאל כי ראיתי אלהים פנים אל פנים ותנצל נפשי	ויש הפכ ראפ אפון
Genesis 43:1	הקמיע העברי ע' 184		והרעב כבד בארץ	וכב
	הקמיע העברי ע' 184		וראו כל בשר יחדו	וכבי
Exodus 2:12	הקמיע העברי ע' 184		ויפן כה וכה וירא	וכוו
Exodus 36:8	הקמיע העברי ע' 184 Hebrew Amulets P. 132	On starting a new piece of work	ויעשו כל חכם לב בעשי המלאכה	וכח לבה
	הקמיע העברי ע' י"ג		**וכ**ל **טו**ב **ס**לה	וכטוס
Exodus 13:11	Hebrew Amulets P. 134	Samaritan amulet	והיה כי יבאך ה' אל ארץ הכנעני כאשר נשבע לך ולאבתיך ונתנה לך	וכי יאא הכנ לוול
Exodus 17:16	Hebrew Amulets P. 132	Against bleeding	ויאמר כי יד על כס יה מלחמה לה' בעמלק מדר דר	וכי עכי מלב מד
Haggai 2:23	הקמיע העברי ע' 184		ושמתיך כחותם כי בך בחרתי	וכככב
I Samuel 25:6	הקמיע העברי ע' 58, 184	For peace	ואמרתם כה לחי ואתה שלום וביתך שלום וכל אשר לך שלום	וכלושוש אלש
Exodus 11:8	Hebrew Amulets P. 132	To ease childbirth	וירדו כל עבדיך אלה אלי והשתחוו לי לאמר צא אתה וכל העם אשר ברגליך	וכע אאו ללצ אוה אב
Deuteronomy 28:10	Hebrew Amulets P. 134	Samaritan amulet	וראו כל עמי הארץ כי שם ה' נקרא עליך ויראו ממך	וכע הכש ינע ומ
Psalms 1:3	הקמיע העברי ע' 184	For success	והיה כעץ שתול על פלגי מים	וכשעפמ
Psalms 78:38	הקמיע העברי ע' 184		והרבה להשיב אפו	ולא

Origin	Source	Usage	Interpretation	Spell
Ezekiel 16:6	Jewish Tradition In Art P. 28		ואמר לך בדמיך חיי	ולבח
Similar to Micah 6:8	הקמיע העברי ע' יג'		והצנע לכת ביראת ה' אלהיך	ולביא
Leviticus 26:5	הקמיע העברי ע' 184	To save from the plague	והשיג לכם דיש את בציר	ולדאב
Genesis 27:28	הקמיע העברי ע' 184 Hebrew Amulets P. 132	For newlyweds	ויתן לך האלהים מטל השמים ומשמני הארץ ורב דגן ותירש	ולה מהו הודו
Numbers 13:27	הקמיע העברי ע' 184		ויספרו לו ויאמרו באנו אל הארץ אשר שלחתנו	ולובאהאש
Exodus 34:9	הקמיע העברי ע' 184		וסלחת לעוננו ולחטאתנו ונחלתנו	ולוו
Psalms 91:10	הקמיע העברי ע' 58, 184	Against the plague	ונגע לא יקרב באהלך	וליב
Leviticus 19:18	הקמיע העברי ע' 184		ואהבת לרעך כמוך אני ה'	ולכאי
I Samuel 25:6	הקמיע העברי ע' 58, 184	Peace	**ו** (**ל**)**כ**ל **א**שר **לך** **ש**לום	ולכאלש
Numbers 6:26	הקמיע העברי ע' 58, 185	For peace	וישם (**וי**שם) לך שלום	ולש (וילש)
Exodus 25:22	הקמיע העברי ע' 185		ונועדתי לך שם ודברתי אתך מעל הכפרת מבין שני הכרבים אשר על ארון העדת	ולשואמהמ ש ה אעאה
Isaiah 49:23	הקמיע העברי ע' 185		והיו מלאכים אמניך	ומא
Numbers 17:11	הקמיע העברי ע' 185	Against the plague	ויאמר משה אל אהרן קח את המחתה	ומאאקאה
Numbers 17:11	הקמיע העברי ע' 100	Against the plague	ויאמר משה אל אהרן קח את המחתה ותן עליה אש מעל המזבח	ומא אקא הוע אמה
Numbers 12:13	הקמיע העברי ע' 58, 185 Hebrew Amulets P. 132	For healing / Against a fever	ויצעק משה אל ה' לאמר אל נא רפא נא לה	ומאיל אנרנל
Exodus 24:1	הקמיע העברי ע' 185		ואל משה אמר עלה אל ה'	ומאעאי
Isaiah 12:3	הקמיע העברי ע' 185		ושאבתם מים בששון ממעיני הישועה	ומבמה
Exodus 14:19	הקמיע העברי ע' 185		ויסע מלאך האלהים ההלך לפני מחנה ישראל וילך מאחריהם	ומההלמיומ
Numbers 8:4	הקמיע העברי ע' 185		וזה מעשה המנרה מקשה זהב עד ירכה עד פרחה מקשה הוא כמראה אשר הראה ה' את משה	ומה מזעיעפמה כאהיאמ
Deuteronomy 27:9	Hebrew Amulets P. 134	Samaritan amulet	וידבר משה והכהנים הלוים אל כל ישראל לאמר הסכת ושמע ישראל היום הזה נהיית לעם להי' אלהיך	ומו האכ ילה ויה הנל לא
Exodus 28:13	הקמיע העברי ע' 185		ועשית משבצת זהב	ומז
Exodus 25:38	הקמיע העברי ע' 185		ומלקחיה (ו)מחתותיה זהב טהור	ומזט
Genesis 6:8	הקמיע העברי ע' 185		ונח מצא חן בעיני ה'	ומחבי

Origin	Source	Usage	Interpretation	Spell
	Jewish Tradition In Art P. 20		**ומ**כל **ש**כן	ומכש
Deuteronomy 34:1	הקמיע העברי ע' 185		ויעל משה מערבת מואב	מממ
	Jewish Tradition In Art P. 23		**ומ**כל **ש**כן	ומש
Genesis 8:2	הקמיע העברי ע' 59, 185	to stop incontinence	ויסכרו מעינות תהום	ומת
Psalms 100:17	הקמיע העברי ע' 185 Hebrew Amulets P. 132	For a fever / To shorten a trip	ויהי נעם אדני אלהנו עלינו ומעשה ידינו כוננה עלינו ומעשה ידינו כוננהו	ונאא ויכ
Deuteronomy 7:15	הקמיע העברי ע' 58, 185	For healing	**ונ**תנם **בכל ש**נאיך	ונבכש
Deuteronomy 15:9	הקמיע העברי ע' 185		ורעה עינך באחיך האביון	ועבה
Psalms 31:15	הקמיע העברי ע' 185		ואני עליך בטחתי ה' אמרתי אלהי אתה	ועביאאא
Numbers 17:12-13	הקמיע העברי ע' 58, 185	Against the Plague	ויכפר על העם. ויעמד בין המתים ובין החיים ותעצר המגפה	ועהובהוהוה
Psalms 111:3 Psalms 112:3	הקמיע העברי ע' 186		וצדקתו עמדת לעד	ועל
Numbers 13:23	הקמיע העברי ע' 186		ויבאו עד נחל אשכל ויכרתו משם זמורה ואשכול (ענבים Skip) אחד	וענא ומזוא
Deuteronomy 26:19	הקמיע העברי ע' 186		ולתתך עליון על כל הגוים	ועעכה
Deuteronomy 7:12	הקמיע העברי ע' 58, 186 Hebrew Amulets P. 132	For an infertile woman	והיה עקב תשמעון את המשפטים האלה ושמרתם ועשיתם אתם	ועת אהה ווא
Numbers 26:8	הקמיע העברי ע' 186		ובני פלוא אליאב	ופא
Genesis 21:1	הקמיע העברי ע' 58, 186 Hebrew Amulets P. 132	To ease childbirth	וה' פקד את שרה כאשר אמר ויעש ה' לשרה כאשר דבר	ופא שכא ויל כד
Psalms 106:30	הקמיע העברי ע' 58, 186	Against the plague	ויעמד פינחס ויפלל ותעצר המגפה	ופווה
Psalms 106:30	הקמיע העברי ע' 29		Square: Vertically it reads: ויעמד פינחס ויפלל ותעצר המגפה. Horizontally, the first row has the initials of the same verse	ו פ ו ו ה י י י ת מ ע נ פ ע ג מ ח ל צ פ ד ס ל ר ה
Isaiah 34:14	הקמיע העברי ע' 186	Against early childbirth and miscarriage	ופגשו ציים את איים	וצאא
II Samuel 17:14	הקמיע העברי ע' 186	To annul bad intentions	וה' צוה להפר את עצת אחיתפל	וצלאעא
Psalms 45:5	הקמיע העברי ע' 186		והדרך צלח רכב על דבר אמת וענוה צדק ותורך נוראות ימינך	וצרעדאוצוני

Origin	Source	Usage	Interpretation	Spell
Numbers 23:23	הקמיע העברי ע׳ 58, 186	Against crying, to ease childbirth	ולא קסם בישראל כעת יאמר ליעקב	וקבכיל
Genesis 31:47	הקמיע העברי ע׳ 186		ויעקב קרא לו גלעד	וקלג
Deuteronomy 7:15	Hebrew Amulets P. 67	Protect agains all sickness	Square. Permutations of the first and last letters in: והסיר ה׳ ממך כל חולי Both vertically and horizontally	ור יה מך כל חי יה מך כל חי ור מך כל חי ור יה כל חי ור יה מך חי ור יה מך כל
Psalms 78:38	Jewish Tradition In Art P. 118		והוא רחום יכפר עון ולא ישחית והרבה להשיב אפו ולא יעיר (כל) חמתו	וריעויולאויאח
	Jewish Tradition In Art P. 58		**ור**יש **מ**תיבתא **ר**בא	ורמר
Genesis 16:2	הקמיע העברי ע׳ 58, 186	To stop a miscarriage	ותאמר שרי אל אברם	ושאא
Genesis 28:3	הקמיע העברי ע׳ 58, 186	For childbirth	ואל שדי יברך אתך ויפרך וירבך והיית לקהל עמים	ושי אוו ולע
Genesis 32:27	הקמיע העברי ע׳ 186		ויאמר שלחני כי עלה השחר	ושכעה
Genesis 32:27 and 31	הקמיע העברי ע׳ 58, 186	For mental illness	ויאמר שלחני. פניאל	ושפ
	הקמיע העברי ע׳ 58	For Epilepsy	**וש**לום **ר**פואה **ש**למה **ר**פואה **ש**למה	וש רש רש

--ז--				
	Jewish Tradition In Art P. 327		זכות	ז
	הקמיע העברי ע׳ 204		זעיר אנפין	זא
Exodus 15:2	הקמיע העברי ע׳ 59, 186	To save from trouble	זה אלי ואנוהו	זאו
	הקמיע העברי ע׳ 186		זכרו את ירושלים	זאי
Psalms 119:49	Hebrew Amulets P. 132	For studying	זכר דבר לעבדך על אשר יחלתני	זדל עאי
Psalms 118:20	הקמיע העברי ע׳ 187		זה השער לה׳ צדיקים יבאו בו	זהלציב
	הקמיע העברי ע׳ יג׳		זכרו יגן	זי׳
Psalms 25:13	הקמיע העברי ע׳ 124		(ו)זרעו יירש ארץ	זיא
Deuteronomy 32:7	הקמיע העברי ע׳ 187 Jewish Tradition In Art P. 327		זכר ימות עולם / זכותו יגן עלינו	זיע
	לחש וקמיע ע׳ 152 הקמיע העברי ע׳ יג׳		זכותו יגן עלינו אמן	זיעא
	הקמיע העברי ע׳ 48	To chase away thieves	Name of God	זית
	הקמיע העברי ע׳ יג׳		זכרנו לברכה / זה לשונו	זל
	הקמיע העברי ע׳ יג׳		זכרונו לחיי העולם הבא	זלהה
Kabbalah	הקמיע העברי ע׳ 204		**ז׳ מ**י**ד**ות **הק**דושות	זמדוהק

Origin	Source	Usage	Interpretation	Spell
	Jewish Tradition In Art P. 74		זו נדבה	זנ
Kabbalah	הקמיע העברי ע׳ 204		זעיר אנפין	זעא
	הקמיע העברי ע׳ יג׳		זכר צדיק וקדוש לברכה לחיי העולם הבא	זצוקללהה
	הקמיע העברי ע׳ יג׳		זכר צדיק לברכה	זצל
	Jewish Tradition In Art P. 172		זכר צדיק לחיי העולם הבא	זצל הה
	הקמיע העברי ע׳ יג׳		זרע קודש	זרק
Exodus 3:15	הקמיע העברי ע׳ 187		זה שמי לעלם וזה זכרי לדר דר	זשלוזלד
	הקמיע העברי ע׳ יג׳		זרע של קימא	זשק
				--ח--
	חמסה ע׳ 66	For long life	חיים	ח
Psalms 86:3	הקמיע העברי ע׳ 58, 187	Call for help	חנני אדני כי אליך אקרא	חאכאא
Psalms 51:3	Hebrew Amulets P. 132	Against loss of blood	חנני אלהים כחסדך כרב רחמיך מחה פשעי	חאכ כרמפ
Kabbalah	הקמיע העברי ע׳ 204		חכמה בינה	חב
Kabbalah	הקמיע העברי ע׳ 204		חכמה בינה גדולה גבורה	חבגג
Kabbalah	הקמיע העברי ע׳ 204		חכמה בינה ודעת	חבד
Deuteronomy 32:14	הקמיע העברי ע׳ 187		חמאת בקר וחלב צאן	חבוצ
Kabbalah	הקמיע העברי ע׳ 204		חכמה בינה תפארת	חבת
Kabbalah	הקמיע העברי ע׳ 204		חכמה בינה תפארת מלכות	חבתמ
Kabbalah	הקמיע העברי ע׳ 204		חסד גבורה	חג
	הקמיע העברי ע׳ 25, 142	Against a difficult childbirth	Square. The sum of the letters in each row is 15, same as יה	4 3 8 ד ג ח 9 5 1 ט ה א 6 7 2 ב ז ו
Kabbalah	הקמיע העברי ע׳ 204		חמש גבורות וחסד אחד	חגוחא
Kabbalah	הקמיע העברי ע׳ 204		חסד גבורה תפארת מלכות	חגתמ
Kabbalah	הקמיע העברי ע׳ 204		חסד גבורה תפארת נצח	חגתנ
Kabbalah	הקמיע העברי ע׳ 205		חסד גבורה תפארת נצח הוד יסוד מלכות	חגתנהים
	Hebrew Amulets P. 126		One of the 4 rivers of Paradise	חדקל
	הקמיע העברי ע׳ יג׳		חס וחלילה	חו
Kabbalah	הקמיע העברי ע׳ 205		חיים וברכה / חכמה ובינה	חוב
Kabbalah	הקמיע העברי ע׳ 205		חכמה וגבורה / חסד וגבורה / חסדים וגבורות	חוג
	Hebrew Amulets P. 51, 113, 126	For protection of the newborn	Adam's first wife, the female demon Lilith	חוה ראשונה

Origin	Source	Usage	Interpretation	Spell
Psalms 144:2	Hebrew Amulets P. 132	For protection at sea	חסדי ומצודתי משגבי ומפלטי לי מגני ובו חסיתי הרודד עמי תחתי	חומו למו חהעת
	הקמיע העברי ע' 110 Hebrew Amulets P. 126	For protection of the newborn	A word used to chase away the demon Lilith (means - Out)	חוץ
	הקמיע העברי ע' יג'		**ח**כומי **ור**בני	חור
	Jewish Tradition In Art P. 192		**ח**כמי **ור**בני **ופ**רנסי **ומ**נהיגי	חור ופומ
Kabbalah	הקמיע העברי ע' 205		חסד חכמה גבורה	חחג
Kabbalah	הקמיע העברי ע' 205		חכמה חסד נצח	חחנ
Psalms 45:4	הקמיע העברי ע' 187		חגור חרבך על ירך גבור הודך והדרך	חחעיגהו
	הקמיע העברי ע' 187		חסין יה	חי
	הקמיע העברי ע' יג'		חיים יוסף דוד אזולאי	חידא
	Hebrew Amulets P. 51, 126	Protection of the newborn	One of the names of the female demon Lilith (לילית)	חיל
Kabbalah	הקמיע העברי ע' 205		חכמה כתר בינה	חכב
Kabbalah	הקמיע העברי ע' 205		חכמה כתר דעת	חכד
Kabbalah	Hebrew Amulets P. 119		One of the ten Sephiroth in Kabbalah	חכמה
Kabbalah	הקמיע העברי ע' 205		**חכ**מה **ע**לאה	חכע
	הקמיע העברי ע' 117		חבלי לידה אל תירא	חלאת
	רזיאל המלאך ע' מ"א		Angel, in charge of the world (חלד = World)	חלדיאל
Psalms 34:8	הקמיע העברי ע' 58, 187	Call for help	חנה מלאך ה' סביב ליראיו ויחלצם	חמיסלו
	הקמיע העברי ע' 187		חושך משפט שלום גאולה בטחון	חמש גב
	הקמיע העברי ע' יג'		חכמה נסתרה	חנ
	Afghanistan P. 164		Angel	חניאל
Kabbalah	הקמיע העברי ע' 205		חכמה סתימאה	חס
Kabbalah	Hebrew Amulets P. 119		One of the ten Sephiroth in Kabbalah	חסד
	רזיאל המלאך ע' נ"א		Angel in charge of the planet Venus	חסדיאל
Kabbalah	הקמיע העברי ע' 205		**חס**דים **וג**בורות	חסוג
	Hebrew Amulets P. 127		Angel	חסריאל
Kabbalah	הקמיע העברי ע' 205		**ח**כמה **סת**ימאה / **חס**ד **ת**תחון	חסת
	Jewish Tradition In Art P. 68		חברה קדישא	חק
	Hebrew Amulets P. 127		Part of the 42 Letter Name	חקב
	Jewish Tradition In Art P. 76		חכם רב	חר
Kabbalah	הקמיע העברי ע' 205		חקל תפוחים / חכמה תתאה	חת

Origin	Source	Usage	Interpretation	Spell
Psalms 145:16	הקמיע העברי ע' 58, 187 חמסה ע' 91	For charity and livelihood	Final letters - פותח את ידך	חתך
				--ט--
	Jewish Tradition In Art P. 20	Protection of the newborn	One of the names of the female demon Lilith (לילית)	טרוטה
Isaiah 65:24	הקמיע העברי ע' 58, 187	Call for help	טרם יקראו ואני אענה	טיוא
Lamentations 3:25	הקמיע העברי ע' 58, 187	Call for help	טוב ה' לקוו לנפש תדרשנו	טיללת
Kabbalah	הקמיע העברי ע' 205		**טמ**ירא **דכ**ל **ט**מירין	טמדכט
	Hebrew Amulets P. 127		Part of the 42 Letter Name	טנע
Psalms 119:69, 70, 76	הקמיע העברי ע' 42 Hebrew Amulets P. 108, 127		Angel, whose name is taken from the first two letters in each of the three verses: **טפ**לו עלי..., **טפ**ש כחלב..., **יה**י נא חסדך לנחמני...	טפטפיה
Kabbalah	הקמיע העברי ע' 205		ט' תקוני דקנא	טתד
				--י--
	הקמיע העברי ע' יג'		ה' אלהים / יברכהו אלהים	יא
Isaiah 25:1	הקמיע העברי ע' 187		ה' אלהי אתה ארוממך אודה שמך	יאאאאש
Psalms 67:7-8	הקמיע העברי ע' 187		יברכנו אלהים אלהינו. יברכנו אלהים וייראו אותו כל אפסי ארץ	יאאיא ואכאא
Psalms 6:2-3	הקמיע העברי ע' 58, 187	For mental illness	ה' אל באפך תוכיחני ואל בחמתך תיסרני. חנני ה' כי אמלל אני	יאבתובתחיכאא
	הקמיע העברי ע' 38 Hebrew Amulets P. 44,127	Name of God, Name of 8 letters	Combination of יהוה and אדני. Each letter in אדני follows a letter in יהוה. In Gematria = 91 = אמן	יאהדונהי
Psalms 67:8	הקמיע העברי ע' 187		יברכנו אלהים וייראו אותו כל אפסי ארץ	יאואכאא
Proverbs 23:25	הקמיע העברי ע' 187		ישמח אביך ואמך ותגל יולדתך	יאווי
	הקמיע העברי ע' יג'		ה' אלהי ישראל	יאי
Deuteronomy 6:4	הקמיע העברי ע' 187		ה' אלהינו ה' אחד	יאיא
Psalms 68:2	הקמיע העברי ע' 187		יקום אלהים יפוצו אויביו וינוסו משנאיו מפניו	יאיאוממ
II Kings 19:15	הקמיע העברי ע' 188		ה' אלהי ישראל ישב הכרבים	יאייה
	הקמיע העברי ע' 188		ה' אלהי ישראל ימלך ה' לעולם ועד / ה' אלהי ישראל יתברך ה' לעולם ועד / ה' אלהי ישראל יתעלה ה' לעולם ועד	יאי יילו

Origin	Source	Usage	Interpretation	Spell
	הקמיע העברי ע' 188		ה' אלהי ישראל מלך מלכי המלכים הקדוש	יאי ממהה
	הקמיע העברי ע' 188		ה' אלהי ישראל מלך מלכי המלכים הקדוש ברוך הוא	יאי ממהה בה
Genesis 48:20	Hebrew Amulets P. 132	To win a favor	ישמך אלהים כאפרים וכמנשה וישם את מנשה לפני אפרים (In source - את אפרים לפני מנשה)	יאכ ווא מלא (אלמ?)
Psalms 26:8	הקמיע העברי ע' 188 רפאל המלאך ע' 97	To be saved from Trouble	ה' אהבתי מעון ביתך ומקום משכן כבודך	יאמב ומכ
Exodus 15:3	הקמיע העברי ע' 188 Hebrew Amulets P. 132 / 134	To win a war/ Samaritan amulet	ה' איש מלחמה ה' שמו	יאמיש
Isaiah 50:4	Hebrew Amulets P. 132	On taking children to school	ה' ה' נתן לי לשון למודים לדעת לעות את יעף דבר	יאנ ללל ללא יד
Canticles 6:4	Hebrew Amulets P. 132	To win a favor	יפה את רעיתי כתרצה נאוה כירושלים אימה כנדגלות	יאר כנכ אכ
	רזיאל המלאך ע' ע"ט Hebrew Amulets P. 96	These are actually 12 words of 4 letters each	Name of 12 Letters - יהוה יההו יוהה הוהי הויה ההיו והיה וההי ויהה היהו היוה ההוי	יב
Canticles 2:14	הקמיע העברי ע' 71		יונתי בחגוי הסלע בסתר	יבהב
Canticles 2:14	Hebrew Amulets P. 132	In time of trouble	יונתי בחגוי הסלע בסתר המדרגה הראיני את מראיך	יבה בהה אמ
Psalms 21:2	הקמיע העברי ע' 188		ה' בעזך ישמח מלך	יבימ
Psalms 110:6	Hebrew Amulets P. 132	Against spirits	ידין בגוים מלא גויות מחץ ראש על ארץ רבה	יבמ גמר עאר
Psalms 24:5	הקמיע העברי ע' 188		ישא ברכה מאת ה'	יבמה
Deuteronomy 32:10	Hebrew Amulets P. 132	To drive off demons	ימצאהו בארץ מדבר ובתהו ילל ישמן יסבבנהו יבננהו יצרנהו כאישון עינו	יבמ ויי יייכע
Kabbalah	הקמיע העברי ע' 205		יצירה בריאה עשיה	יבע
Psalms 91:1	הקמיע העברי ע' 188		ישב בסתר עליון בצל שדי יתלונן	יבע בשי

Origin	Source	Usage	Interpretation	Spell
Psalms 91(the complete chapter)	Jewish Tradition In Art P. 241		ישב בסתר עליון בצל שדי יתלונן. אמר לה׳ מחסי ומצודתי אלהי אבטח בו. כי הוא יצילך מפח יקוש מדבר הוות. באברתו יסך לך ותחת כנפיו תחסה צנה וסחרה אמתו. לא תירא מפחד לילה מחץ יעוף יומם. מדבר באפל יהלך מקטב ישוד צהרים. יפל מצדך אלף ורבבה מימינך אליך לא יגש. רק בעיניך תביט ושלמת רשעים תראה. כי אתה ה׳ מחסי עליון שמת מעונך. לא תאנה אליך רעה ונגע לא יקרב באהלך. כי מלאכיו יצוה לך לשמרך בכל דרכיך. על כנפים ישאונך פן תגף באבן רגלך. על שחל ופתן תדרך תרמס כפיר ותנין. כי בי חשק ואפלטהו אשגבהו כי ידע שמי. יקראני ואענהו עמו אנכי בצרה אחלצהו ואכבדהו. ארך ימים אשביעהו ואראהו בישועתי.	יבע בשי אלמ ואא בכה ימי מהב ילו כתץ ואל תמל מיי מבי מיצ ימא ומא ליר בתו רתכ כאי מעש מלת ארו ליב כמי ללב דעכ יפת ברע שות תכו כבח ואכ ישי ועא באו איאוב
Psalms 72:7 / Kabbalah	הקמיע העברי ע׳ 188 הקמיע העברי ע׳ 205 Jewish Tradition In Art P. 197		יפרח בימיו צדיק / י״ב צרופים / ישכון בהר ציון	יבצ
Psalms 20:10 / Kabbalah	הקמיע העברי ע׳ 58, 188 הקמיע העברי ע׳ 205	Call for help	יעננו ביום קראנו / יחוד ברכה קדושה	יבק
	Hebrew Amulets P. 127		Part of the 42 Letter Name	יגל
I Samuel 4:4	הקמיע העברי ע׳ 188	Name of God	יושב הכרבים	יה
Kabbalah	הקמיע העברי ע׳ 205		יסוד **הוד** נצח	יהד
	הקמיע העברי ע׳ 38		Name of God	יההו
Psalms 20:10	הקמיע העברי ע׳ 58, 188	Call for help	ה׳ הושיעה המלך יעננו ביום קראנו	יההיבק
	הקמיע העברי ע׳ יג׳, 188		ישמרהו השם ויחיהו / יהושע השם ויחיהו	יהו

Origin	Source	Usage	Interpretation	Spell
Psalms 96:11 Jeremiah 9:23 Exodus 26:19-20 Esther 5:13 Deuteronomy 27:9 Deuteronomy 6:25 Genesis 12:15 Deuter. 26:15 - 16 Genesis 50:11 Psalms 34:4 Leviticus 27:33 Genesis 49:11	רזיאל המלאך ע׳ ע״ט Hebrew Amulets P. 96 הקמיע העברי ע׳ 39	Nissan ניסן Iyar אייר Sivan סיון Tamuz תמוז Av אב Ellul אלול Tishrey תשרי Heshvan חשון Kislev כסלו Tevet טבת Sehvat שבט Addar אדר	Name of 12 Letters, consists of 12 permutations of שם המפורש. Each word consists of initial letters or final letters (f.l.) of a verse in the תנ ך and is associated with the name of a Hebrew month. יהוה - ישמחו השמים ותגל הארץ יההו - יתהלל המתהלל השכל וידע יוהה - ידותיו. ולצלע המשכן השנית הוהי - זה איננו שוה לי (f.l.) הויה - ה סכת ושמע ישראל היום ההיו - וצדקה תהיה לנו כי (f.l.) והיה - ויראו אותה שרי פרעה (f.l.) וההי - ודבש. היום הזה ה׳ ויהה - וירא יושב הארץ הכנעני היהו - להי אתי ונרוממה שמו (f.l.) היוה - המר ימירנו והיה הוא ההוי - עירה ולשרקה בני אתנו(f.l.)	יהוה יהחו יוהה הוהי הויה ההיו והיה וההי ויהה היהו היוה ההוי
	הקמיע העברי ע׳ 38	Name of God	First 3 letters of יהוה in the beginning, the 4th letter at the end. In the middle - זקטי ?	יהוזקטיה
Psalms 96:11-12	הקמיע העברי ע׳ 188		ירעם הים ומלאו. יעלז שדי	יהויש
Psalms 98:7	הקמיע העברי ע׳ 188		ירעם הים ומלאו תבל וישבי בה	יהותוב
	הקמיע העברי ע׳ 38	Name of God	יהוה with יי in the middle	יהי יוה
	הקמיע העברי ע׳ 188		ישמרנו ה׳ לנצח	יהל
Deuteronomy 28:12	הקמיע העברי ע׳ 97, 188		יפתח ה׳ לך את אוצרו הטוב את השמים לתת מטר ארצך בעתו ולברך את כל מעשה ידיך והלוית גוים רבים ואתה לא תלוה	יהלאאהאהלמא בוא כמיוגרולת
Psalms 30:4	הקמיע העברי ע׳ 58, 188	For life, for mental illness	ה׳ העלית מן השאול (In origin-שאול) נפשי חייתני מיורדי בור	יהמהנחמב
Exodus 15:11	הקמיע העברי ע׳ 189		Final letters of: מי כמכה באלם ה׳ מי כמכה	יהמהיה
	Hebrew Amulets P. 127		Angel	יהמיאל
Exodus 15:11	Hebrew Amulets P. 127		Final letters of מי כמכה באלם, followed by יה	יהמיה
	חמסה ע׳ 70		**י**הי **ר**צון **מ**לפניך	יהרם
	הקמיע העברי ע׳ 126		**י**הי **ר**צון **מ**לפניך **ה**׳ **א**להינו **ו**אלהי **א**בותינו	יהרמ יאוא
	הקמיע העברי ע׳ 130		יבנה ויכונן במהרה בימינו	יובב
Psalms 91:11	הקמיע העברי ע׳ 58, 189 Hebrew Amulets P. 50	Call for help/ General protection	Final letters of: כי מלאכיו יצוה לך לשמרך בכל דרכיך	יוהך כלך
	Jewish Tradition In Art P. 32		Sabbath (ז=7, Seventh day) **יום ז**	יו ז

Origin	Source	Usage	Interpretation	Spell
	Jewish Tradition In Art P. 89		**יו**ם **ט**וב	יוט
	הקמיע העברי ע' 79		Name of God	יוי
	הקמיע העברי ע' 79		(Name of God - ה' רחום (יוי	יויר
	Hebrew Amulets P. 51,113	Protection of the newborn	Mother of Moses and Aaron	יוכבד
	Hebrew Amulets P. 114	Against the Evil Eye	Jacob's favorite son	יוסף
Psalms 91:15	הקמיע העברי ע' 58, 189	Call for help	יקראני ואענהו עמו בצרה (Skip - אנכי)	יועב
	Hebrew Amulets P. 127		Angel of beauty	יופיאל
	הקמיע העברי ע' יג'		**יוצ**אי **ח**לציו	יוצח
	הקמיע העברי ע' יג'		**י**מים **וש**נים	יוש
Genesis 49:14	הקמיע העברי ע' 189	To open ones heart	יששכר חמר גרם	יחג
Psalms 80:14	הקמיע העברי ע' 189		יכרסמנה חזיר מיער וזיז שדי ירענה	יחמושי
Psalms 41:5	הקמיע העברי ע' 58, 189	For mental illness	ה' חנני רפאה נפשי	יחרנ
	הקמיע העברי ע' 189		יאריך ימים / Name of God	יי
I Samuel 2:10	הקמיע העברי ע' 189		ה' ידין אפסי ארץ	ייאא
Deuteronomy 28:8	הקמיע העברי ע' 189 Hebrew Amulets P. 134	Samaritan amulet	יצו ה' אתך את הברכה באסמיך ובכל משלח ידך	ייא אהב ומי
Psalms 130:7-8	הקמיע העברי ע' 189		יחל ישראל אל ה' כי עם ה' החסד והרבה עמו פדות. והוא יפדה את ישראל מכל עונותיו	ייאיכעיהועפויאי מע
Psalms 29:11	הקמיע העברי ע' 189		ה' יברך את עמו בשלום	ייאעב
Exodus 34:6-7	הקמיע העברי ע' 189 Hebrew Amulets P. 132	To have one's prayers answered	ה' ה' אל רחום וחנון ארך אפים ורב חסד ואמת. נצר חסד לאלפים נושא עון ופשע וחטאה ונקה	ייא רוא אוחו נחלנעווו
Psalms 115:11	הקמיע העברי ע' 58, 189	Call for help	יראי ה' בטחו בה'	ייבב
Psalms 20:2	הקמיע העברי ע' 58, 189	Call for help	יענך ה' ביום צרה ישגבך שם אלהי יעקב (ו' instead of י' in יעקב)	ייבץ ישאו
	הקמיע העברי ע' 76		Second letter in the name of each of the 4 rivers of Paradise פישון גיחון חדקל פרת	יידר
I Chronicles 13:6	הקמיע העברי ע' 189		ה' יושב הכרובים אשר נקרא שם	ייהאנש
Numbers 6:24-26 / The Priestly Blessing	הקמיע העברי ע' 189 Hebrew Amulets P. 132	The Priestly Blessing / To drive demons from an infant	יברכך ה' וישמרך. יאר ה' פניו אליך ויחנך. ישא ה' פניו אליך וישם לך שלום	יין ייפ אוייפא ולש

Origin	Source	Usage	Interpretation	Spell
Numbers 6:24-26	הקמיע העברי ע' 189 Hebrew Amulets P. 96 הקמיע העברי ע' 45		First letter in each of the 3 verses: יברכך... יאר... ישא... / Name Of God A word in the 72 Letter Name	ייי
Psalms 14:7	הקמיע העברי ע' 189		יגל יעקב ישמח ישראל	יייי
	הקמיע העברי ע' 189		Part of the 72 Letter Name	ייי ללו
Psalms 20:6	הקמיע העברי ע' 58, 189	For compassion, salvation	ימלא ה' כל משאלותיך	ייכמ
Deuteronomy 28:12	Hebrew Amulets P. 134	Samaritan amulet	יפתח ה' לך את אוצרו הטוב	ייל אאה
Deuteronomy 28:12	הקמיע העברי ע' 189		יפתח ה' לך את אוצרו הטוב את השמים (לתת מטר ארצך-Skip) בעתו ולברך את כל מעשה ידך	יי לאא האה בוא כמי
Exodus 15:18	הקמיע העברי ע' יג'	Against an enemy	ה' ימלך לעלם ועד	יילו
	הקמיע העברי ע' יג'		ימלוך ה' לעולם ועד אמן	יילוא
Exodus 14:14	הקמיע העברי ע' 190 Hebrew Amulets P. 134	 Samaritan amulet	ה' ילחם לכם ואתם תחרשון	יילות
Psalms 128:5	הקמיע העברי ע' 190		יברכך ה' מציון וראה בטוב ירושלם כל ימי חייך	יימוביכיח
Psalms 121:7-8	הקמיע העברי ע' 58, 190	Call for help	ה' ישמרך מכל רע ישמר את נפשך. ה' ישמר צאתך ובואך מעתה ועד עולם	יימר יאנ ייצו מוע
Exodus 15:6	Hebrew Amulets P. 132	Against an enemy	ימינך ה' נאדרי בכח ימינך ה' תרעץ אויב	יינ ביי תא
Deuteronomy 1:11	הקמיע העברי ע' 190		ה' (אלהי אבותיכם) יוסף עליכם / יוסף ה' עליכם	ייע
Psalms 41:4	הקמיע העברי ע' 58, 190	Call for help	ה' יסעדנו על ערש דוי כל משכבו הפכת בחליו	ייעדכמהב
Psalms 121:8	הקמיע העברי ע' 58, 190	Call for help	ה' ישמר צאתך ובואך מעתה ועד עולם	ייצו מוע
Psalms 118:16	הקמיע העברי ע' 190		ימין ה' רוממה	ייר
	Jewish Tradition In Art P. 74		יום כפור	יכ
	הקמיע העברי ע' יג'		ישכון כבוד בהר ציון	יכבץ
Psalms 128:2	הקמיע העברי ע' 190		יגיע כפיך כי תאכל אשריך וטוב לך	יככתאול
Deuteronomy 32:2	הקמיע העברי ע' 190		יערף כמטר לקחי	יכל
Exodus 15:11	הקמיע העברי ע' 190		מי כמוך באלם ה' מי כמוך נאדר בקדש (Final letters)	יכמי יכרש
	רזיאל המלאך ע' ע"ח		First Archangel	יכניאל
Deuteronomy 28:10	הקמיע העברי ע' 190		וראו (ו' instead of י') כל עמי הארץ כי שם ה' נקרא עליך ויראו ממך	יכעה כשינעומ
	Hebrew Amulets P. 127		A word in the Name of 42 Letters	יכש

Origin	Source	Usage	Interpretation	Spell
Psalms 99:1	הקמיע העברי ע' 190		ישב כרובים תנוט הארץ	יכתה
Psalms 19:15	הקמיע העברי ע' 58, 190	Call for help	יהיו לרצון אמרי פי והגיון לבי לפניך ה' צורי וגאלי	ילאפוללליצו
Psalms 118:6	הקמיע העברי ע' 190		ה' לי לא אירא	יללא
Genesis 49:18 - Targum	Hebrew Amulets P. 127		Permutation of: לסי - לפורקנך סברית ה'	ילס
Genesis 49:18	Hebrew Amulets P. 127		Permutation of: לקי - לישועתך קויתי ה'	ילק
Numbers 6:26	Hebrew Amulets P. 127		(ו)ישם לך שלום	ילש
	הקמיע העברי ע' 139		יבדל לחיים שומע תפילה ברחמים עליו שלום רב ברכה	ילשת בעשר ב
Psalms 119:80	הקמיע העברי ע' 190		יהי לבי תמים	ילת
Psalms 91:7	הקמיע העברי ע' 190		יפל מצדך אלף ורבבה מימינך אליך לא יגש	ימאומאלי
Kabbalah	הקמיע העברי ע' 205		יסוד מלכות גבורה	ימג
Psalms 93:1	הקמיע העברי ע' 190		ה' מלך גאות לבש	ימגל
	הקמיע העברי ע' 190		יהיה מגן וצנה בעד הילד	ימובה
Psalms 16:5	הקמיע העברי ע' 190 רפאל המלאך ע' 97	To have a request granted	ה' מנת חלקי וכוסי	ימחו
In Yom Kippur prayer	הקמיע העברי ע' 191		ה' מלך ה' מלך ה' ימלך לעולם ועד	ימימיילו
Kabbalah	הקמיע העברי ע' 205		**י**סוד **מל**כות	ימל
	Jewish Tradition In Art P. 163		**ימ**ח **ש**מו	ימש
	הקמיע העברי ע' 122		יחיה נצח ועד עולם	ינוע
Kabbalah	הקמיע העברי ע' 205		**יס**וד **א**בי״א	יסא
Kabbalah	הקמיע העברי ע' 205		**יסו**ד **אי**מא	יסואי
Kabbalah	Hebrew Amulets P. 119		One of the 10 Sephiroth in Kabbalah	יסוד
Kabbalah	הקמיע העברי ע' 205		**יסו**ד **צ**דיק	יסוצ
Kabbalah	הקמיע העברי ע' 205		**יסו**ד **צ**דיק **א**ות **ב**רית	יסוצאב
Kabbalah	הקמיע העברי ע' 205		**יס**וד **מ**לכות **ג**בורה	יסמג
Kabbalah	הקמיע העברי ע' 205		**יס**וד **ס**פירות **מ**קור**י**ות	יסמי
Kabbalah	הקמיע העברי ע' 205		יסוד עגולים / יצירה עשיה	יע
	הקמיע העברי ע' יג' הקמיע העברי ע' 191 Jewish Tradition In Art P. 327 Afghanistan P. 157 היהודים במארוקו ע' 58		יבנה עירו אמן / יכוננה עליו אמן / ישמרהו עליו אמן/ יגן עלינו אמן/ יכוננה עליון אמן	יעא
Psalms 67:4	הקמיע העברי ע' 191		יודוך עמים אלהים יודוך עמים כלם	יעא יעכ
Psalms 28:7	הקמיע העברי ע' 191		ה' עוזי ומגני	יעו
Genesis 27:29	הקמיע העברי ע' 26		יעבדוך עמים וישתחו לך לאמים	יעולל

Origin	Source	Usage	Interpretation	Spell
Psalms 29:11	הקמיע העברי ע' 191		ה' עז לעמו יתן ה' יברך את עמו בשלום	יעלי ייאעב
	הקמיע העברי ע' 140		Permutations of יעל - יחי עוד לנצח	יעל ליע עיל
Isaiah 43:2	הקמיע העברי ע' 47, 191	Prayer for the road	כי תעבר במים אתך (Second letters)	יעמת
Psalms 72:4	הקמיע העברי ע' 191		ישפט עניי עם יושיע לבני אביון וידכא עושק	יעעילאוע
	הקמיע העברי ע' יג'		יעשה שלום	יעש
	Hebrew Amulets P. 127		Angel	יפיאל
	הקמיע העברי ע' 111	Protection for the newborn	One of the names of the female demon Lilith (לילית)	יפרטשה
	חמסה ע' 91		יפגע רע מעתה ועד עולם	יפרמעוע
Isaiah 37:16	הקמיע העברי ע' 191	For difficult childbirth	ה' צבאות אלהי	יצא
Isaiah 37:16	הקמיע העברי ע' 25	For difficult childbirth	Square. Permutations of יצא - ה' צבאות אלהי Horizontally and vertically.	י צ א צ א י א י צ
Psalms 84:13	הקמיע העברי ע' 191		ה' צבאות אשרי אדם בטח בך	יצאאבב
I Chronicles 17:24	הקמיע העברי ע' 191		ה' צבאות אלהי ישראל	יצאי
Isaiah 37:16	הקמיע העברי ע' 191		ה' צבאות אלהי ישראל ישב הכרבים	יצאייה
I Samuel 1:11	הקמיע העברי ע' 191	For pregnancy	ה' צבאות אם ראה תראה	יצארת
	הקמיע העברי ע' 141		יצר הטוב	יצהט
	הקמיע העברי ע' 38		Combination of יהוה and ציח. Each letter in ציח follows a letter in יהוה. ציח - צדקיאל יופיאל מיכאל Names of Angels	יצהיוחה
	הקמיע העברי ע' 141		יצר הרע	יצהר
Psalms 19:15	הקמיע העברי ע' יג', 35 Jewish Tradition In Art P. 327 Afghanistan P. 132		ישמור צאתו ובואו / ישר צדק ונאמן / ה' צורי וגאלי/ ישמרה צורה וגואלה/ ישמרהו צורו ויחיהו	יצו
	Jewish Tradition In Art P. 28		ישמרו צורו וגואלו אמן	יצוא
II Samuel 6:2	הקמיע העברי ע' 191		ה' צבאות יושב הכרבים	יציה
	הקמיע העברי ע' 118		ה' צילך ישמור צאתך	יציץ
Psalms 46:8	הקמיע העברי ע' 58, 191	Call for help	ה' צבאות עמנו	יצע
Psalms 46:8 Psalms 46:12	הקמיע העברי ע' 58, 129, 191	Call for help	ה' צבאות עמנו משגב לנו	יצעמל
	Afghanistan P. 136		יחיהו צורו תהלה לאל	יצתל
Kabbalah	הקמיע העברי ע' 205		יחוד קדושה ברוכה	יקב

Origin	Source	Usage	Interpretation	Spell
קרע - Part of the 42 Letter Name	הקמיע העברי ע' 39 רפאל המלאך ע' 76 חמסה ע' 91	Name of God / Salvation for a gravely ill person	Combination of יהוה and קרע. Each letter in קרע follows a letter in יהוה / First letters of the verses: יקום ה' יפוצו אויבך וינוסו... קומה ה' באפך הנשא בעברות ... הוציאה ממסגר נפשי... רצה ה' להצילני... ואני עני ואביון... עיני תמיד אל ה'... השמיעני בבקר חסדיך...	יקהרועה
	הקמיע העברי ע' 142		Permutations of the Names of God - לסי, לקי, שדי	יקל קיל ליק ילק לסי סיל יסל ילס סלי ליס ישד דיש
	Afghanistan P. 157		יהי רצון	יר
	Jewish Tradition In Art P. 172		**י**רום **ה**ודו	ירה
	הקמיע העברי ע' יג'		**ירוש**לים **ת**יבנה **ו**תכונן	ירושתו
Psalms 23:1	הקמיע העברי ע' 191		ה' רעי לא אחסר	ירלא
	הקמיע העברי ע' יג'		יהי רצון מלפניך	ירמ
	הקמיע העברי ע' יד', 191, חמסה ע' 91		יהי רצון מלפניך ה' אלהינו ואלהי אבותינו	ירמיאוא
	הקמיע העברי ע' יד'		**ירא**ת **ש**מים	ירש
	הקמיע העברי ע' 119		יתברך שמו	יש
Psalms 20:2	הקמיע העברי ע' 58, 191	Call for help	ישגבך שם אלהי יעקב	ישאי
Psalms 38:14	הקמיע העברי ע' 191		ואני כחרש לא אשמע (Final letters)	ישאע
שטן - part of the 42 Letter Name	הקמיע העברי ע' 39 רפאל המלאך ע' 76	Name of God / Salvation for a gravely ill person	Combination of יהוה and שטן. Each letter in שטן follows a letter in יהוה	ישהטונה
	הקמיע העברי ע' יד'		ה' שומר ישראל	ישי
	הקמיע העברי ע' יד'		יהי שם ה' מבורך	ישימ
	הקמיע העברי ע' יד'		ישתבך שמו לעד	ישל
Kabbalah	הקמיע העברי ע' 205		**יש**ראל **ס**בא **ות**בונה	ישסות
	הקמיע העברי ע' 192		**יש**תבח **ש**מך **ל**עולם **ו**עד	ישׁשלו
Psalms 102:2	הקמיע העברי ע' 58, 192	Call for help, For Epilepsy	ה' שמעה תפלתי ושועתי אליך תבוא	ישת ואת
Kabbalah	הקמיע העברי ע' 205		יסוד תפארת דעת	יתד
Psalms 22:4	הקמיע העברי ע' 192		יושב תהלות ישראל	יתי
	לחש וקמיע ע' 152		**ית**ברך **ש**מו	יתש
	הקמיע העברי ע' יד'		**י**רושלים **ת**בנה **ות**כונן	יתת

Origin	Source	Usage	Interpretation	Spell
				--כ--
Exodus 20:12	הקמיע העברי ע' 192		כבד את אביך ואת אמך	כאאוא
Isaiah 43:14	Hebrew Amulets P. 132	For protection at sea	כה אמר ה' גאלכם קדוש ישראל למענכם שלחתי בבלה והורדתי בריחים כלם וכשדים באניות רנתם	כאי גקי לשב ובכ ובר
Proverbs 3:2	הקמיע העברי ע' 192		כי ארך ימים ושנות חיים ושלום יוסיפו לך	כאיוחויל
Psalms 91:9	הקמיע העברי ע' 58, 192	Call for help	כי אתה ה' מחסי עליון שמת מעוניך	כאימעשמ
Jeremiah 31:15	Hebrew Amulets P. 132	For crying children	כה אמר ה' מנעי קולך מבכי ועיניך מדמעה	כאי מקמ ומ
Exodus 15:26	הקמיע העברי ע' 58, 192 Hebrew Amulets P. 127	For healing	כי אני ה' רפאך	כאיר
Isaiah 44:3	הקמיע העברי ע' 192		כי אצק מים על צמא	כאמעצ
Kabbalah	הקמיע העברי ע' 206		כתר בינה	כב
	הקמיע העברי ע' יד'		The 22 Letter Name - אנקתם פסתם פספסים דיונסין	כ"ב
Kabbalah	הקמיע העברי ע' 206		**כבו**ד **ע**לאה	כבוע
	הקמיע העברי ע' 133		**כבו**ד **ות**ורה	כבות
Kabbalah	הקמיע העברי ע' 206		כתר בינה חכמה	כבח
	הקמיע העברי ע' 192	Name of God	כוזו במוכסז כוזו (The 14 Letter Name - אבגד method for the verse יהוה אלהינו יהוה)	כבכ
Psalms 31:11	הקמיע העברי ע' 58, 59, 192	For weakness, bone disease	כשל בעוני כחי ועצמי עששו	כבכוע
Kabbalah	הקמיע העברי ע' 206		כתר דעת תפארת	כדת
	Jewish Tradition In Art P. 96		כבוד הרב	כה
Ezekiel 1:28	הקמיע העברי ע' 192		כמראה הקשת אשר יהיה בענן ביום הגשם	כהאיבבה
Exodus 15:26	הקמיע העברי ע' 58, 192	For healing	כל המחלה אשר שמתי במצרים לא אשים עליך כי אני ה' רפאך	כהאשבלאע כאיר
Psalms 91:3, and the middle of verse 4	הקמיע העברי ע' 58, 192	Against the plague	כי הוא יצילך מפח יקוש מדבר הוות... ותחת כנפיו תחסה	כהימימה וכת
	הקמיע העברי ע' יד'		**כ**תבי **הק**דש	כהק
	Jewish Tradition In Art P. 327		**כ**בוד **הר**ב	כהר
	Jewish Tradition In Art P. 327		**כ**בוד **הר**ב **ר**בי	כהרר
	הקמיע העברי ע' 192		Part of the 72 Letter Name	כהת
Psalms 150:6	הקמיע העברי ע' 192		כל הנשמה תהלל יה הללויה	כהתיה

Origin	Source	Usage	Interpretation	Spell
	הקמיע העברי ע' 134		כולל זכאי	כוז
	הקמיע העברי ע' 24 רזיאל המלאך ע' ט"ז	Name of God	אבגד method for יהוה אלהינו יהוה The 14 Letter Name.	כוזו במוכסז כוזו
Kabbalah	הקמיע העברי ע' 206		כתר וחכמה	כוח
	הקמיע העברי ע' יד'		כלל ועיקר / כוונה עצומה	כוע
Leviticus 27:29	Hebrew Amulets P. 132	To cause a curse to take effect	כל חרם אשר יחרם מן האדם לא יפדה מות יומת	כחא ימה לימי
Kabbalah	הקמיע העברי ע' 206		כתר חכמה בינה	כחב
Kabbalah	הקמיע העברי ע' 206		כתר חכמה בינה דעת	כחבד
Kabbalah	הקמיע העברי ע' 206		כתר חכמה בינה תפארת ומלכות	כחבתומ
Proverbs 1:17	Hebrew Amulets P. 132	Against an enemy	כי חנם מזורה הרשת בעיני כל בעל כנף	כחמ הבכ בכ
Kabbalah	הקמיע העברי ע' 206		כתר חכמה תפארת	כחת
	הקמיע העברי ע' יד'		כל טוב סלה	כטס
Deuteronomy 4:24	Hebrew Amulets P. 132	To weaken an enemy	כי ה' אלהיך אש אכלה הוא אל קנא	כיא אאה אק
Psalms 116:13	הקמיע העברי ע' 192		כוס ישועות אשא ובשם ה' אקרא	כיאויא
	הקמיע העברי ע' יד', 48		כל ישראל בני מלאכים	כיבמ
Exodus 23:23	הקמיע העברי ע' 192		כי ילך מלאכי לפניך	כימל
Exodus 17:16	הקמיע העברי ע' 192		כי יד על כס יה	כיעכי
Deuteronomy 22:6	Hebrew Amulets P. 132	To fatten fowl, against an enemy	כי יקרא קן צפור לפניך בדרך בכל עץ או על הארץ	כיק צלב בעא עה
	הקמיע העברי ע' י'		כן יהי רצון	כיר
	Hebrew Amulets P. 127		כן יהי רצון אמן	כירא
	Jewish Tradition In Art P. 300		כן יהי רצון נצח סלה	כירנס
Proverbs 27:26	Hebrew Amulets P. 132	To make flocks thrive	כבשים ללבושך ומחיר שדה עתודים	כלו שע
Numbers 23:23	Hebrew Amulets P. 132	For lying in	כי לא נחש ביעקב ולא קסם בישראל כעת יאמר ליעקב ולישראל מה פעל אל	כלנ בוק בכי לומ פא
Psalms 36:10 Psalms 16:8	הקמיע העברי ע' 192 הקמיע העברי ע' 61		כי עמך מקור חיים באורך נראה אור 1st letter in every 2nd word (Serugin) / כי מימיני בל אמוט	כמבא
Psalms 91:11	הקמיע העברי ע' 58, 192, חמסה ע' 91	Call for help	כי מלאכיו יצוה לך לשמרך בכל דרכיך	כמיל לבד
Psalms 54:9	הקמיע העברי ע' 59, 192	To save from trouble	כי מכל צרה הצילני	כמצה
Kabbalah	הקמיע העברי ע' 206		כתר נצח יסוד	כני

Origin	Source	Usage	Interpretation	Spell
Proverbs 6:23	הקמיע העברי ע' 192		כי נר מצוה ותורה אור ודרך חיים תוכחות מוסר	כנמואותתמ
	הקמיע העברי ע' 122		כסא הכבוד בפני זה	כסה בפז
Psalms 31:4	הקמיע העברי ע' 58, 193	For life, rescue	כי סלעי ומצודתי אתה	כסוא
Kabbalah	הקמיע העברי ע' 206		כתר עליון / כתרא עלאה	כע
Numbers 8:4	הקמיע העברי ע' 193		כן עשה את המנרה	כעאה
Isaiah 12:2	הקמיע העברי ע' 59, 193	To save from trouble	כי עזי וזמרת יה ה' ויהי לי לישועה	כעוייולל
Psalms 36:10	הקמיע העברי ע' 193		כי עמך מקור חיים באורך נראה אור	כעמח בנא
	Jewish Tradition In Art P. 78		כהן צדק	כץ
	הקמיע העברי ע' 193		כתב רחמנא / כעת רצון	כר
	Hebrew Amulets P. 127		Angel	כרמיאל
	Jewish Tradition In Art P. 52		כבוד שם תפארתו	כשת
	הקמיע העברי ע' ידי		כבוד שם תורתו מורנו הרב רבי	כשת מהרר
	Jewish Tradition In Art P. 74		כתר תורה	כת
Numbers 6:23	הקמיע העברי ע' 193		כה תברכו את בני ישראל אמור להם	כתאביאל
Isaiah 43:2	הקמיע העברי ע' 193 Hebrew Amulets P. 132	For a storm at sea	כי תעבר במים אתך אני ובנהרות לא ישטפוך	כתב אאו לי
	הקמיע העברי ע' ידי		כתב יד	כתי
Kabbalah	הקמיע העברי ע' 206		כתר תפארת יסוד מלכות	כתימ
Deuteronomy 21:10	Hebrew Amulets P. 132	For victory in a war	כי תצא למלחמה על איביך ונתנו ה' אלהיך בידך ושבית שביו	כתל עאו יאב וש
Kabbalah	הקמיע העברי ע' 206		כתר מלכות / כתר תורה מלכות/ כתר תפארת מלכות	כתמ
Kabbalah	הקמיע העברי ע' 206		כתר עליון	כתע
Kabbalah	Hebrew Amulets P. 119		One of the 10 Sephiroth in Kabbalah	כתר

--ל--

Origin	Source	Usage	Interpretation	Spell
Genesis 31:42	Hebrew Amulets P. 132	For a profitable trade	לולי אלהי אבי אלהי אברהם ופחד יצחק היה לי כי עתה ריקם שלחתני	לאא אאו יהל כער ש
Deuteronomy 28:12	הקמיע העברי ע' 97		לך את אוצרו הטוב את השמים לתת מטר ארצך בעתו ולברך את כל מעשה ידך והלוית גוים רבים ואתה לא תלוה	לאא האה למא בוא כמיוגרולת

Origin	Source	Usage	Interpretation	Spell
Psalms 49:6	הקמיע העברי ע' 79, 193 Hebrew Amulets P. 133	Against fear and danger / Against infection	למה אירא בימי רע עון עקבי יסובני	לאב רעעי
Exodus 6:6	Hebrew Amulets P. 133	To save from danger	לכן אמר לבני ישראל אני ה' והוצאתי אתכם מתחת סבלת (Skip מצרים) והצלתי אתכם מעבדתם וגאלתי אתכם בזרוע נטויה ובשפטים גדלים	לאל יאיואמס ואמ ואב נוג
Deuteronomy 5:27	הקמיע העברי ע' 193	For peace between man and wife	לך אמר להם שובו לכם לאהליכם	לאלשלל
Psalms 67:3	הקמיע העברי ע' 193		לדעת בארץ דרכך בכל גוים ישועתך	לבדבגי
Psalms 67:1-2	הקמיע העברי ע' 58, 193	Call for help	למנצח בנגינת מזמור שיר. אלהים יחננו ויברכנו יאר פניו אתנו סלה	לבמשאי ויפאס
Psalms 67 (The whole chapter)	הקמיע העברי ע' 30, 58 רפאל המלאך ע' 97	Call for help/ To ward off trouble	למנצח בנגינת מזמור שיר. אלהים יחננו ויברכנו יאר פניו אתנו סלה. לדעת בארץ דרכך בכל גוים ישועתך. יודוך עמים אלהים יודוך עמים כלם. ישמחו וירננו לאמים כי תשפט עמים מישר ולאמים בארץ תנחם סלה. יודוך עמים אלהים יודוך עמים כלם. ארץ נתנה יבולה יברכנו אלהים אלהינו. יברכנו אלהים וייראו אותו כל אפסי ארץ.	לבמ שאי ויפ אסל בדב גיי עאי עכי ולכ תעמ ובת סיע איע כאנ ייא איא ואכ אא
	Jewish Tradition In Art P. 231 Afghanistan P. 138		**לב**ריאת **ע**ולם / **לב**ית **ע**ולמו	לבע
	היהודים במארוקו ע' 230		לבית עולמו וחיי לן שבק	לבע וחל ש
Canticles 7:12	Hebrew Amulets P. 133	For a safe journey	לכה דודי נצא השדה נלינה בכפרים	לדנ הנב
	הקמיע העברי ע' 118		לשנה הבאה בירושלים	להב
	הקמיע העברי ע' 127		**ל**שון **ה**ר**ע**	להר
	הקמיע העברי ע' 23		**ל**עד **ול**עולם **ו**עד **ת**נוח **נ**פשו	לולותן
Psalms 66:5	הקמיע העברי ע' 193		לכו וראו מפעלות אלהים נורא עלילה על בני אדם	לומא נעעבא
	לחש וקמיע ע' 152		**לח**יים **ט**ובים **ול**שלום	לחטול
Zephaniah 3:8	הקמיע העברי ע' 193		לכן חכו לי נאם ה'	לחלני
	Afghanistan P. 138		**לח**יי **ע**ולם **הב**א	לחעוהב
Psalms 51:12	הקמיע העברי ע' 58, 193	For heart ailment	לב טהור ברא לי אלהים	לטבלא
Deuteronomy 7:24	הקמיע העברי ע' 193		לא יתיצב איש בפניך	ליאב
Deuteronomy 11:25	Hebrew Amulets P. 133	Against robbers	לא יתיצב איש בפניכם (Skip פחדכם) ומוראכם יתן ה' אלהיכם על פני כל הארץ	ליא בוי יאע פכה

Origin	Source	Usage	Interpretation	Spell
Psalms 27:1	הקמיע העברי ע' 193		לדוד ה' אורי וישעי ממי אירא	ליאומא
Deuteronomy 7:14	הקמיע העברי ע' 58, 193 Hebrew Amulets P. 128	For infertility	לא יהיה בך עקר ועקרה	ליבעו
Psalms 119:89	הקמיע העברי ע' 193		לעולם ה' דברך	לידך
Psalms 119:89	הקמיע העברי ע' 117		לעולם ה' דברך נצב בשמים	לידנב
Psalms 60:7 Psalms 108:7	הקמיע העברי ע' 193		למען יחלצון ידידיך	ליי
Exodus 20:3	Hebrew Amulets P. 134	Samaritan amulet	לא יהיה לך אלהים אחרים על פני	ליל אאעפ
	הקמיע העברי ע' 6, 42 Hebrew Amulets P. 114	Will not harm a child when her name is written near the child	Mother of all Demons. Bad demon, harms infants	לילית
	הקמיע העברי ע' 193		לשם יחוד קודשאיה בריך הוא ושכינתיה	ליקבהו
Psalms 33:18-19	הקמיע העברי ע' 193		למיחלים לחסדו. להציל ממות נפשם ולחיותם ברעב	ללמנוב
	הקמיע העברי ע' ידי		למנצח	למי
	הקמיע העברי ע' ידי		**למ**זל **ו**ברכה **ב**ני **א**ל **ח**י	למובאח
	Jewish Tradition In Art P. 23		**למ**זל **ט**וב	למט
Psalms 24:1	הקמיע העברי ע' 193		לדוד מזמור לה' הארץ ומלואה	למלהו
Psalms 19:1	הקמיע העברי ע' 194		למנצח מזמור לדוד. השמים מספרים כבוד אל	למל המכא
Proverbs 16:1	הקמיע העברי ע' 194 Hebrew Amulets P. 133	To strengthen the memory	לאדם מערכי לב ומה' מענה לשון	למל ומל
Proverbs 16:1	הקמיע העברי ע' 140		**לא**דם **מ**ערכי **לב** ו**מ**ה' **מ**ענה **ל**שון	למל ממל
Psalms 67- The whole chapter	Hebrew Amulets P. 149		למנצח בנגינת מזמור שיר. אלהים יחננו ויברכנו יאר פניו אתנו סלה. לדעת בארץ דרכך בכל גוים ישועתך. יודוך עמים אלהים יודוך עמים כלם. ישמחו וירננו לאמים כי תשפט עמים מישר ולאמים בארץ תנחם סלה. יודוך עמים אלהים יודוך עמים כלם. ארץ נתנה יבולה יברכנו אלהים אלהינו. יברכנו אלהים וייראו אותו כל אפסי ארץ	למנ בנג מזמ שי אל יח וי יא פנא סל לד בא דר בכ גו י יו עמ אל יוע מכ ישמ וי לא כית ש עמ מ יול באת נ סיוע איע כאנ ת יב יא אי או אכ אא ר
Psalms 67:1	הקמיע העברי ע' 79		**למנ**צח **בנג**ינת **מזמ**ור **שיר**	למנ בנג מזמ שיר

Origin	Source	Usage	Interpretation	Spell
Psalms 67:1	Hebrew Amulets P. 147		למנצח בנגינת מזמור שיר	למנצח בנגנ מש
	הקמיע העברי ע' 159		למעשים טובים	למעט
	Jewish Tradition In Art P. 194		למעלת כבוד	למעכ
	הקמיע העברי ע' ידי		לנושא קמיע זה	לנקז (לנוקז)
	הקמיע העברי ע' ידי		לנושא קמיע זה עליו	לנקזע (לנוקזע)
Psalms 38:11	הקמיע העברי ע' 58, 59, 194	For heart, bone ailments	לבי סחרחר עזבני כחי	לסעכ
	הקמיע העברי ע' 124		לעולם חסדו רחום	לעחר
	Afghanistan P. 139		לעלוי נשמתו	לענ
	הקמיע העברי ע' 141		לעשות רצונו	לערץ
	Jewish Tradition In Art P. 327		לפרט גדול	לפג
Psalms 80:13	הקמיע העברי ע' 194		למה פרצת גדריה וארוה (ע' Extra) כל עברי דרך	לפגועכעד
Kabbalah	הקמיע העברי ע' 206		לפני הצמצום	לפהץ
	הקמיע העברי ע' ידי		לפרט קטן	לפק
Genesis 49:18	הקמיע העברי ע' 47, 194, חמסה ע' 91, Hebrew Amulets P. 50,133	Call for help Protection at night	לקי - לישועתך קויתי ה' לסי - לפורקנך סברית ה' (Initial letters in Targum for the same verse)	לקי לסי
Genesis 49:18	הקמיע העברי ע' 72,58,47 Hebrew Amulets P. 128	Call for help	Permutations of לקי לסי	לקי קיל קלי ילק ליק לסי סיל סלי יסל ליס
Job 32:9	Hebrew Amulets P. 133	To strengthen the memory	לא רבים יחכמו וזקנים יבינו משפט	לרי וימ
Canticles 1:3	Hebrew Amulets P. 133	To arouse love	לריח שמניך טובים שמן תורק שמך	לשט שתש
Proverbs 17:22	הקמיע העברי ע' 194		לב שמח ייטיב גהה	לשיג
	Jewish Tradition In Art P. 26		לשם שמים	לשש
Psalms 91:10	הקמיע העברי ע' 58, 194, חמסה ע' 91 Hebrew Amulets P. 133	Against the plague, miscarriage, epilepsy	לא תאנה אלך רעה ונגע לא יקרב באהלך	לתאר וליב
Exodus 20:7	Hebrew Amulets P. 134	Samaritan amulet	לא תשא את שם ה' אלהיך לשוא	לתא שיאל
Exodus 23:26	Hebrew Amulets P. 66	Against miscarriage	Square. Permutations of לא תהיה משכלה ועקרה בארצך Both vertically and horizontally	ל ת מ ו ב ת מ ו ב ל מ ו ב ל ת ו ב ל ת מ ב ל ת מ ו
Exodus 23:26	הקמיע העברי ע' 58, 194	For an infertile woman, life, healing	לא תהיה משכלה ועקרה בארצך את מספר ימיך אמלא	לתמוב אמיא

Origin	Source	Usage	Interpretation	Spell
Psalms 91:5-6	הקמיע העברי ע' 194 Hebrew Amulets P. 50 רפאל המלאך ע' 98	General protection / Against evil spirit	לא תירא מפחד לילה מחץ יעוף יומם. מדבר באפל יהלך מקטב ישוד צהרים	לתמלמיי מבימיצ
Psalms 91:5	Hebrew Amulets P. 66	Against bad dreams	Square. Permutations of לא תירא מפחד לילה Both vertically and horizontally	ל ת מ ל ת מ ל ל מ ל ל ת ל ל ת מ
Exodus 13:9	הקמיע העברי ע' 194		למען תהיה תורת ה' בפיך	לתתיב
				--מ--
	Jewish Tradition In Art P. 76		מורי אבי	מא
	הקמיע העברי ע' 194		**מ**נהגי **א**בותי**ה**ם **בי**דיהם	מאהבי
Genesis 49:25	Hebrew Amulets P. 134	Samaritan amulet	מאל אביך ויעזרך ואת שדי ויברכך ברכת שמים מעל ברכת תהום רבצת תחת ברכת שדים ורחם	מאו ושו בשמ בתר תבשו
Kabbalah	הקמיע העברי ע' 206		**מא**ין **ס**וף	מאס
Kabbalah	הקמיע העברי ע' 206		**מא**ין **ס**וף **בכ**תר **ע**ליון	מאסבכע
	הקמיע העברי ע' ידי		מעיד אני עליו	מאע
Psalms 8:2 Psalms 8:10	הקמיע העברי ע' 194 רפאל המלאך ע' 97	To have a request granted	מה אדיר שמך בכל הארץ	מאשבה
Initial letters of the prayer אנא בכח before שחרית	הקמיע העברי ע' ידי		The 42 Letter Name (אבג יתץ...)	מ"ב
Psalms 110:7	Hebrew Amulets P. 133	At sea	מנחל בדרך ישתה על כן ירים	מבי עכי
	Hebrew Amulets P. 128		Angel	מבכיאל
Judges 5:24	הקמיע העברי ע' 194		מנשים באהל תברך	מבת
	הקמיע העברי ע' ידי		**מ**גן **ד**וד	מגד
Psalms 104:7	הקמיע העברי ע' 194		מן גערתך ינוסון מן קול רעמך יחפזון	מגי מקרי
Kabbalah	הקמיע העברי ע' 206		מלכות גבורה תפארת	מגת
	הקמיע העברי ע' ידי		מגן דוד	מד
Talmud, Baba Metziah 84:72	הקמיע העברי ע' 194		**מ**זרעא **ד**יוסף **צ**דיקא **ק**אתינה **ד**לא **ש**לטא **ב**יה **ע**ינא **ב**ישא	מדדקדלשבעב

Origin	Source	Usage	Interpretation	Spell
	חמסה ע' 91	Against the Evil Eye	**מ**זרעא **דיו**סף **צ**דיקא **קא**תינא **דלא** **ש**לטה **ב**יה **עי**נא **ב**ישא. Translated from Aramaic: I am a descendent of Joseph the Pious, who can not be controlled by the Evil Eye	מדיוצקא דלשבעיב
	הקמיע העברי ע' 194		**מד**ת **ר**חמים	מדר
	הקמיע העברי ע' ידי Jewish Tradition In Art P. 327		מדת הרחמים / מחיה המתים / מורנו הרב	מה
	Hebrew Amulets P. 128		Angel	מהאלקיאל
Kabbalah	הקמיע העברי ע' 206		**מה**ותו **וע**צמותו	מהוע
Kabbalah	הקמיע העברי ע' 206		**מה**ותו **וע**צמותו	מהועצ
	Jewish Tradition In Art P. 327		**מ**ורנו **הר**ב **ר**בי	מהרר
	הקמיע העברי ע' ידי/ הקמיע העברי ע' 45	To chase death away, for a gravely ill person	**מ**לאכי **הש**רת / Name of God. A word in the 72 Letter Name	מהש
	Jewish Tradition In Art P. 78		מורי ורבי	מו
Deuteronomy 32:39	הקמיע העברי ע' 58, 194	For healing	מחצתי ואני ארפא	מוא
	Jewish Tradition In Art P. 197		**מו**שב **ב**ני **י**שראל	מובי
Joshua 1:4	Hebrew Amulets P. 133	To improve understanding	מהמדבר והלבנון הזה ועד הנהר הגדול נהר פרת	מוה והה נפ
	Jewish Tradition In Art P. 327		**מו**רנו **הר**ב **ר**בי	מוהרר
	הקמיע העברי ע' ידי		**מו**סר **כ**תב **ז**ה/ **מו**ביל **כ**תב **ז**ה / **מו**ליך **כ**תב **ז**ה / **מו**ציא **כ**תב **ז**ה	מוכז
	Jewish Tradition In Art P. 196		**מ**עתה **ומ**עכשיו	מומ
Kabbalah	הקמיע העברי ע' 206		**מו**חא **ס**תימאה	מוס
Kabbalah	הקמיע העברי ע' 206		**מו**חא **סת**ימאה	מוסת
	הקמיע העברי ע' ידי		מעתה ועד עולם	מוע
	הקמיע העברי ע' ידי		מעתה ועד עולם אמן	מועא
Kabbalah	הקמיע העברי ע' 206		**מ**לכות **וק**דושה	מוק
	Jewish Tradition In Art P. 28		**מו**רי **ור**בותי	מור
	הקמיע העברי ע' ידי		מזמור	מז'
Canticles 6:10	Hebrew Amulets P. 133	For a leader of prayer	מי זאת הנשקפה כמו שחר יפה כלבנה ברה כחמה אימה כנדגלות	מזה כשיכ בכאכ

Origin	Source	Usage	Interpretation	Spell
Canticles 8:5	Hebrew Amulets P. 133	To make peace between man and wife	מי זאת עלה מן המדבר מתרפקת על דודה	מזע מהמ עד
	הקמיע העברי ע׳ ידי		מצד זה רוח חיים	מזרח
Kabbalah	הקמיע העברי ע׳ 206		**מח**שבה **ס**תימאה	מחס
	Jewish Tradition In Art P. 102		מזל טוב	מט
Numbers 24:5	Hebrew Amulets P. 133	For newlyweds	מה טבו אהליך יעקב משכנתיך ישראל	מטא ימי
	הקמיע העברי ע׳ 40	Protection for the newborn	One of the Archangels	מטטרון
	Hebrew Amulets P. 128	Protection for the newborn	One of the names of the female demon Lilith (לילית)	מטרוטה
	הקמיע העברי ע׳ ידי		מלא ידינו בברכותיך	מיב
Psalms 19:9	הקמיע העברי ע׳ 194		מצות ה׳ ברה מאירת עינים	מיבמע
Psalms 106:2	הקמיע העברי ע׳ 194		מי ימלל גבורות ה׳	מיגי
	הקמיע העברי ע׳ 13		Square. Starting from the letter א in the center, reading vertically and horizontally, it reads אלהים	מ י ה י מ י ה ל ה י ה ל א ל ה י ה ל ה י מ י ה י מ
	לחש וקמיע ע׳ 153		**מי**צר **הר**ע	מיהר
	הקמיע העברי ע׳ 6, 41 ספר רזיאל ע׳ נ״א		One of the Archangels / Angel in charge of the planet Saturn	מיכאל
Psalms 118:6	הקמיע העברי ע׳ 195		מה יעשה לי אדם	מילא
Kabbalah	הקמיע העברי ע׳ 206		מלכות יסוד נצח הוד	מינה
Kabbalah	הקמיע העברי ע׳ 206		מלכות יסוד תפארת כתר	מיתכ
	הקמיע העברי ע׳ טו׳		מנוחתו כבוד	מכ
Exodus 15:11	הקמיע העברי ע׳ 195 Hebrew Amulets P. 133	For success	מי כמכה באלם ה׳ מי כמכה נאדר בקדש נורא תהלת עשה פלא	מכבי מכנב נתעפ
	Jewish Tradition In Art P. 296		**מכ**ל **מ**חלה	מכמ
Kabbalah	הקמיע העברי ע׳ 206		ממלא כל עלמין	מכע
	Jewish Tradition In Art P. 20		**מכ**ל **ש**כן	מכש
Psalms 29:1	הקמיע העברי ע׳ 195		מזמור לדוד הבו להי׳ בני אלים הבו להי׳ כבוד ועז	מלה לבאה לכו
Psalms 23:1	הקמיע העברי ע׳ 195		מזמור לדוד ה׳ רעי לא אחסר	מלהרלא
Psalms 143:1	הקמיע העברי ע׳ 58, 195	For epilepsy	מזמור לדוד ה׳ שמע תפלתי האזינה אל תחנוני	מלישתהאת
Kabbalah	Hebrew Amulets P. 119		One of the 10 Sephiroth in Kabbalah	מלכות

Origin	Source	Usage	Interpretation	Spell
	Jewish Tradition In Art P. 244		**מלך מ**לכי **ה**מלכים **הק**דוש **ב**רוך **ה**וא	מלך מה הקבה
	Jewish Tradition In Art P. 246		**מלך מ**לכי **המ**לכים **הק**דוש **ב**רוך **ה**וא	מלך מהמ הקבה
Exodus 22:17	הקמיע העברי ע' 195 Hebrew Amulets P. 133	To counteract magic	מכשפה לא תחיה	מלת
Exodus 22:17	Jewish Tradition In Art P. 241		Permutations of מלת - מכשפה לא תחיה	מלת לתמ תלמ
	הקמיע העברי ע' 195		מפני מה אמרה תורה	ממאת
	הקמיע העברי ע' טו' Jewish Tradition In Art P. 327		מלך מלכי המלכים הקדוש ברוך הוא	ממההבה
Kabbalah	הקמיע העברי ע' 206		**ממ**לא **כ**ל **ע**למין	ממכע
Kabbalah	הקמיע העברי ע' 206		מלכות נצח הוד יסוד	מנהי
	רפאל המלאך ע' 71	Good omen	מי נותן סגולה עזה פה צדיק קדוש רב של תורה The last 10 letters of the Alphabet	מנסעפצקרשת
	הקמיע העברי ע' 47		Name of God, consists of letters in the Hebrew alphabet that have a different shape at word endings	מנצפך
Kabbalah	הקמיע העברי ע' 206 Jewish Tradition In Art P. 216		מוחא סתימאה / מוכר ספרים	מס
	הקמיע העברי ע' 121		**מ**עלה **ע**ליו **הכ**תוב	מעהכ
	הקמיע העברי ע' 121		**מ**עין **ה**ר**ע**	מעהר
	הקמיע העברי ע' טו' Jewish Tradition In Art P. 327		**מע**תה **ו**עד **ע**ולם / **מע**ולם **ו**עד **ע**ולם	מעוע
	הקמיע העברי ע' 127		**מע**תה **ו**עד **עול**ם	מעועול
Proverbs 18:10	הקמיע העברי ע' 195 Hebrew Amulets P. 133	To gain favor	מגדל עז שם ה' בו ירוץ צדיק ונשגב	מעש יביצו
Exodus 15:4	Hebrew Amulets P. 133	Against pursuers	מרכבת פרעה וחילו ירה בים ומבחר שלשיו טבעו בים סוף	מפו יבו שטבס
Psalms 54:9	הקמיע העברי ע' 59, 195	To rescue from trouble	מכל צרה הצילני	מצה
Kabbalah	Hebrew Amulets P. 117		Name of God	מצמצית
	הקמיע העברי ע' טו'		**מצע**די **ג**בר	מצעג
	הקמיע העברי ע' 38, 195 רזיאל המלאך ע' ט"ו		יהוה in אתבש method	מצפצ
Kabbalah	הקמיע העברי ע' 206		מלכין קדמאין	מק
The Book of Zohar, ויקהל	הקמיע העברי ע' 195		מן קמיא דיקה אורייתה בכל עדן ועדן Translation: In face of the honor of His Torah at all times	מקדאבעו

Origin	Source	Usage	Interpretation	Spell
Kabbalah	הקמיע העברי ע' 206		מלכא קדישה ושבינתיה	מקו
Deuteronomy 33:4	הקמיע העברי ע' 195		מורשה קהלת יעקב	מקי
	Afghanistan P. 164		Angel	מרגליאל
Psalms 31:20	הקמיע העברי ע' 195		מה רב טובך	מרט
Proverbs 15:1	Hebrew Amulets P. 133	To strengthen the memory	מענה רך ישיב חמה ודבר עצב יעלה אף	מרי חוע יא
	Hebrew Amulets P. 128		Angel	מרניאל
Exodus 25:22	הקמיע העברי ע' 195		מבין שני הכרבים אשר על ארון העדת	משהאעאה
Psalms 30:1	הקמיע העברי ע' 195		מזמור שיר חנכת הבית לדוד	משחהל
Psalms 92:1	הקמיע העברי ע' 195		מזמור שיר ליום השבת	משלה
Psalms 98:1	הקמיע העברי ע' 195		מזמור שירו להי' שיר חדש	משלשח
Psalms 113:3	הקמיע העברי ע' 195		ממזרח שמש עד מבואו מהלל שם ה'	משעממשי
Kabbalah	הקמיע העברי ע' 207		מחשבה תפיסא ביה	מתב
	לחש וקמיע ע' 153		Permutation of מחצית (Half)	מת חיץ

--נ--

Origin	Source	Usage	Interpretation	Spell
Genesis 49:21	הקמיע העברי ע' 195		נפתלי אילה שלחה	נאש
Kabbalah	הקמיע העברי ע' 207		נצח בינה דעת	נבד
Psalms 20:6	הקמיע העברי ע' 195		נרננה בישועתך ובשם אלהינו נדגל	נבואנ
Exodus 15:10	Hebrew Amulets P. 133	To drown an enemy	נשפת ברוחך (כסמו Skip) ים צללו כעופרת במים אדירים	נביצב בא
Exodus 15:13	Hebrew Amulets P. 133	For a safe journey	נחית בחסדך עם זו גאלת נהלת בעזך אל נוה קדשך	נבע זגנ באנק
	Hebrew Amulets P. 128		Part of the 42 Letter Name	נגד
	הקמיע העברי ע' 195		נס גדול היה פה	נגהפ
	הקמיע העברי ע' 195		נס גדול היה שם	נגהש
	הקמיע העברי ע' 26		Square. Initials of the names of the Angels נוריאל, גבריאל, מיכאל, רפאל	נ מ ג ר
Kabbalah	הקמיע העברי ע' 207		נצח הוד	נה
Proverbs 20:27	Jewish Tradition In Art P. 24		נר ה' (Extra א) נשמת אדם	נהאנא
Kabbalah	הקמיע העברי ע' 207		**נהו**רא **ע**לאה	נהוע
Kabbalah	הקמיע העברי ע' 207		**נהו**רא **ק**דמאה	נהוק
Kabbalah	הקמיע העברי ע' 207		**נהו**רא **ת**תאה	נהות
Kabbalah	הקמיע העברי ע' 207		נצח הוד יסוד	נהי
Kabbalah	הקמיע העברי ע' 207		נצח הוד יסוד מלכות	נהימ

Origin	Source	Usage	Interpretation	Spell
	הקמיע העברי ע' 101	Against the plague	A powerful word against the plague	נוגף
Kabbalah	הקמיע העברי ע' 207		**נ**צח **וה**וד	נוה
	Afghanistan P. 140		**נ**חלה **ומ**נוחה	נומ
	הקמיע העברי ע' 196 Jewish Tradition In Art P. 163		**נ**עשה **ונ**שמע / **נ**עשה **ונ**גמר	נונ
	הקמיע העברי ע' 6, 41		Archangel of Peace	נוריאל
Kabbalah	הקמיע העברי ע' 207		נצח חסד חכמה	נחח
Exodus 34:7	הקמיע העברי ע' 114, 196		נצר חסד לאלפים נשא עון ופשע וחטאה ונקה	נח לנע ווו
	Hebrew Amulets P. 128		Angel	נטיאל
	הקמיע העברי ע' טו'		נרו יאיר	ני
Psalms 110:4	הקמיע העברי ע' 196		נשבע ה' ולא ינחם	ניוי
Jeremiah 51:14	הקמיע העברי ע' 196		נשבע ה' צבאות בנפשו	ניצב
Isaiah 14:24	הקמיע העברי ע' 196		נשבע ה' צבאות לאמר	ניצל
Exodus 15:12	Hebrew Amulets P. 133	To cause a perjurer to die within a year	נטית ימינך תבלעמו ארץ	ניתא
Psalms 31:13	הקמיע העברי ע' 58, 196	For heart ailment	נשכחתי כמת מלב	נכמ
	הקמיע העברי ע' טו'		נראה לי	נל
Psalms 119:105	הקמיע העברי ע' 196		נר לרגלי דבריך	נלד
	הקמיע העברי ע' טו', 196		נר לנצח יאיר נפש	נלין
	הקמיע העברי ע' 76		5th letter in the names of the 4 rivers of Paradise פישון גיחון חדקל פרת (Only 2 of the rivers have 5 letters)	נן
Isaiah 42:5	Hebrew Amulets P. 133	For a storm at sea	נתן נשמה לעם עליה ורוח להלכים בה	ננל עולב
	Jewish Tradition In Art P. 262		נצח סלה	נס
	הקמיע העברי ע' יא'		נצח סלה ועד	נסו
	הקמיע העברי ע' יא'		נצח סלה ועד אמן	נסוא
	הקמיע העברי ע' טו'		נוחו עדן / נשמתו עדן	נע
	הקמיע העברי ע' 93 רפאל המלאך ע' 46	To save from drowning	Angel	נעורירון
Kabbalah	Hebrew Amulets P. 119		One of the 10 Sephiroth in Kabbalah	נצח
	הקמיע העברי ע' ידי', טו'		נושא קמיע זה	נקז
	הקמיע העברי ע' ידי'		נושא קמיע זה עליו	נקזע

Origin	Source	Usage	Interpretation	Spell
	הקמיע העברי ע' 196 חמסה ע' 91 Jewish Tradition In Art P. 112		נטריה רחמנא וברכיה / נטריה רחמנא ופרקיה (God will guard & save him) נטריה רחמנא וקיימה / נטריה רחמנא ואחיה / נצרו רם ונשא	נרו
Exodus 15:11	הקמיע העברי ע' 196		נורא תהלת עשה פלא	נתעפ

				--ס--
	הקמיע העברי ע' טו'		ספר	ס'
	הקמיע העברי ע' טו', 196		סוד אדוני ליראיו / סוף אדם למות	סאל
	הקמיע העברי ע' 97		סיעתא דשמיא	סד
Kabbalah	הקמיע העברי ע' 207		**ס**תימא **דכ**ל **ס**טימין	סדכס
Kabbalah	הקמיע העברי ע' 207		**סו**פא **דכ**ל **ד**רגין	סודכד
Kabbalah	הקמיע העברי ע' 207		**סו**בב **כ**ל **ע**למין	סוכע
Kabbalah	הקמיע העברי ע' 207		**סו**בב **ומ**מלא	סומ
	Hebrew Amulets P. 128		Angel	סומיאל
Kabbalah	הקמיע העברי ע' 207		**ס**פירה **וס**פירה	סוס
	Hebrew Amulets P. 128		Angel	סוסיאל
	Jewish Tradition In Art P. 327		סופו טוב / סימן טוב	סט
Psalms 25:14	הקמיע העברי ע' 196		סוד ה' ליראיו ובריתו להודיעם	סילול
Psalms 67:5-7	הקמיע העברי ע' 79		סלה. יודוך עמים אלהים יודוך עמים כולם. (ארץ נתנה יבולה Skip) יברכנו אלהים אלהינו	סיע איעכ יאא
Kabbalah	הקמיע העברי ע' 207		סובב כל עלמין	סכע
	רפאל המלאך ע' 114 Jewish Tradition In Art P.238		Angel, in charge of the planet Mars / Demon	סמאל
Psalms 34:15	הקמיע העברי ע' 196		סור מרע ועשה טוב	סמוט
	הקמיע העברי ע' 62		Abbreviated name for the Angel סמנגלוף	סמנגל
	הקמיע העברי ע' 40		Archangel, sits next to God's throne	סנדלפון
Exodus 30:34	Hebrew Amulets P. 117,129	Against witchcraft	סמים נטף ושחלת	סנו
	הקמיע העברי ע' 196	Protection for the newborn	The names of the Angels who protect infants from Lilith and her Demons	סנוי סנסנוי סמנגלוף
	הקמיע העברי ע' 61		Abbreviated name for the Angel סנסנוי	סנסוי
	הקמיע העברי ע' טו'		**ס**נוי **ס**נסנוי **וס**מנגלוף (Angels)	ס'ס'וס

Origin	Source	Usage	Interpretation	Spell
	הקמיע העברי ע׳ טו׳		סנוי סנסנוי סמנגלוף (Angels)	ס׳ס׳ס
Kabbalah	הקמיע העברי ע׳ 207		**ספ**ירות **הג**נוזות	ספוזג
	Hebrew Amulets P. 129		Angel	ספריאל
Psalms 119:113	הקמיע העברי ע׳ 196		סעפים שנאתי ותורתך אהבתי	סשוא
	הקמיע העברי ע׳ טו׳		ספר תורה	ס״ת
	Jewish Tradition In Art P. 23		ספרי-תורה תפילין מזוזות	סתם
Psalms 32:7	הקמיע העברי ע׳ 196		אתה סתר לי מצר תצרני רני פלט תסובבני סלה (Initial letters in reverse order)	סתפ רתמ לסא
Kabbalah	הקמיע העברי ע׳ 207		סוף תוך ראש	סתר

				--ע--
Psalms 100:2	הקמיע העברי ע׳ 196		עבדו את ה׳ בשמחה באו לפניו ברננה	עאיב בלב
	הקמיע העברי ע׳ 196		עד אין מספר	עאמ
Exodus 14:19-21	הקמיע העברי ע׳ טו׳, 44		72 letters Name of God. This name contains 72 three letter words, but is called 72 letters. The words are constructed from 3 verses, each consisting of 72 words. The first letter of verse 19, the last letter of verse 20 and the first letter of verse 21 comprise the first word in the Name. The second letter in verse 19, next to last in verse 20 and the second letter in verse 21 comprise the second word of the Name, etc. See . . . והו ילי	ע״ב
	הקמיע העברי ע׳ 129		עינא בישא (Evil Eye)	עב
Targum of Exodus 4:8	הקמיע העברי ע׳ 197		עולם בתרע אות כסאו נבוב	עבאכנ
Kabbalah	הקמיע העברי ע׳ 207		**עב**ור **וינ**יקה	עבוינ
Numbers 6:27	הקמיע העברי ע׳ 77		על בני ישראל	עבי
Numbers 21:17	הקמיע העברי ע׳ 197	Against the Evil Eye	עלי באר ענו לה	עבעל
Psalms 31:10	הקמיע העברי ע׳ 58, 197	For digestive tract	עששה בכעס עיני נפשי ובטני	עבענו
Genesis 49:22	Hebrew Amulets P. 129		(עלי) עין בנות צעדה	עבץ
	Jewish Tradition In Art P. 327		על גבי	עג
Kabbalah	הקמיע העברי ע׳ 207		עתיקא דעתיקין	עד
Kabbalah	הקמיע העברי ע׳ 207		**ע**תיקא **ד**עתיק**א**	עדא

Origin	Source	Usage	Interpretation	Spell
Kabbalah	הקמיע העברי ע' 207		**ע**למא **דאתג**לא	עדאתג
Kabbalah	הקמיע העברי ע' 207		**ע**למא **דאתפ**סוא	עדאתפ
	הקמיע העברי ע' 75		Angel	עדיאל
	לחש וקמיע ע' 153 הקמיע העברי ע' טו' Jewish Tradition In Art P. 327		עליו השלום עשה השם עבד השם	עה
Leviticus 6:6	הקמיע העברי ע' 197		על המזבח לא תכבה	עהלת
	הקמיע העברי ע' טו'		**ע**ין **הר**ע	עה"ר
	לחש וקמיע ע' 153		**ע**וד **אח**רת	עו אח
	הקמיע העברי ע' טו'		**ע**יר **ו**אם **בי**שראל	עובי
	הקמיע העברי ע' 41	Helps the sick	Angel, helps the sick	עוזיאל
Exodus 15:2 Psalms 118:14	הקמיע העברי ע' 59, 197	To save from trouble	עזי וזמרת יה ויהי לי לישועה	עוילל
Exodus 15:2	Hebrew Amulets P. 133,134	To answer one's prayer	עזי וזמרת יה ויהי לי לישועה זה אלי ואנוהו אלהי אבי וארממנהו	עוי ולל זאו אאו
Isaiah 12:2	הקמיע העברי ע' 59, 197	To save from trouble	עזי וזמרת יה ה' ויהי לי לישועה	עויוללל
	הקמיע העברי ע' 197		**ע**קרב **ונ**חש	עונ
Psalms 97:2	Hebrew Amulets P. 133	Against theft	ענן וערפל סביביו צדק ומשפט מכון כסאו	עוס צומכ
	Hebrew Amulets P. 129		Angel	עזריאל
Yom Kippur prayer	Jewish Tradition In Art P. 118		**ע**ל **ח**טא **ש**חטאנו **ל**פניך **ביצר הר**ע	עחשל ביצהר
 Kabbalah	הקמיע העברי ע' טו' הקמיע העברי ע' 207		על ידי / עשיה יצירה	עי
	הקמיע העברי ע' טו'		**ע**יר **הק**דש	עיה"ק
Kabbalah	הקמיע העברי ע' 207		**ע**יבור **י**ניקה **ומ**וחין	עיומ
Kabbalah	הקמיע העברי ע' 207		**ע**תיק **י**ומין **ונ**וקביה	עיון
Kabbalah	הקמיע העברי ע' 207		עבור יניקה מוחין	עימ
Isaiah 19:7 / Numbers 8:4	הקמיע העברי ע' 71		על יאור על / עד ירכה עד	עיע
	חמסה ע' 91	To make a good living	עמך ישראל צריכים פרנסה	עיצפ
	הקמיע העברי ע' טו'		**ע**יר **ק**ודשנו **ות**פארתנו	עיקות
	הקמיע העברי ע' טו'		עיר תהילה	עית
Kabbalah	הקמיע העברי ע' 207 Jewish Tradition In Art P. 70		עשר כוחות / עשר כתרין / על כן	עכ
	הקמיע העברי ע' 197		על כל זרע ישראל	עכזי
	הקמיע העברי ע' טו'		עד כאן לשונו	עכל
Kabbalah	הקמיע העברי ע' 207		**ע**שר **כת**רין	עכת
Kabbalah	הקמיע העברי ע' 207		**ע**למא **דאת**עליא (**גן** not explained)	עלדאתגן

Origin	Source	Usage	Interpretation	Spell
Kabbalah	הקמיע העברי ע׳ 207		**על**מא **דאת**כסיא (**גסן** not explained)	עלדאתגסן
	הקמיע העברי ע׳ טז׳		עשה למען יראתך	עלי
	הקמיע העברי ע׳ 141		עשה למען כבודך	עלך
	הקמיע העברי ע׳ טז׳		עשה למען קדושתך	עלק
	הקמיע העברי ע׳ טז׳		עשה למען שמך	עלש
	הקמיע העברי ע׳ 141		עשה למען תורתך	עלת
	הקמיע העברי ע׳ טז׳		עושה מעשי בראשית	עמב
	רזיאל המלאך ע׳ מ״ז		Angel, In charge of the skies	עמואל
Genesis 32:15	Hebrew Amulets P. 133	To make flocks thrive	עזים מאתים ותישים עשרים רחלים מאתים ואילים עשרים	עמו ערמ וע
Psalms 121:2	הקמיע העברי ע׳ 58, 197 Hebrew Amulets P. 129	Call for help	עזרי מעם ה׳ עשה שמים וארץ	עמיעשו
Psalms 6:8	הקמיע העברי ע׳ 197		עששה מכעש עיני	עמע
Psalms 104:4	הקמיע העברי ע׳ 197		עשה מלאכיו רוחות / עפר מים רוח	עמר
	Hebrew Amulets P. 129		Angel	עמריאל
	Jewish Tradition In Art P. 327		עלוי נשמת	ענ
	רזיאל המלאך ע׳ נ״א		Angel, in charge of the Moon	ענאל (עניאל)
Kabbalah	הקמיע העברי ע׳ 208		עולם סתור / עשר ספירות	עס
Kabbalah	הקמיע העברי ע׳ 208		עשר ספירות בלימה	עסב
	הקמיע העברי ע׳ 197		עד סוף כל הדורות	עסכה
Kabbalah	הקמיע העברי ע׳ 208		**ע**שר **ספ**ירות	עספ
Kabbalah	הקמיע העברי ע׳ 208		**ע**שר **ספי**רות **הק**דושות	עספיהק
Genesis 49:22	חמסה ע׳ 91		עלי עין (**עלי עי**ן)	עע (עיע)
Psalms 86:17	הקמיע העברי ע׳ 58, 197	Salvation	עשה עמי אות לטובה ויראו (שנאי Skip) ויבשו	עעאלו
Isaiah 8:10	הקמיע העברי ע׳ 197		עצו עצה ותפר דברו דבר ולא יקום כי עמנו אל	עעודדויכעא
Isaiah 19:7	הקמיע העברי ע׳ 28		ערות על יאור על פי	עעיעפ
Isaiah 26:1	Hebrew Amulets P. 133	To strengthen the memory	עיר עז לנו ישועה ישית חומות וחל	ועל ייחו
	הקמיע העברי ע׳ טז׳		**ע**ל **פי ר**וב	עפיר
Kabbalah	הקמיע העברי ע׳ 208		**עצ**מות **וכ**לים	עצוכ
Canticles 4:15	הקמיע העברי ע׳ 197		עורי צפון ובואי תימן	עצות
	לחש וקמיע ע׳ 153		ענוה, צדקה, תורה	עצת
Kabbalah	הקמיע העברי ע׳ 208		עתיקא קדישא	עק
Kabbalah	הקמיע העברי ע׳ 208		עתיקא קדישא דכל קדישין	עקדק

Origin	Source	Usage	Interpretation	Spell
	Jewish Tradition In Art P. 32, 265		על שום / על שמירת	עש
Psalms 121:2	הקמיע העברי ע' 58, 197	Call for help	עשה שמים וארץ	עשו
Genesis 49:22	Hebrew Amulets P. 50,129	Against the Evil Eye	עלי שור	עשור
	הקמיע העברי ע' 141		עושה שלום לעולם	עשל
Psalms 121	הקמיע העברי ע' 58, 197 Hebrew Amulets P. 119,129	Call for help/ Protection for the newborn	The letters appearing after ה' in Psalms 121: Verse 2: מעם ה' עשה Verse 5: ה' שומרך, ה' צלך Verse 7: ה' ישמרך Verse 8: ה' ישמר	עשציי
Psalms 121	הקמיע העברי ע' 31		Square. Top row: עשציי (see above) from right to left. Bottom row: עשציי from left to right. Right column: From top to bottom. Left column: From Bottom to top. Center: Another square, בטד זהג ואח in Gematria, 15 in both directions, = יה	ע ש צ י י ש ב ט ד י צ ז ה ג צ י ו א ח ש י י צ ש ע
	Jewish Tradition In Art P. 32		ערב שבת קדש	עשק
	הקמיע העברי ע' 197		עם שלום תורה	עשתור
Kabbalah	הקמיע העברי ע' 208		עתיק יומין	עתי
Kabbalah	הקמיע העברי ע' 208		עתיק יומין (ע not explained)	עתיע
Kabbalah	הקמיע העברי ע' 208		עתיקא קדישא	עתק

				--פ--
Psalms 145:16	הקמיע העברי ע' 58, 197, חמסה ע' 91	For charity and livelihood	פותח את ידך	פאי
	לחש וקמיע ע' 153 הקמיע העברי ע' טז'		פלוני(ת) בן(ת) פלוני(ת)	פבפ
	הקמיע העברי ע' טז'		פורץ גדר חכמים	פגחכ
	הקמיע העברי ע' 197		פישון גיחון חדקל פרת The 4 rivers of Paradise	פגחפ

Origin	Source	Usage	Interpretation	Spell
	הקמיע העברי ע' 76		פישון גיחון חדקל פרת - 1st, 2nd, 3rd, 4th & 5th letters in each פרת חדקל פישון גיחון - Final letters, one before last etc. Various permutations of letters in the 4 rivers of Paradise	פגחף יידר שחקת וול נן תלנן רקוו פדחש פחנף רדיי תקחש לוונן ננלת ווקל שתרף ייחג חגפיף דייר קחשת לוונן
Genesis 43:11			Permutation of צדנלבש – Each letter is replaced by the preceeding one in the alphabet, similar to אבג״ד , but in the opposite direction	פגמכאר
	הקמיע העברי ע' 128		Angel	פדהאל
	הקמיע העברי ע' 120		Angel	פדתיאל
	הקמיע העברי ע' 111 חמסה ע' 116	Protection for the newborn	One of the names of the female demon Lilith (לילית)	פודו (פוד)
	הקמיע העברי ע' 197		פודה ומציל ישראל	פוי
	Hebrew Amulets P. 129		A word from the 42 Letter Name	פזק
Genesis 31:42	הקמיע העברי ע' 38		Name of God	פחד יצחק
	הקמיע העברי ע' 111 חמסה ע' 116	Protection for the newborn	One of the names of the female demon Lilith (לילית)	פטרוטא (פטרותא)
Genesis 31:42	הקמיע העברי ע' 38, 198	Great and terrible Name of God	(ו)פחד יצחק	פי
	Hebrew Amulets P. 129		One of the 4 rivers of Paradise	פישון
Numbers 6:26-27	Jewish Tradition In Art P. 260		פניו אליך וישם לך שלום. ושמו את שמי על בני ישראל ואני	פנ א וי לך של וש את שמ על בנ יש וא
	Hebrew Amulets P. 129		Angel	פניאל
Kabbalah	הקמיע העברי ע' 208		פני שור	פנש
	חמסה ע' 91 Hebrew Amulets P. 129		פדה שועים פתח סומים ישעך מצפים Part of the 22 Letter Name	פספסים (פשפסים)
	חמסה ע' 91 Hebrew Amulets P. 129		פחודיך סר תוציאם ממאסר Part of the 22 Letter Name	פסתם
	הקמיע העברי ע' 118		פה עיר הקדש	פעהק
	הקמיע העברי ע' 38	Name of God	והוה in אתבש, followed by יה	פצפציה
	הקמיע העברי ע' טז'		פרנסים קצינים ומנהיגים	פקומ

Origin	Source	Usage	Interpretation	Spell
	חמסה ע' 116	Protection for the newborn	One of the names of the female demon Lilith (לילית)	פרטשה (יפרטשה)
	Hebrew Amulets P. 129		Angel	פריאל
	Hebrew Amulets P. 50,129	Protection for the newborn	One of the names of the female demon Lilith (לילית)	פריטשה
	Jewish Tradition In Art P. 298		**פ**גע **ר**ע **מע**תה **ו**עד **ע**ולם	פרמעוע
	הקמיע העברי ע' 31	Against the plague	Square. Top row: פרשנו from right to left Bottom row: Same word, left to right Right column: Top to bottom Left column: Bottom to top. Similarly, the word רעבתנ in the 2nd and 4th row, 2nd and 4th column. Also, the word שבדבש , in the middle row and column (symmetrical word in both directions)	פ ר ש נ ו ר ע ב ת נ ש ב ד ב ש נ ת ב ע ר ו נ ש ר פ
	Hebrew Amulets P. 129		One of the 4 rivers of Paradise	פרת
Kabbalah	הקמיע העברי ע' 208		פני שור / פרצוף שפיר	פש
Psalms 118:19	הקמיע העברי ע' 198		פתחו (skip לי) שערי צדק	פשץ
Psalms 91:12	הקמיע העברי ע' 198		פן תגף באבן רגלך	פתבר
Kabbalah	הקמיע העברי ע' 208		פחד תפארת חסד	פתח
				--צ--
Exodus 11:8	הקמיע העברי ע' 198	To ease birth (out= צא, אצא, ויצא)	צא אתה וכל העם אשר ברגליך ואחרי כן אצא ויצא	צאוהאבוכאו
	הקמיע העברי ע' טז'		צדקה	צד'
Genesis 43:11	הקמיע העברי ע' 45, 198		**צ**רי ומעט **ד**בש **נ**כאת ו**ל**ט **ב**טנים ו**ש**קדים	צדנלבש
אנא בכח prayer in תפילת השחר	הקמיע העברי ע' 45, 198		Selected letters in prayer אנא בכח, the source of the 42 Letter Name. **צד**קתך תמיד גמלם... **נהל** עדתך... **ב**רוך **ש**ם כבוד...	צדנלבש
	Hebrew Amulets P. 129		Angel	צדעיאל
	רזיאל המלאך ע' נ"א		Angel, in charge of the planet Mercury	צדקיאל
Canticles 3:11	הקמיע העברי ע' 198		צאינה וראינה בנות ציון במלך שלמה בעטרה שעטרה לו אמו ביום חתנתו וביום שמחת לבו	צוב צבש בשל אבח ושל

Origin	Source	Usage	Interpretation	Spell
	הקמיע העברי ע' 119		צדיק וטוב לו	צול
	הקמיע העברי ע' 198		**צ**א **ול**מד **ב**ינה **ד**עת **ח**כמה	צולבדח
Psalms 67:3-8	הקמיע העברי ע' 91 Jewish Tradition In Art P. 272		Final letters in each verse, starting with the last verse and ending with the first. The order of the last two letters is reversed. ..האר**ץ** ..אלהינ**ו** ..כל**ם** ..סל**ה** ..כל**ם** ..ישועת**ך** In Gematria, הכם = אדני = 65	צום הכם
	הקמיע העברי ע' 91		In Gematria, צום = קול = ממון = 19 תשובה = צום (Repentance) תפלה = קול (Prayer) צדקה =ממון (Giving)	צום קול ממון
	הקמיע העברי ע' 45 , 198		Also צורתק, צרתוק, צורתוק - different variations of a Holy Name	צורטק
	Hebrew Amulets P. 129		Angel	צוריאל
	הקמיע העברי ע' 45 , 198		Also צרתוק, צורטק - different variations of a Holy Name	צורתק (צורתוק)
Psalms 34:18	הקמיע העברי ע' 58, 59, 198	To save from trouble	צעקו וה' שמע ומכל צרותם הצילם	צושוצה
	הקמיע העברי ע' 128		Angel, in charge of Fear and Fright	צחהאל
	Hebrew Amulets P. 119		One of the secondary Sephiroth in Kabbalah	צחצחיות (צחצחיה)
Kabbalah	הקמיע העברי ע' 208		**צי**רופי **א**להים	ציא
Kabbalah	הקמיע העברי ע' 208		**צי**רופי **א**להים **א**חרים	ציאא
	הקמיע העברי ע' 38		צדקיאל יופיאל חמיאל – names of angels	ציח
	Hebrew Amulets P. 129		A word in the 42 Letter Name	צית
	הקמיע העברי ע' טז'		צריך להיות	צל
	הקמיע העברי ע' 198		Initials of names of Angels (not specified)	צמעל
Genesis 1:1-5	הקמיע העברי ע' 198 Hebrew Amulets P. 120,133	To confuse a person's mind	The last letter in each verse of the first 5 verses of Genesis ..האר**ץ** ..המי**ם** ..או**ר** ..החש**ך** ..אח**ד**	צמרכד
	Afghanistan P. 111		Another spelling for the angel סנדלפון	צנדלפון
	הקמיע העברי ע' 198		Related to צקצא (not explained)	צסכקצ
Kabbalah	הקמיע העברי ע' 208		צדיק עליון	צע
Psalms 112:9	הקמיע העברי ע' 198		צדקתו עמדת לעד	צעל
Genesis 49:22	Hebrew Amulets P. 129		צעדה עלי שור	צעש

Origin	Source	Usage	Interpretation	Spell
	הקמיע העברי ע' 38 Hebrew Amulets P. 129		Name of God. Combination of הוהו in אתבש with יה at the end	צפצפיה
	הקמיע העברי ע' 38		Name of God	צפרימן
	הקמיע העברי ע' 122		Evil spirit of the morning	צפרירי
Psalms 91:10	הקמיע העברי ע' 198		Initials of the Names צדנלבש קהסמגת צמרכד לתא. לתא = לא תאנה אליך (רעה)	צקצל
Psalms 45:5	הקמיע העברי ע' 198		צלח רכב על דבר אמת	צרעדא
	הקמיע העברי ע' 45, 198		Also צורתק, צורטק, צורתוק different variations of a Holy Name	צרתוק
	Hebrew Amulets P. 129		A word in the 42 Letter Name	צתג
	הקמיע העברי ע' טז'		צדקה תציל ממות	צתמ
				--ק--
	הקמיע העברי ע' 135		קדוש ברוך הוא	קבהו
	הקמיע העברי ע' טז'		קדשנו במצוותיך וצוונו	קבו
	הקמיע העברי ע' 199		קבלה והלכה	קבוה
	הקמיע העברי ע' 188		יחוד ברכה קדושה Initial letters in reverse order	קבי
	הקמיע העברי ע' טז'		קדשי שמים	קדש
Genesis 43:11	הקמיע העברי ע' 199		The name צדנלבש in אבגד method (צרי ומעט דבש נכאת ולט בטנים ושקדים)	קהסמגת
Kabbalah	הקמיע העברי ע' 208		קודם הצמצום	קוהץ
	הקמיע העברי ע' 59, 199	For Epilepsy	קום ועשה ויהיה ה' עמך	קוויע
	הקמיע העברי ע' 199		Names of God - in Gematria 15 (יה) Only the first digit counts in the letters valued between 20 and 400.	קופ לסי
	Hebrew Amulets P. 62	For childbirth	Permutations of the Name קוף	קוף קפו וקף ופק פקו פוק
	Jewish Tradition In Art P. 300		קמיע זה	קז
	הקמיע העברי ע' 111	Protection for the newborn	One of the names of the female demon Lilith (לילית)	קטא (קטה)
	הקמיע העברי ע' 199		קליפות טמאות נחשים ועקרבים	קטנוע
Psalms 7:7	הקמיע העברי ע' 199		קומה ה' באפך	קיב
Numbers 10:35	הקמיע העברי ע' 199		קומה ה' ויפצו איביך וינסו משנאיך מפניך	קיואוממ

Origin	Source	Usage	Interpretation	Spell
Psalms 34:19	הקמיע העברי ע' 58, 199	For salvation, for mental, heart ailments	קרוב ה' לנשברי לב ואת דכאי	קיללוד
Psalms 145:18	הקמיע העברי ע' 58, 199	Call for help	קרוב ה' לכל קראיו	קילקק
	Jewish Tradition In Art P. 80		**ק**דש **לה'**	קלה
	הקמיע העברי ע' 111 Jewish Tradition In Art P. 20	Protection for the newborn	One of the names of the female demon Lilith (לילית)	קלי (קליכטיה)
Exodus 30:34	הקמיע העברי ע' 199		קח לך סמים נטף ושחלת וחלבנה סמים ולבנה זכה	קלסנוסוז
	הקמיע העברי ע' טז'		קמיע / קמיעות	קמ'
Kabbalah	הקמיע העברי ע' 208		ק' נהורין	קנ
	הקמיע העברי ע' 58	For Epilepsy	קום עשה	קע
Proverbs 6:21	הקמיע העברי ע' 199		קשרם על לבך תמיד ענדם על גרגרתך	קעלתעעג
	רפאל המלאך ע' 114		מלאך הממונה על הכוכב נוגה	קפציאל
	Hebrew Amulets P. 130		Angel	קפקפיאל
	Jewish Tradition In Art P. 23		קהלת קדש	קק
	Jewish Tradition In Art P. 324		קהילת קדש ישראל	קקי
	לחש וקמיע ע' 141		קדוש קדוש קדוש	קקק
Psalms 118:15	הקמיע העברי ע' 111	Protection for the newborn	One of the names of the female demon Lilith (לילית)	קקש
	הקמיע העברי ע' 199		קול רינה וישועה באהלי צדיקים	קרובצ
Part of אנא בכח prayer in תפילת השחר	לחש וקמיע ע' 153 Hebrew Amulets P. 50,130	General protection	קבל רנת עמך שגבנו טהרנו נורא. Part of the 42 Letter Name (אבג יתץ..)	קרע שטן
	Jewish Tradition In Art P. 184		קריאת שמע	קש

				--ר--
Proverbs 18:14	הקמיע העברי ע' 199		רוח איש יכלכל מחלהו	ראימ
Proverbs 31:29	הקמיע העברי ע' 199		רבות בנות עשו חיל ואת עלית על כלנה	רבעחועעכ
	לחש וקמיע ע' 79, 153 הקמיע העברי ע' טז'		**ר**ב**ו**נו **ש**ל **ע**ולם	רבשע
Psalms 91:8	הקמיע העברי ע' 199		רק בעיניך תביט ושלמת רשעים תראה	רבתורת
	הקמיע העברי ע' 126		Angel	רגיאל
	Jewish Tradition In Art P. 74		ראש השנה	רה

Origin	Source	Usage	Interpretation	Spell
Genesis 49:20	הקמיע העברי ע' 199		מאשר שמנה לחמו והוא יתן מעדני מלך (Final letters)	רהואניך
	רזיאל המלאך ע' ע"ח		Secondary Archangel	רהטיאל
	הקמיע העברי ע' 46	For healing	A name of a sharp smelling herb used for healing the plague	רוטא
Psalms 103:8	הקמיע העברי ע' 199		רחום וחנון ה' ארך אפים ורב חסד	רויאאוח
Psalms 33:1	הקמיע העברי ע' 199	Against miscarriage	רננו צדיקים בה' לישרים נאוה תהלה (First and last letters in each word)	רו צם בה למ נה תה
	הקמיע העברי ע' 200		רחום וחנון שומר תמים מציל ישר פודה	רושת מיפ
	הקמיע העברי ע' 41		Angel, Adam's teacher, stands next to God's throne	רזיאל
	לחש וקמיע ע' 153		רבננו זכרונם לברכה	רזל
	Afghanistan P. 174		ראש חודש	רח
	הקמיע העברי ע' 76		**רח**ום **ו**חנון **בי**די **ש**מים	רחוביש
Psalms 111:10	הקמיע העברי ע' 199		ראשית חכמה יראת ה'	רחיי
	Hebrew Amulets P. 130		Angel	רחמיאל
	רפאל המלאך ע' 71	Against danger	רחום חנון שדי תקיף מציל פודה שומר תמים	רחש תמף שת
Jeremiah 17:14	הקמיע העברי ע' 58, 200	For healing	רפאני ה' וארפא הושיעני ואושעה	ריוהו
Psalms 6:3-4	הקמיע העברי ע' 59, 200	For bone ailment	רפאני ה' כי נבהלו עצמי. ונפשי נבהלה מאד	ריכנע ונמ
	Afghanistan P. 111		רוח ה' תניחנו בגן עדן	ריתבע
Sanhedrin 106	הקמיע העברי ע' 74		רחמנא לבא בעי	רלב
	לחש וקמיע ע' 153 הקמיע העברי ע' טז'		רבי מאיר בעל הנס	רמב"ה
	לחש וקמיע ע' 134		רבי מאיר בעל הנס זכותו יגן עלינו אמן	רמבה זיעא
	הקמיע העברי ע' טז'		רבי משה בן מיימון	רמב"ם
	הקמיע העברי ע' טז'		רבי משה בן נחמן	רמב"ן
	הקמיע העברי ע' טז'		**ר**בי **מ**איר **בע**ל **הנ**ס	רמבעה"נ
	Jewish Tradition In Art P. 112		**ר**יש **מ**תיבתא **וכ**הן **ג**דול **כ**בוד **מ**ורנו **הר**ב **ר**בי	רמ וכג כמהרר
Psalms 41:5	הקמיע העברי ע' 58, 200	For mental ailment	רפאה נפשי כי חטאתי לך	רנכחל
Proverbs 17:22	הקמיע העברי ע' 200		(ו)רוח נכאה תיבש גרם	רנתג
Kabbalah	הקמיע העברי ע' 208		**ר**ישא **עלא**ה	רעא
Psalms 113:4	הקמיע העברי ע' 200		רם על כל גוים ה'	רעכגי
Canticles 7:6	הקמיע העברי ע' 200		ראשך עליך ככרמל ודלת ראשך כארגמן מלך אסור ברהטים	רעכורכמאב

Origin	Source	Usage	Interpretation	Spell
	הקמיע העברי ע׳ 6, 41 רזיאל המלאך ע׳ נ״א	For healing	Archangel in charge of healing Angel in charge of the Sun	רפאל
	הקמיע העברי ע׳ טז׳		**רפ**ואה **ש**למה	רפש
Proverbs 3:8	Afghanistan P. 172		**רפ**אות **ת**הי **ל**שרך **ו**שקוי **ל**עצמותיך	רפתל ול
Psalms 32:7	הקמיע העברי ע׳ 200		רני פלט תסובבני סלה	רפתס
Psalms 33:1	הקמיע העברי ע׳ 200		רננו צדיקים בה׳ לישרים נאוה תהלה	רצבלנת
Psalms 33 (The whole chapter)	Jewish Tradition In Art P. 262		רננו צדיקים בה׳ לישרים נאוה תהלה. הודו לה׳ בכנור בנבל עשור זמרו לו. שירו לו שיר חדש היטיבו נגן בתרועה. כי ישר דבר ה׳ וכל מעשהו באמונה. אוהב צדקה ומשפט חסד ה׳ מלאה הארץ. בדבר ה׳ שמים נעשו וברוח פיו כל צבאם. כנס כנד מי הים נותן באוצרות תהומות. ייראו מה׳ כל הארץ ממנו יגורו כל ישבי תבל. כי הוא אמר ויהי הוא צוה ויעמד. ה׳ הפיר עצת גוים הניא מחשבות עמים. עצת ה׳ לעולם תעמד מחשבות לבו לדר ודר. אשרי הגוי אשר ה׳ אלהיו העם בחר לנחלה לו. משמים הביט ה׳ ראה את כל בני האדם. ממכון שבתו השגיח אל כל ישבי הארץ. היצר יחד לבם המבין את כל מעשיהם. אין המלך נושע ברב חיל גבור לא ינצל ברב כח. שקר הסוס לתשועה וברב חילו לא ימלט. הנה עין ה׳ אל יראיו למיחלים לחסדו. להציל ממות נפשם ולחיותם ברעב. נפשנו חכתה לה׳ עזרנו ומגננו הוא. כי בו ישמח לבנו כי בשם קדשו בטחנו. יהי חסדך ה׳ עלינו כאשר יחלנו לך.	רצב לנת הלבבעז לשלשת הנבכ ידיומב אצו חימה בישנופכצ ככמה נבת ימכה מיכית כהאוהצו יה עגה מעעי לתמללו אהאיאה בלל מהיר אכבה משה אכיהה ילהא כמאהנבחגל יבכש הלוחלי העיאלל למנוב נחלע וה כביל כבקב יחיעכיל
Kabbalah	הקמיע העברי ע׳ 208		**רצון הע**ליון	רצהע
	הקמיע העברי ע׳ טז׳		רודף צדקה וחסד	רצו
Kabbalah	הקמיע העברי ע׳ 208		**רצון הע**ליון	רצוהע
Psalms 34:20	הקמיע העברי ע׳ 200		רבות רעות צדיק ומכלם יצילנו ה׳	ררצויה
	הקמיע העברי ע׳ טז׳		רבי שמעון בר יוחאי	רשבי
Psalms 127:1	הקמיע העברי ע׳ 200		שיר המעלות לשלמה אם ה׳ לא יבנה בית שוא (Final letters)	רתה מהא התא

Origin	Source	Usage	Interpretation	Spell

Proverbs 3:8	הקמיע העברי ע'58,59,200 Hebrew Amulets P. 130	For healing, bone ailment	רפאות תהי לשרך ושקוי לעצמותיך	רתלול

				--ש--
Psalms 30:3	הקמיע העברי ע' 200		שועתי אליך ותרפאני	שאו
Kabbalah	הקמיע העברי ע' 208		**שב**ירת **הכ**לים	שבהכ
	הקמיע העברי ע' יח'		של בית רבן	שבר
	Jewish Tradition In Art P.238		Demon	שברירי
	רפאל המלאך ע' 26	Name of God	שומר דרכי ה'	שדי
	הקמיע העברי ע' 47		Permutations of the Name of God שדי	שדי דיש ישד
	הקמיע העברי ע' יח'		**ש**לוחה **דר**בנן / **ש**לוחה **דר**חמנא	שדר
Psalms 128:1	הקמיע העברי ע' 200 Hebrew Amulets P. 50,130	General protection	שיר המעלות אשרי כל ירא ה' ההלך בדרכיו	שהאכייהב
Psalms 128:1-6	Hebrew Amulets P. 158		שיר המעלות אשרי כל ירא ה' ההלך בדרכיו. יגיע כפיך כי תאכל אשריך וטוב לך. אשתך כגפן פריה בירכתי ביתך בניך כשתלי זיתים סביב לשלחנך. הנה כי כן יברך גבר ירא ה'. יברכך ה' מציון וראה בטוב ירושלם כל ימי חייך. וראה בנים לבניך שלום על (ישראל).	שהאכייה ביככתאולאכפבב ב כזסלהככי גיי יימ וביכ יחו בלשע
Canticles 1:1	Hebrew Amulets P. 133	For a sweet voice	שיר השירים אשר לשלמה	שהאל
Psalms 126:1	הקמיע העברי ע' 200		שיר המעלות בשוב ה' את שיבת ציון היינו כחלמים	שהביאשצהכ
Psalms 134:1	הקמיע העברי ע' 200		שיר המעלות הנה ברכו את ה' כל עבדי ה'	שההבאיכעי
Psalms 125:1	הקמיע העברי ע' 200		שיר המעלות הבטחים בה' כהר ציון לא ימוט	שההבכצלי
Psalms 127:1	הקמיע העברי ע' 201		שיר המעלות לשלמה אם ה' לא	שהלאיל
Psalms 110:4	הקמיע העברי ע' 201		נ**ש**בע **ה'** ו**ל**א י**נ**חם (Second letters)	שהלן
Psalms 122:1	הקמיע העברי ע' 201 רפאל המלאך ע' 97	For success	שיר המעלות לדוד שמחתי באמרים לי בית ה' נלך	שהלשבלבינ
	הקמיע העברי ע' יח'		**ש**מות **הקד**ושים	שהקד
	הקמיע העברי ע' יח'		**שר התו**רה	שהת
	Jewish Tradition In Art P. 44		**ש**וחט **וב**ודק	שוב
Psalms 16:8	Hebrew Amulets P. 130		The first word in the Verse	שויתי

Origin	Source	Usage	Interpretation	Spell
	הקמיע העברי ע' 127		**שום שוטה שבעולם גזירה**	שושבג
Kabbalah	הקמיע העברי ע' 208		**שושבינא דמטרוניתא**	שושד
Kabbalah	הקמיע העברי ע' 208		**שושבינא דמטרוניתא**	שושדמ
	הקמיע העברי ע' 39	Name of God	Combination of שדי and חזקEach letter in חזק follows a letter in שדי	שחדזיק
	Hebrew Amulets P. 130		Angel	שחיאל
	הקמיע העברי ע' 76		פישון גיחון חדקל פרת - Third letter in each name of the 4 rivers of Paradise	שחקת
	Hebrew Amulets P. 130		A word in the 42 Letter Name	שטן
	הקמיע העברי ע' 111 חמסה ע' 116 Jewish Tradition In Art P. 20	Protection for the newborn	One of the names of the female demon Lilith (לילית)	שטרינה (שטרניא) (שטרונה)
Psalms 121:4 Deuteronomy 6:4 Kabbalah	הקמיע העברי ע' 201 הקמיע העברי ע' 208		שומר ישראל / שמע ישראל / שורש ישר	שי
קריאת שמע / Deuteronomy 6:4	הקמיע העברי ע' 71		שמע ישראל ה' אלהינו ה' אחד	שיאאאא
Psalms 30:11	הקמיע העברי ע' 58, 201	Call for help	שמע ה' וחנני	שיו
	הקמיע העברי ע' יחי		שיחיה	שיחי
Psalms 6:5	הקמיע העברי ע' 58, 201	For mental ailment	שובה ה' חלצה נפשי	שיחנ
Deuteronomy 6:4	Hebrew Amulets P. 134	Samaritan amulet	שמע ישראל ה' אלהינו ה' אחד	שיי אאא
קריאת שמע / Deuteronomy 6:4	הקמיע העברי ע' 201 Hebrew Amulets P. 133	For a fever	שמע ישראל ה' אלהינו ה' אחד	שי יאיא
Psalms 16:8	הקמיע העברי ע' 58, 201	Call for help	שויתי ה' לנגדי תמיד כי מימיני בל אמוט	שילת כמבא
Psalms 27:7	הקמיע העברי ע' 58, 201	Call for help	שמע ה' קולי אקרא וחנני וענני	שיקאוו
	הקמיע העברי ע' 117		**ש**מו **י**תברך **ת**ורת **ה'** **ת**מימה	שיתיתי
Psalms 17:8	הקמיע העברי ע' 201 רפאל המלאך ע' 97	For success on the road	שמרני כאישון בת עין בצל כנפיך תסתירני	שכבע בכת
Canticles 4:2	Hebrew Amulets P. 133	At a betrothal	שניך כעדר הקצובות שעלו מן הרחצה שכלם מתאימות ושכלה אין בהם	שכה שמה שמו אב
	Hebrew Amulets P. 130		Angel	שכמיאל
Psalms 34:21 Kabbalah	הקמיע העברי ע' 59, 201 הקמיע העברי ע' 208	For bone ailment	שמר כל עצמתיו / **שכ**ינתא **ע**לאה	שכע
Canticles 8:6	הקמיע העברי ע' 201		שימני כחותם על לבך כחותם על זרועך	שכעל כעז

Origin	Source	Usage	Interpretation	Spell
Kabbalah	הקמיע העברי ע' 208		**שכ**ינתא **ת**תאה	שכת
Psalms 121	הקמיע העברי ע' 58, 201 Hebrew Amulets P. 130,140	Call for help, for a sun stroke	שיר למעלות אשא עיני אל ההרים מאין יבא עזרי. עזרי מעם ה' עשה שמים וארץ. אל יתן למוט רגלך אל ינום שמרך. הנה לא ינום ולא יישן שומר ישראל. ה' שמרך ה' צלך על יד ימינך. יומם השמש לא יככה וירח בלילה. ה' ישמרך מכל רע ישמר את נפשך. ה' ישמר צאתך ובואך מעתה ועד עולם.	שלא עאה מיע עמי עשו אילראי שהל יוי שיי שיצ עייהל יוב יימריא ניי צומו ע
	לחש וקמיע ע' 153, 143		שבח לאל בורא עולם	שלבע
	Jewish Tradition In Art P. 327		שני לוחות הברית	שלה
	הקמיע העברי ע' יח'		שיחיה לארך ימים טובים אמן	שליטא
Psalms 62:9	הקמיע העברי ע' 58, 201	For a heart ailment	שפכו לפניו לבבכם	שלל
	Hebrew Amulets P. 130		מלאך	שלמיאל
Kabbalah	הקמיע העברי ע' 208		**שלפ**ני **הצ**מצום	שלפהץ
	Hebrew Amulets P. 130		Angel	שלקיאל
	הקמיע העברי ע' 201		שבע מצוות בני נח	שמבן
	Hebrew Amulets P. 130		Angel	שמואל
	Hebrew Amulets P. 130		Angel	שמריאל
Kabbalah	הקמיע העברי ע' 208		שורש נשמה גוף לבוש היכל	שנגלה
	הקמיע העברי ע' יח'		**שנ**פטר **לב**ית **ע**ולמו	שנלבע
Kabbalah	הקמיע העברי ע' 208		**ש**בנה **עלאה** /שורש ענפים הארה	שעה
Exodus 15:14 / Psalms 128:6	הקמיע העברי ע' 201		שמעו עמים ירגזון / שלום על ישראל	שעי
Exodus 15:14	Hebrew Amulets P. 133	Against highwaymen	שמעו עמים ירגזון חיל אחז ישבי פלשת	שעי חאיפ
	הקמיע העברי ע' 118		שלום על כל ישראל	שעכי
Isaiah 6:2	הקמיע העברי ע' 201		שרפים עמדים ממעל לו	שעמל
	הקמיע העברי ע' 38		השם המפורש (אלב"מ In)	שעפע
Psalms 116:6	הקמיע העברי ע' 201		שמר פתאים ה' דלתי ולי יהושיע	שפידוי
	Jewish Tradition In Art P. 44		שליח צבור	שץ
	לחש וקמיע ע' 153		שבת קדש	שק
	הקמיע העברי ע' יח'		**ש**בת **קו**דש	שקו
	Hebrew Amulets P. 130		The last two words in the 42 Letter Name - שקו and צית	שקוצית

Origin	Source	Usage	Interpretation	Spell
Psalms 128:1	הקמיע העברי ע' 202	Against miscarriage, against still birth	שיר המעלות אשרי כל ירא (First and last letters in each word)	שר הת אי כל יא
	הקמיע העברי ע' 202		**ש**רה **ר**בקה **ר**חל **ול**אה	שררול
	הקמיע העברי ע' 59, 202	For fear, against danger	שים שלום טובה	ששט
Psalms 65:3	הקמיע העברי ע' 202 רפאל המלאך ע' 97	To have a wish fulfilled	שמע תפילה	שות
	הקמיע העברי ע' יחי		שתחיה	שתחי
	Hebrew Amulets P. 130		Angel	שתניאל

				--ת--
Micah 7:20	הקמיע העברי ע' 121, 202		תתן אמת ליעקב חסד לאברהם אשר נשבעת לאבתינו מימי קדם	תאלחל אנלמק
Kabbalah	הקמיע העברי ע' 209		תפארת גבורה חסד	תגח
Kabbalah	הקמיע העברי ע' 209		**ת**חת **ה**יסוד	תהי
	הקמיע העברי ע' 202		**ת**חית **ה**מתים **מ**ן ה**ת**ורה **הו**א	תהמתהו
	הקמיע העברי ע' יחי		תבנה ותיכונן	תו
	הקמיע העברי ע' יחי		תבנה ותיכונן במהרה בימינו אמן	תובבא
	Jewish Tradition In Art P. 54		**תו**רתנו **הק**דושה	תוהק
Kabbalah	הקמיע העברי ע' 209		**ת**פארת **ומ**לכות	תום
	The Jews of Kurdistan P. 210		תם ונשלם שבח לאל בורא עולם	תו שלבע
	Jewish Tradition In Art P. 197		תלמידי חכמים	תח
Kabbalah	הקמיע העברי ע' 209		תפארת חסד נצח	תחנ
Exodus 15:5	Hebrew Amulets P. 133	Against an enemy	תהמת יכסימו ירדו במצולת כמו אבן	תיי בכא
Psalms 104:28	הקמיע העברי ע' 202		תפתח ידך ישבעון טוב	תייט
Psalms 19:8	הקמיע העברי ע' 58, 202	For mental ailment	תורת ה' תמימה משיבת נפש	תיתמנ
	Afghanistan P. 136		**תכ**ונן **בצ**דק	תכבצ
Psalms 137:6	הקמיע העברי ע' 202		תדבק לשוני לחכי אם לא אזכרכי אם לא אעלה את ירושלם על ראש שמחתי	תללאלאאלאאיע רש
Psalms 10:17	הקמיע העברי ע' 202 רפאל המלאך ע' 98	Against evil spirits	תכין לבם תקשיב אזנך	תלתא
	הקמיע העברי ע' 111 Jewish Tradition In Art P. 20	Protection for the newborn	One of the names of the female demon Lilith (לילית)	תלתו (תילתוי)
Judges 5:24	הקמיע העברי ע' 202		תברך מנשים	תמ

Origin	Source	Usage	Interpretation	Spell
	הקמיע העברי ע' 202		תבורך מנשי אהל	תמא
	הקמיע העברי ע' 202		תומך מציל ישר פודה	תמיפ
Kabbalah	הקמיע העברי ע' 209		תפארת נצח הוד יסוד	תנהי
Kabbalah	הקמיע העברי ע' 209		תפארת נצח הוד יסוד מלכות	תנהימ
	Jewish Tradition In Art P. 78		תהי נפשו צרורה בצרור החיים	תנצבה
Exodus 15:16	הקמיע העברי ע' 202 Hebrew Amulets P. 133	To dissipate a mirage or hallucination	תפל עליהם אימתה ופחד בגדל זרועך ידמו כאבן	תעאו בזיכ
	הקמיע העברי ע' יחי'		תיבנה עירנו הקדושה	תעה
Kabbalah	Hebrew Amulets P. 119		One of the 10 Sephiroth in Kabbalah	תפארת
Deuteronomy 33:4	לחש וקמיע ע' 153, 80 הקמיע העברי ע' 202 Hebrew Amulets P. 133	For virility / On taking children to school	תורה צוה לנו משה מורשה קהלת יעקב	תצלממקי
	הקמיע העברי ע' 38	Name of God	אהיה (In אתב״ש)	תצמץ
	Hebrew Amulets P. 130		Angel	תריאל
	לחש וקמיע ע' 153		Permutation of תרחם (Have pity)	תרמח
	הקמיע העברי ע' יחי'		תינוקות של בית רבן	תשבר
Kabbalah	הקמיע העברי ע' 209		**ת**ש**ו**בה **ע**לאה	תשוע
	הקמיע העברי ע' 209 Jewish Tradition In Art P. 68		**ת**פאר**ת** / תלמוד תורה	תת
Deuteronomy 18:13	הקמיע העברי ע' 202 Hebrew Amulets P. 133	Against wild bears	תמים תהיה עם ה' אלהיך	תתעיא
Kabbalah	הקמיע העברי ע' 209		תשובה תפילה צדקה	תתצ

הקמיע היהודי

מפתח לקמיעות ולקבצי אותיות בחפצי יהדות

כולל תקליטור לחיפוש ממוחשב

נאסף על ידי
אברהם גרין

אסטרולוג הוצאה לאור בע"מ

עטיפה: דניאל אקרמן

כל הזכויות שמורות
אסטרולוג הוצאה לאור בע"מ
ת"ד: 1123 הוד השרון 45111
טל' 09-7412044
פקס 09-7442714

לזכר אשתי האהובה
אסתר ז״ל
בלעדיה ספר זה כלא היה

תוכן העניינים

מבוא

פענוח קמיעות עבריות הוא נושא שדורש הרבה מחקר כמו גם הרבה דמיון. ספרים מספר נכתבו על נושא זה על ידי על ידי רבנים ואנשי מחקר היהדות. ספרים אלו מפענחים מאות צירופי אותיות ולחשים הכתובים על סוגים שונים של קמיעות. ברוב הספרים, הלחשים מופיעים בלי כל שיטה או סדר. חלק מהספרים מכיל מספר טבלאות המסודרות לפי נושאים שונים, כשבכל טבלה מסודרים צירופי האותיות לפי האלף-בית. אך אפילו בספרים אלו, הטבלאות אינן מכילות את כל הלחשים הנמצאים בספר, וקשה למצוא צירוף מלים בנושא לא ידוע למחפש, במיוחד כאשר המחפש אינו מקצוען מומחה בפענוח קמיעות.

כותב ספר זה אינו איש מחקר, אלא אספן של חפצי יהדות שונים. בכדי למצוא פירוש לצירוף אותיות מסוים על קמיע או חפץ יהדות אחר שנמצא באוסף, היה עליו לחפש במאות עמודים בספרים שונים בנושא פענוח קמיעות עבריות, וכשמצא את הפירוש, היה עליו לחזור על אותו תהליך בכדי למצוא פתרון לקובץ אותיות אחר הנמצא על אותו חפץ. לאחר שקראתי את אותם הספרים פעמים רבות מדי, החלטתי לרכז את המידע שבספרים שברשותי בטבלה אחת ויחידה, ולסדר אותו לפי האלף-בית בלי הפרדה לנושאים או מקורות שונים. דבר זה נעשה על ידי שימוש במחשב אישי. זה מאפשר לקורא למצוא כל צירוף אותיות הנמצא בטבלה במהירות, בעזרת מנגנון החיפוש של המחשב. מנגנון החיפוש מאפשר למצוא גם צירופי אותיות חלקיות, במקרה שהצירוף הרצוי אינו מכיל את האות הראשונה (או האותיות הראשונות) של צירוף מסורתי ולכן אינו מופיע במקום הנכון בטבלה.

הטבלה מכילה מידע שנאסף מספרים שונים. היא אינה מנסה להסביר את ההיסטוריה, את האמונות התפלות או את הספורים הקשורים בלחשים. כמו כן, אינה מכילה תיאור של אוסף מסוים של חפצי יהדות כמו בספרים אחרים. אבל היא כן מהווה מכשיר יעיל, העוזר לפענוח כתובות ולחשים הנמצאים על חפצי יהדות. הטבלה מכילה את קובץ האותיות, את פירושם, למה הם משמשים, את הפרק והפסוק בספרי הקודש אותו הם מייצגים ואת והמקור בספרות מהם נלקחו. כל אלו נמצאים בשורה אחת, כך שאין צורך לחפש הלוך ושוב בין עבודות מחקר, ספרי קודש או מקורות אחרים כדי לפענח את הלחש. כמובן, אם נדרש מידע נוסף, רשימת המקורות נמצאת באותה שורה בטבלה.

הספר מכיל שני חלקים: עברי ואנגלי. החלק העברי כתוב בעברית כולו. בחלק האנגלי, הלחשים ופירושם כתובים בעברית, השימוש והמקור בספרי הקודש כתובים באנגלית. פרטים נוספים כתובים באנגלית לפי הצורך. שמות הספרים מהם נלקח המידע כתובים בשפה בה נכתב הספר. בספרים הכתובים באנגלית, האות .P מופיעה לפני מספר העמוד.

טבלה זו מיועדת לכל מי שמעונין בפענוח לחשים וקבצי אותיות עבריים, בין אם הוא מומחה ובין אם הוא אספן חובב. כמובן שכל קורא יכול להשתמש בטבלה המודפסת, אך בנוסף עומד לרשותו התקליטור המצורף. די במידע בסיסי בהפעלת מחשב אישי ובמעבד תמלילים מתאים (המכיר בשפה העברית) כדי לפענח את הכתובות העבריות שעל הקמיעות והחפצים ב"קליק" אחד של העכבר.

השימוש בטבלה

הטבלה מכילה חמש עמודות:

1. צירוף אותיות

בעמודה זו מופיעים צירופי האותיות או הלחשים הכתובים על החפץ, מסודרים לפי האלף-בית.

2. מובן

כאן מופיע המשפט או המלים המתאימות לצירוף האותיות. בדרך כלל, הלחש מכיל את ראשי התיבות של כל מלה ברשימה זו. כאשר שיטת הצירוף שונה, ניתן הסבר בעמודה זו (לדוגמה - אותיות אחרונות). כאשר ההסבר מסובך יותר, האותיות השייכות לצירוף מופיעות בכתב מודגש. כשהאותיות לקוחות מיותר ממשפט אחד, רק חלק המשפט המכיל את המלים מהן נלקחו האותיות מודפס כאן, והחלק החסר מופיע כשלוש נקודות (...). כשקיים יותר מפירוש אחד לצירוף האותיות, המשפטים המכילים את הפתרונות השונים מופרדים על ידי קו אלכסוני (/). כאשר המשפט מכיל אותיות או מלים שהושמטו מצירוף האותיות, אלו מופיעות בסוגריים.
הערה: ברוב המקרים, הוחלף השם המפורש בה׳. השם המפורש מופיע במלואו רק כאשר ה׳ אינו מסביר את הקיצור כראוי.

3. שימוש

כאשר השימוש בצירוף האותיות ידוע, הוא ניתן בעמודה זו (לדוגמה - הגנה על תינוק).

4. ספרי מקור

הספר (ומספרי הדפים) מהם נלקח פירוש צירוף האותיות. כאשר הצירוף נמצא ביותר מספר אחד, מופיעים כאן מספר מקורות. ברוב המקרים, כאשר מקורות שונים נותנים מובן שונה לאותו צירוף אותיות, כל מובן ומקורו מופיעים בשורה נפרדת.

5. ספרי קודש

אם ידוע מקור המשפט בספר קודש, כולל הפרק והפסוק, המידע מופיע בעמודה זו. גם כאן, כאשר ספרי המקור מצטטים ספרי קודש שונים לאותו צירוף, אלו מופיעים בשורה נפרדת.

השימוש בתקליטור

התקליטור כתוב במהדורה העברית של מעבד תמלילים MS Word 2000. שם הקובץ של הגרסה העברית הוא AmulHeb.doc. שם הקובץ של הגרסה האנגלית הוא AmulEng.doc. קבצים אלו מתאימים לקריאה ותצוגה גם על ידי מעבד התמלילים MS Word 2000 במהדורה אמריקאית, אך היות ומנגנון החיפוש בתוכנה זו הוא באנגלית, אי אפשר להשתמש בתוכנה זו לחיפוש מלים בלי לתאם את התוכנה ואת המקלדת לחיפוש באותיות עבריות.

קבצי ההתקנה של Multi Language Support - Hebrew נמצאים ב-CD של MS Word, ותהליך ההתקנה מוסבר בקבצי העזרה של התוכנה. בתור תחליף, אותיות האלף-בית בעברית כתובות בשורה הראשונה של כל קובץ, כדי לאפשר העתקת אותיות לתוך חלון החיפוש של מעבד התמלילים. שורה שניה מכילה קישור היפרטקסט לראש כל קבוצת לחשים המתחילה באותה אות.

הערות עזר לחיפוש אלקטרוני

1. קישור היפרטקסט אינו שמיש בכל הגרסאות של MS Word. בתור תחליף לשימוש בקישור ההיפרטקסט וכדי לדלג ישירות לתחילת קבוצה המתחילה באות מסויימת, הדפס בחלון החיפוש שני מקפים לפני האות הרצויה, לדוגמה: --ד, ותגיע ישירות לקבוצה המתחילה באות ד׳. דרך זו תמנע ממנגנון החיפוש מלעצור בכל אות ד׳ שנמצאת לפני המקום הרצוי.

2. קמיעות רבות מכילות רק חלק מהלחש. בחיפוש אלקטרוני, רצוי לחפש קבוצות קטנות בנות 2 עד 4 אותיות מתוך הלחש.

3. הרווחים בין קבוצות האותיות בלחש עשויים להיות שונים בקמיעות שונים. כאשר צירוף אותיות מסויים אינו נמצא על ידי מנגנון החיפוש, נסה להכניס רווח בין האותיות. לדוגמה, אם הצירוף "עואח" אינו נמצא, נסה "עו אח", או רק "עו", או רק "אח".

4. מנגנון החיפוש מחפש את קובץ האותיות בכל הטבלה, לא רק בעמודה הראשונה. לכן, לפעמים ימצא צירוף מתאים גם בעמודה אחרת. בנוסף, לפעמים ימצא צירוף מתאים באמצע לחש ארוך יותר. מוטב ללחוץ על הכפתור "חפש שוב" מספר פעמים בכדי לוודא שמצאת את הצירוף הנכון.

5. קמיעות רבים מכילים טעויות - אותיות חסרות, החלפת אותיות דומות וכדומה. כאשר צירוף אותיות מסוים אינו נמצא, נסה לחפש חלק אחר מאותו הלחש.

שיטות שכיחות לקיצור מלים בקמיעות

בדרך כלל, כותבי הקמיעות משתמשים באחת מהשיטות הבאות כדי ליצור את צירופי המלים בקמיעות. תמונות ופירושים נוספים של קמיעות נמצאות בדפים המרכזיים של הספר.

ראשי תיבות
צירוף המלים מייצג את האותיות הראשונות בכל מלה בקובץ מלים מסוים. לדוגמה: הקיצור "אבי" מייצג את ראשי התיבות במשפט "אדיר במרום ה'". שים לב שהמלה ה' מיוצגת על ידי האות י' בלחש - היא האות הראשונה בשם המפורש המופיע בפסוק עצמו.

סופי תיבות
צירוף המלים מייצג את האותיות האחרונות בכל מלה בקובץ מלים מסוים. לדוגמה: הקיצור "חתד" מייצג את האותיות האחרונות במשפט "פותח את ידך".

תמורה
החלפת אות אחת בשניה לפי סדר מסוים נקראת תמורה. כותבי הקמיעות משתמשים במספר שיטות תמורה.

אתב"ש
בשיטה זו מחליפים את האות א' באות ת', האות ב' באות ש' וכן הלאה.
לדוגמה: המלה "השתפא" מייצגת את המלה "צבאות".

אלב"מ
בדומה לאתב"ש, מחליפים את האות א' באות ל', האות ב' באות מ' וכן הלאה.

אבג"ד
כאן, בדומה לשיטות הקודמות, מחליפים את האות א' באות ב', האות ג' באות ד' וכן הלאה.

הטבלאות הבאות מקילות על חיפוש האותיות בשלוש השיטות לעיל.

אתב"ש

א	ת
ב	ש
ג	ר
ד	ק
ה	צ
ו	פ
ז	ע
ח	ס
ט	נ
י	מ
כ	ל

אלב"מ

א	ל
ב	מ
ג	נ
ד	ס
ה	ע
ו	פ
ז	צ
ח	ק
ט	ר
י	ש
כ	ת

אבג"ד

א	ב
ג	ד
ה	ו
ז	ח
ט	י
כ	ל
מ	נ
ס	ע
פ	צ
ק	ר
ש	ת

איק בכר

האותיות מסודרות בתשע משבצות, שלוש אותיות במשבצת. כל אות במשבצת אחת יכולה להחליף אות אחרת באותה משבצת. האותיות א׳ עד ט׳ נכתבות בתשע המשבצות לפי הסדר, אחרי כן נרשמות האותיות י׳ עד צ׳, ואחריהם ק׳ עד ת׳. האותיות הסופיות ך׳ ם׳ ן׳ ף׳ ץ׳ ממלאות את המשבצות הנותרות.

איק	בכר	גלש
דמת	הנך	וסם
זען	חפף	טצץ

אחס בטע

בשיטה זו משתמשים רק בשמונה משבצות. 7 המשבצות הראשונות מכילות את 7 האותיות הראשונות של האלף-בית, אחרי כן 7 האותיות הבאות, ועוד 7 אותיות. האות ת׳ נמצאת במשבצת נפרדת ולא מחליפים אותה. האותיות הסופיות נחשבות כאותיות רגילות (ך נחשבת כ, וכדומה).

אחס	בטע	גיפ
דכצ	הלק	ומר
זנש	ת	

שילוב אותיות ממלים שונות

ערבוב אותיות ממלים שונות בצירופים שונים.
דוגמה אחת: ״יהייוה״ - השם המפורש, ובאמצע מוכנס ״יי״.
דוגמה שניה: ״יאהדונהי״ - אות אחת מהשם המפורש והאות הבאה מ״אדני״, לסירוגין.

תשבצים

תשבץ הוא קופסה עם משבצות. בכל משבצת ישנה אות או קבוצת אותיות, מסודרות לפי שיטות שונות - גימטריה, ראשי תיבות, מלים שלמות, חלקי מלים וכו׳. התשבצים המופיעים בקובץ זה מכילים הסבר לשיטת הפירוש בעמודה ״מובן״.

גימטריה

כידוע, לכל אות עברית יש ערך מספרי. האותיות א׳ עד ט׳ הן בעלי ערך יחידה - 1 עד 9. ערך האותיות י׳ עד צ׳ נאמד בעשרות - 10 עד 90. ערכן של האותיות ק׳ עד ת׳ נאמד במאות - 100 עד 400. בגימטריה, כאשר מלה שערך סכום האותיות שלה שווה לערך סכום האותיות של מלה אחרת, מובן שתי המלים זהה.
לדוגמה, ״הכס״ ו״אדני״ נחשבים לאותה מלה כי סכום האותיות של כל מלה הוא 65.
לעתים, שימוש בגימטריה מסובך מאד, ביחוד כאשר לוקחים בחשבון את הערך הבסיסי של האותיות: ערך האות כ׳ יכול להיות 20 או 2, או ערך האות ר׳ יכול להיות 200, 20 או 2.

שיטות אחרות

לפעמים משתמשים כותבי הקמיע בשיטות אחרות:

- אות אחרונה (או ראשונה) בכל מלה אחרונה (או ראשונה) בפסוקים עוקבים.
  לדוגמה: "צמרכד" - האות האחרונה בחמשת הפסוקים הראשונים בספר בראשית.
- שתים, שלש או יותר אותיות בתחילת (או בסוף) כל מלה בפסוק.
- אות שניה או שלישית בכל מלה בפסוק.
- אות ראשונה בכל מלה שניה בפסוק (סרוגין).
- אות ראשונה ואחרונה בכל מלה בפסוק.
- מספר לא עקבי של אותיות ו/או מקום בכל מלה בפסוק.
  לדוגמה: "ביט" נוצר מהאותיות המודגשות בפסוק "**בי** חשק ואפל**ט**".
- אותיות לקוחות ממלים בפסוקים שונים בלי כל שיטה.

מה אינו כלול בטבלה

קמיעות עבריות מכילות גם פסוקים שלמים מספרי קודש שונים, מבלי שיהפכו אותם לקיצורים, קבצי אותיות או לחשים. בנוסף, חלקים שונים בקמיעות מכילים ברכות שונות המיוחדות לקמיעות. הטבלה אינה מכילה כתובות אלו. רק קבצי אותיות, קיצורים ולחשים מופיעים בטבלה.

החומר נאסף ממספר מוגבל של ספרים הנמצאים ברשות הכותב, ואין ספק שקיימים ספרים אחרים המכילים לחשים נוספים ופענוחם. גם לגבי ספרים הכלולים בביבליוגרפיה, רק קבצי אותיות שפירושם היה מוגדר כראוי נכללים בטבלה. חלקם מופיעים במקור בלי פירוש, רק מפני שהם כתובים על קמיע המתואר בספר. באחרים, המקור הניתן בספר לא הכיל את הפסוק הנכון. בנוסף, אפשרי שחלק נשמט בלי כוונה.
למרות מגבלות אלו, טבלה זו תעזור לרבים, ותספק את סקרנותם של הרבה אנשים בעלי קמיעות עבריות.

טבלת פענוח הקמיעות

צירוף אותיות	מובן	שימוש	ספרי מקור	ספרי קודש
--א--				
א	אמן		Hebrew Amulets P. 124	
אא	**א**מן ו**א**מן ארך אנפין (ארך אפיים) אפסי ארץ אדני אלהיך		Hebrew Amulets P. 124 הקמיע העברי ע' 202 הקמיע העברי ע' 65 הקמיע העברי ע' 80	קבלה תהלים ס"ז,ח'
אאא	אמן אמן אמן אהיה אשר אהיה אל (רחום וחנון) ארך אפים		הקמיע העברי ע' י' הקמיע העברי ע' 171 הקמיע העברי ע' 171	שמות ג', י"ד שמות ל"ד, ו'
אאא אאש תנא חתי	אמר אויב ארדף אשיג אחלק שלל תמלאמו נפשי אריק חרבי תורישמו ידי	נגד אויב	הקמיע העברי ע' 171 Hebrew Amulets P. 130	שמות ט"ו, ט'
אאא אהא ממעע	אנכי ה' אלהיך אשר הוצאתי אותך (במקור-הוצאתיך) מארץ מצרים מבית עבדים	קמיע שומרוני	Hebrew Amulets P. 134	שמות כ', ב'
אאבב	אשרי אדם בטח בך		הקמיע העברי ע' 171	תהלים פ"ד, י"ג
אאבואב	ארור אתה בעיר וארור אתה בשדה		הקמיע העברי ע' 171	דברים כ"ח, ט"ז
אאדה	לא תירא מפחד לילה - אותיות אחרונות	שמירה לדרך	הקמיע העברי ע' 171	תהלים צ"א, ה'
אאהא	אהבת את השלום אמן		הקמיע העברי ע' 118	
אאהדונהי	צרוף של "אהוה" ו"אדני". כל אות ב"אדני" עוקבת אות ב"אהוה"	פדיון נפש לחולה אנוש	רפאל המלאך ע' 78	
אאהדינהי	צרוף של "אהיה" ו"אדני". כל אות ב"אדני" עוקבת אות ב"אהיה"	פדיון נפש לחולה אנוש	רפאל המלאך ע' 78	
אאהחידה	צרוף של "אהיה" ו"אחד". כל אות ב-"אחד" עוקבת אות ב-"אהיה"	שם ה'	הקמיע העברי ע' 39	
אאהליההים	צרוף של "אלהים" ו"אהיה". **א**להים **אה**יה **אל**הים אה**יה** אל**הים**	שם ה'	הקמיע העברי ע' 39	
אאהק	**א**בות **א**בותינו **הק**דושים		הקמיע העברי ע' י'	
אאהקב	אשתחוה אל היכל קדשך ביראתך		הקמיע העברי ע' 171	תהלים ה', ח'
אאיתי	אם אשכחך ירושלם תשכח ימיני		הקמיע העברי ע' 171	תהלים קל"ז, ה'
אאללההיימם	"אלהים", אותיות כפולות (תאומות)	שם ה', נגד "קליפה" (קליפה - כח התאומה)	הקמיע העברי ע' 39	
אאנסוכיר	אמן אמן נצח סלה ועד כן יהי רצון		Jewish Tradition In Art P. 290	
אאס	אור אין סוף		הקמיע העברי ע' 202	קבלה

צירוף אותיות	מובן	שימוש	ספרי מקור	ספרי קודש
אאעמואגע	אנכי ארד עמך מצרימה ואנכי אעלך גם עלה		הקמיע העברי ע׳ 171	בראשית מ״ו, ד׳
אאצדינאי	צרוף של ״אדני״ ו-״אאציאי״. כל אות ב-״אדני״ עוקבת אות ב״אאציאי״ (אלהים צבאות יה אלוה)	שם ה׳	הקמיע העברי ע׳ 38	
אב	אחזה בסנסניו	לאהבה	הקמיע העברי ע׳ 47	שיר השירים ז׳, ט׳
אבגו	אחד משמות השדה לילית	להגנה על תינוק	Hebrew Amulets P. 51, 124	
אבג יתץ קרע שטן נגד יכש בטר צתג חקב טנע יגל פזק שקו צית (בשכמלו)	השם מ״ב (42) הגדול. אנא בכח גדלת ימינך תתיר צרורה. קבל רנת עמך שגבנו טהרנו נורא. נא גבור דורשי יחודך כבבת שמרם. ברכם טהרם רחמם צדקתך תמיד גמלם. חסין קדוש ברוב טובך נהל עדתך. יחיד גאה לעמך פנה זוכרי קדשתך. שועתנו קבל ושמע צעקתנו יודע תעלמות. האותיות ״בשכמלו״ (ברוך שם כבוד מלכותו לעולם ועד) אינן נכללות ב- 42 האותיות	שם ה׳	הקמיע העברי ע׳ 171	ר״ת תפילת ״אנא בכח״ בתפילת השחר לפני שחרית
אבד	אב בית דין		Jewish Tradition In Art P. 56	
אבי	אדיר במרום ה׳ / אצילות בריאה יצירה		הקמיע העברי ע׳ 171 הקמיע העברי ע׳ 202	תהלים צ״ג, ד׳ קבלה
אבי	אותיות ראשונות בפסוקים הבאים: אתה סתר לי מצר תצרני... בטחו בה׳ עדי עד... ה׳ עוז לעמו יתן....	נגד סכנה	רפאל המלאך ע׳ 71	תהלים ל״ב, ז׳ ישעיהו כ״ו, ד׳ תפלת שמונה עשרה
אביזו (אביטו) (אביטי)	אחד משמות השדה לילית	להגנה על תינוק	הקמיע העברי ע׳ 111 Jewish Tradition In Art P. 20	
אביע	אצילות בריאה יצירה עשיה		הקמיע העברי ע׳ 202	קבלה
אבכו (אברו)	אחד משמות השדה לילית	להגנה על תינוק	הקמיע העברי ע׳ 111 חמסה ע׳ 116	
אבליוליאז	איש בער לא ידע וכסיל לא יבין את זאת		הקמיע העברי ע׳ 171	תהלים צ״ב, ז׳
אבנוקטה	אחת משמות השדה לילית	להגנה על תינוק	Jewish Tradition In Art P. 20	
אברטיאל	מלאך מגן נגד הפלות	לעזור בלידה	Hebrew Amulets P. 108	
א ג ה ז ט ג ה ז ט א ה ז ט א ג ז ט א ג ה ט א ג ה ז	תשבץ. הטיות של 5 האותיות בעלות ערך בלתי זוגי בא״ב (א=1, ג=3, ה=5, ז=7, ט=9). במאונך ובמאוזן.	נגד מגיפה	Hebrew Amulets P. 67	

צירוף אותיות	מובן	שימוש	ספרי מקור	ספרי קודש
אגלא	אתה גיבור לעולם אדני	נגד שריפה ופורעניות אחרות	הקמיע העברי ע׳ 47, 172 חמסה ע׳ 91	תפילת שמונה עשרה
אגלא	(יהודה) אתה... גור... לא... אסרי... - אות ראשונה במלה ראשונה של 4 הפסוקים, מלבד בפסוק ראשון, מלה שניה.		הקמיע העברי ע׳ 47, 172	בראשית מ״ט, ח׳-י״א
אדירירון	שם ה׳. בגימטריה, שם 42 אותיות		Hebrew Amulets P. 97	
אדמע	אדני דרבי מאיר ענינו / **א**להא **דמ**איר **ע**ניני.		הקמיע העברי ע׳ י׳, 47, 172	
א ד מ ע ד מ ע א מ ע א ד ע א ד מ	תשבץ מורכב מהטיות של ״אדמע״ (אדני דרבי מאיר ענינו)		הקמיע העברי ע׳ 26	
אדנייתץ	״אדני״ ואחריו ״יתץ״ ״יתץ״ - חלק משם 42 אותיות	שם ה׳	הקמיע העברי ע׳ 39	
אהא אל	אשם הוא אשם אשם לה׳	לשחפת	Hebrew Amulets P. 130	ויקרא ה׳, י״ט
אהאגאקוש	אחד הוא אלהינו גדול אדננו קדוש ונורא שמו		הקמיע העברי ע׳ 172	סידור
אהב	**א**מרתי אעל**ה ב**תמר אחזה בסנסניו	לאהבה	הקמיע העברי ע׳ 47, 172	שיר השירים ז׳, ט׳
אהביאל	מלאך		אפגניסתאן ע׳ 164	
א ה י ה ה י ה א י א ה י ה י א ה	תשבץ. הטיות של שמות ה׳		Jewish Tradition In Art P. 264	
אהעפ	אתה האל עשה פלא	להינצל מצרה	הקמיע העברי ע׳ 172 רפאל המלאך ע׳ 97	תהלים ע״ז, ט״ו
אהש	**א**לו **הש**מות		הקמיע העברי ע׳ י׳	
או	**א**מן **ו**אמן		הקמיע העברי ע׳ 80	
אוא	אלהינו ואלהי אבותינו		הקמיע העברי ע׳ י׳	
אואא	**א**להינו **וא**להי **א**בותינו		הקמיע העברי ע׳ 172	
אואיא	אחלצהו ואכבדהו. ארך ימים אשביעהו	לחיים, הצלה	הקמיע העברי ע׳ 58, 172	תהלים צ״א, ט״ו-ט״ז
אואס	**או**ר **א**ין **ס**וף		הקמיע העברי ע׳ 202	קבלה
אואסבה	**או**ר **א**ין **ס**וף **ב**רוך **ה**וא		הקמיע העברי ע׳ 202	קבלה
אובכ	**או**רות **בכ**לים		הקמיע העברי ע׳ 202	קבלה
אודם	אחד משמות השדה לילית	להגנה על תינוק	הקמיע העברי ע׳ 111	
או וחת מוס	**או**ר **ו**דרך **ח**יים **ת**וחכות **מוס**ר		אפגניסתאן ע׳ 119	משלי ו׳, כ״ג
אוח	**או**ר **ח**וזר / **או**ר **ח**יצון		הקמיע העברי ע׳ 203	קבלה

צירוף אותיות	מובן	שימוש	ספרי מקור	ספרי קודש
אוחל	אדם וחוה חוץ לילית	להגנה על תינוק	הקמיע העברי ע' 172	
אוי	**או**ר **י**ורד / **או**ר **י**שר		הקמיע העברי ע' 203	קבלה
אויצ	**א**מת **ויצ**יב		הקמיע העברי ע' 80	
אויש	**או**ר **יש**ר		הקמיע העברי ע' 203	קבלה
אוכ	**או**רות **וכ**לים		הקמיע העברי ע' 203	קבלה
אומ	**או**ר **מ**קיף		הקמיע העברי ע' 203	קבלה
אומניומע	אהבי ורעי מנגד נגעי יעמדו וקרובי מרחק עמדו		הקמיע העברי ע' 172	תהלים ל״ח, י״ב
אומק	**או**ר **מק**יף		הקמיע העברי ע' 203	קבלה
אונהאל	מלאך		Hebrew Amulets P. 125	
אופ	**או**ר **פ**נימי / **או**ר **פ**שוט		הקמיע העברי ע' 203	קבלה
אוריאל	מלאך האור		הקמיע העברי ע' 6, 41	
אורפניאל	מלאך האור - אור פני אל		Hebrew Amulets P. 108	
אזבוגה	שם אחר למטטרון, המלאך הראשי. גם שם ה'. מורכב משלש זוגות של אותיות שסכומם 8		הקמיע העברי ע' 42, 46 Hebrew Amulets P. 112	
אז בו גה בו גה אז גה אז בו	תשבץ. הטיות שונות של אזבוגה, במאוזן ובמאונך. בגימטריה, סכום האותיות במאוזן ובמאונך הוא 24.		הקמיע העברי ע' 27	
אזלולש	אור זרע לצדיק ולישרי לב שמחה		הקמיע העברי ע' 172	תהלים צ״ז, י״א
אחבי	**אח**ינו **ב**ית (**ב**ני) **י**שראל		הקמיע העברי ע' י'	
אחביאל	מלאך		Hebrew Amulets P. 125	
אחדיה	״אחד״ ואחריו ״יה״, שם ה'		הקמיע העברי ע' 39	
אחהצ	**אח**רי **הצ**מצום		הקמיע העברי ע' 203	קבלה
אחזל	אמרו חכמנו זכרונם לברכה		לחש וקמיע ע' 152	
אטאטאפוהה	ארבעה טורים אבן טור אדם פטדה וברקת הטור האחד		הקמיע העברי ע' 172	שמות כ״ח, י״ז
א טו יד ד יב ו ז ט ח י יא ה יג ג ב יו	תשבץ. בגימטריה, סכום כל שורה במאוזן ובמאונך הוא 34		Jewish Tradition In Art P. 244	
אטלס	אך טוב לישראל סלה		הקמיע העברי ע' י'	
אטמון	שם אחר למטטרון, המלאך הראשי	להתיר פה, נגד סודות	הקמיע העברי ע' 42	
אי	אור יורד / אור ישר		הקמיע העברי ע' 203	קבלה
איא	איש ירא אלהים / אהיה יהיה אדני / אנכי ה' אלהיך		הקמיע העברי ע' י' הקמיע העברי ע' 172	תהלים פ״א, י״א
איאא	איכה ירדף אחד אלף		הקמיע העברי ע' 172	דברים ל״ב, ל'

צירוף אותיות	מובן	שימוש	ספרי מקור	ספרי קודש
איא ההד יונ ההי	צרוף של "אהיה", "יהוה", "אדני". אותיות הראשונות בכל מלה, אותיות שניות, וכו'	פדיון נפש לחולה אנוש	רפאל המלאך ע' 76	
איאו	ארך ימים אשביעהו ואראהו	לחיים	הקמיע העברי ע' 58, 172	תהלים צ"א, ט"ז
איאוב	ארך ימים אשביעהו ואראהו בישועתי		Jewish Tradition In Art P. 241	תהלים צ"א, ט"ז
איב	ארך ימים בימינה		הקמיע העברי ע' 172	משלי ג', ט"ז
איבבאו	ארך ימים בימינה בשמאולה עשר (א' במקום ע') וכבוד	רפואה	הקמיע העברי ע' 172	משלי ג', ט"ז
איבעיס	אצילות יצירה בריאה עשיה יוד ספירות		הקמיע העברי ע' 203	
איבקא יצאי במאי	אל יבשו בי קויך אדני ה' צבאות אל יכלמו בי מבקשיך אלהי ישראל	לרפואה	הקמיע העברי ע' 59, 172 Jewish Tradition In Art P. 241	תהלים ס"ט, ז'
אידהנויה	שם ה', צרוף של "אדני" ו-"יהוה". כל אות ב"יהוה" עוקבת אות ב"אדני" (היפוך של "יאהדונהי")		הקמיע העברי ע' 38	
אידתנצי	שם ה', צרוף של "אדני" ו-"יצת". כל אות ב"יצת" עוקבת אות ב"אדני". יצת - חלק משם 42 אותיות.		Jewish Tradition In Art P. 244	
איו	אלהים יחננו ויברכנו		הקמיע העברי ע' י'	תהלים ס"ז, ב'
איוב	**א**שרי **יו**שבי **ב**יתך		הקמיע העברי ע' 173	
איופאס	אלהים יחננו ויברכנו יאר פניו אתנו סלה	קריאה לעזרה	הקמיע העברי ע' 58, 173	תהלים ס"ז, ב'
איו עקד דפל	אני ישנה ולבי ער קול דודי דופק פתחי לי	בזמן צרה	Hebrew Amulets P. 130	שיר השירים ה', ב'
א י ז ח ח ז ב ט ו ה יב ג יא ד ה ו	תשבץ. בגימטריה, סכום האותיות בכל כוון הוא 26, כמו השם המפורש		הקמיע העברי ע' 27	
א יח יג ח טו ו ג יו ז יב יט ב יז ד ה יד	תשבץ. בגימטריה, סכום כל שורה במאוזן ובמאונך הוא 40		Jewish Tradition In Art P. 244	
איי אהה עבעל	אז ישיר ישראל את השירה הזאת עלי באר ענו לה	נגד עין רעה	Hebrew Amulets P. 130	במדבר כ"א, י"ז
איי בצע רחק מקב	צרוף של המלים "אברם יצחק יעקב"-אות ראשונה מכל מלה, אחרי כן אות שניה מכל מלה, וכו'	למקשה ללדת	הקמיע העברי ע' 173	
איי חשש ימממ החר	צרוף של המלים "אחיה ישמח ישמר"-אות ראשונה מכל מלה, אחרי כן אות שניה מכל מלה, וכו'		הקמיע העברי ע' 173	

צירוף אותיות	מובן	שימוש	ספרי מקור	ספרי קודש
איי השש ילממ החרר יעכצ הזמא ורכת הכלכ אמרו דקעב נדיא ישש	תשבץ. 12 קבוצות בנות 4 אותיות. אות ראשונה בכל קבוצה יוצרת את הפסוק - "אהיה ה' אדני". אות שניה - "ישלח עזרך מקדש". אות שלישית - "ישמרך מכל רע ישי". אות רביעית - "ישמר צאתך ובאך". האותיות "ישי" במשפט השלישי, הן ראשי תיבות של "יבורך שמו".		Hebrew Amulets P.67 Jewish Tradition In Art P. 244	
איילו (אייל)	אחד משמות השדה לילית	להגנה על תינוק	הקמיע העברי ע' 111	
אילן	שם ה', בגימטריה 91, כמו "יהוה" ו-"אדני" ביחד	שם ה'	הקמיע העברי ע' 38	
אים ויא הלול אלכ גגס ורב	אז ישיר משה ובני ישראל את-השירה הזאת לה' ויאמרו לאמר אשירה לה' כי גאה גאה סוס ורכבו רמה בים	לקול מתוק	Hebrew Amulets P. 131	שמות ט"ו, א'
אימכענבמע	אשריך ישראל מי כמוך עם נושע בה' מגן עזרך		הקמיע העברי ע' 173	דברים ל"ג, כ"ט
אימע	**אימ**א **ע**ילאה		הקמיע העברי ע' 203	קבלה
אינללללל	אדני ה' נתן לי לשון למודים לדעת לעות	קשר עם שם 72 אותיות	הקמיע העברי ע' 173	ישעיהו נ', ד'
איע	אלהים יכוננה עולם / אצילות יצירה עשיה		הקמיע העברי ע' י' / הקמיע העברי ע' 203	קבלה
איצ	אמר ה' צבאות		הקמיע העברי ע' 173	שמואל א', ט"ו, ב'
איק (איך)	אחד משמות השדה לילית	להגנה על תינוק	הקמיע העברי ע' 48 חמסה ע' 116	
איר	אני ה' רפאך	לבריאות	Hebrew Amulets P. 50, 125	שמות ט"ו, כ"ו
איש	**א**ור **יש**ר		הקמיע העברי ע' 203	קבלה
איתיאל	מלאך השינה	לשינה	רפאל המלאך ע' 91	
אכדטס	בגימטריה - 74. קשור בפרק כ"ז בתהלים שבו 158 אותיות, פעמים 74.	לבטל גזר דין של מעלה. נגד מקטרגים	הקמיע העברי ע' 46	תהלים כ"ז
אכזריאל	מלאך		Hebrew Amulets P. 125	
אכייהב	אשרי כל ירא ה' ההלך בדרכיו		הקמיע העברי ע' 173	תהלים קכ"ח, א'
אכיר	אמן כן יהי רצון		לחש וקמיע ע' 152 הקמע העברי ע' י'	
אכפ בבב כז סל	אשתך כגפן פריה בירכתי ביתך בניך כשתלי זיתים סביב לשלחנך	לחש באזן עקרה	הקמיע העברי ע' 173	תהלים קכ"ח, ג'
אכתריאל	מלאך		Hebrew Amulets P. 125	
אל	אמרו לו / אדם למקום		הקמיע העברי ע' י'	
אלי	אתהלך לפני ה'		Jewish Tradition In Art P. 76	תהלים קט"ז, ט'

צירוף אותיות	מובן	שימוש	ספרי מקור	ספרי קודש
אליבה	אתהלך לפני ה' בארצות החיים		הקמיע העברי ע' 173	תהלים קט"ז, ט'
אלייאי	אל יברך יאר ישא אלהי ישראל		הקמיע העברי ע' 110	
אליש	אור לישראל		הקמיע העברי ע' 173	
אלם	אומר לה' מחסי	להשיב דיבור לאלם	לחש וקמיע ע' 72, 152	תהלים צ"א, ב'
אלש שקמ כוס	אחזו לנו שועלים שעלים קטנים מחבלים כרמים וכרמינו סמדר	נגד שודדים	Hebrew Amulets P. 131	שיר השירים ב', ט"ו
אמב	אין מתם בבשרי	למחלות עור ושרירים	הקמיע העברי ע' 59, 173	תהלים ל"ח, ד'
(א)מד(צ)קדלשב עב	(אנא) מזרעא דיוסף (צדיקא) קאתינה דלא שלטא ביה עינא בישא		הקמיע העברי ע' 173 Jewish Tradition In Art P. 54	בבא מציאה פ"ד, ע"ב בבא בתרא קי"ח
אמדקא	אנא מזרעא דיוסף קא אתינא		אפגניסתאן ע' 164	
אמה אקב	אלהינו מלך העולם אשר קדשנו במצוותיו		הקמיע העברי ע' 173 Jewish Tradition In Art P. 82	חלק מברכות על אכל, נרות וכו'
אמהיאל	מלאך		Hebrew Amulets P. 125	
אמהעלולוב	אנכי מצוך היום על לבבך. ושננתם לבניך ודברת בם		הקמיע העברי ע' 173	דברים ו', ו'-ז'
אמוץ	אמת וצדק		הקמיע העברי ע' י'	
אמיא	את מספר ימיך אמלא	נגד הפלה	Hebrew Amulets P. 125	שמות כ"ג, כ"ו
אמיזו	אחד משמות השדה לילית	להגנה על תינוק	הקמיע העברי ע' 111	
אמיזרפו (אמוזרפו) (אמזרפו)	אחד משמות השדה לילית	להגנה על תינוק	הקמיע העברי ע' 111 חמסה ע' 116 Jewish Tradition In Art P. 20	
אמלמסם	אחישה מפלט לי מרוח סעה מסער	להכניע שונא	הקמיע העברי ע' 174 רפאל המלאך ע' 98	תהלים נ"ה, ט'
אממ כרל	אל מוציאם ממצרים כתועפות ראם לו	נגד כשוף	Hebrew Amulets P. 131	במדבר כ"ג, כ"ב
אמפהישה	אל מול פני המנורה יאירו שבעת הנרות		הקמיע העברי ע' 173	במדבר ח', ב'
אמר	אל מלא רחמים		הקמיע העברי ע' י'	
אמרוסו	אחד משמות השדה לילית	להגנה על תינוק	Hebrew Amulets P. 51, 125	
אמר קדש בעב	אל מלא רחמים קדשי שמיים ברוך עושה בראשית		הקמיע העברי ע' 99	
אמשרשלע	אבינו מלכנו שלח רפואה שלמה לחולי עמך		הקמיע העברי ע' 173	מחזור ראש השנה ויום כפור
אמת ומנ	אמת מארץ תצמח וצדק משמים נשקף		הקמיע העברי ע' 174	תהלים פ"ה, י"ב

צירוף אותיות	מובן	שימוש	ספרי מקור	ספרי קודש
א מ ת מ אר צ ת צ א	תשבץ. "אמת מארץ תצא" במאזן ובמאונך		הקמיע העברי ע' 31	
אנאא	אז נבהלו אלופי אדום		הקמיע העברי ע' 174	שמות ט"ו, ט"ו
אנא אאמ ירנ כיכ	אז נבהלו אלופי אדום אילי מואב יאחזמו רעד נמגו כל ישבי כנען	נגד שודדים	Hebrew Amulets P. 131	שמות ט"ו, ט"ו
אנא בכח	תחילת התפילה שממנה נלקח השם בן 42 אותיות. (ראה "אבג יתץ"). גם שם התפילה.		הקמיע העברי ע' 174	שתי המלים הראשונות של "אנא בכח" בתפילת השחר
אנטיאל	מלאך		Hebrew Amulets P. 125	
אני	ארץ נתנה יבולה		הקמיע העברי ע' 174	תהלים ס"ז, ז'
אנייצו	אדני נצח ישראל ישמרהה צורה ויחיהה		הקמיע העברי ע' 174	
אנייצומוע	את נפשך. ה' ישמר צאתך ובואך מעתה ועד עולם	קריאה לעזרה	הקמיע העברי ע' 58, 174	תהלים קכ"א, ז'-ח'
אנכ	אורות ניצוצות כלים		הקמיע העברי ע' 203	קבלה
אנס	אמן נצח סלה		הקמיע העברי ע' 67	
אנסה	אמן נצח סלה הללויה		הקמיע העברי ע' 117	
אנסו	אמן נצח סלה ועד		הקמיע העברי ע' 117	
אנסוא	אמן נצח סלה ועד אמן		הקמיע העברי ע' יא'	
אנסוה	אמן נצח סלה ועד הללויה		הקמיע העברי ע' יא'	
אנקתם	אל נא קרב תשועת מצפיך (חלק משם 22 אותיות)		הקמיע העברי ע' 38	
אנקתם פסתם פספסים דיונסים (דיוניסין)	שם 22 אותיות. אנקתם - אל נא קרב תשואת מצפיכה. פסתם - פחודיך סר תוציאם ממאסר. פספסים - פדה שועים (ס' במקום ש') פתח סומים ישעך מצפים. דיוניסים - דלה יוקשים וקבץ נפוצים סמוך (י' נוספת) מפלתנו		הקמיע העברי ע' 174 חמסה ע' 91 Hebrew Amulets P. 97	קשור בברכת הכהנים, לפי הסידור, בסדר נשיאת כפים, בברכת "יהי רצון" אחרי ברכת הכוהנים
אנרנל	אל נא רפא נא לי אל נא רפא נא לה	נגד חום (קדחת)	לחש וקמיע ע' 152,90 הקמיע העברי ע' 174	במדבר י"ב, י"ג
אס	אין סוף / אמן סלה		הקמיע העברי ע' 45, 203	קבלה
אסבה	אין סוף ברוך הוא		הקמיע העברי ע' 48, 203	קבלה
אסותא	רפואה	הגנה כללית	Hebrew Amulets P. 50, 125	
אסיפין	ויסעו ויהי חתת **א**להים על הערים **א**שר **ס**בי**ב**ותיהם ולא רד**פ**ו אחרי ב**נ**י יעקב	תפילת הדרך	הקמיע העברי ע' 47, 174	בראשית ל"ה, ה'
אסל מצת	**א**תה **ס**תר **ל**י **מ**צ**ל** **ת**צרני	הגנה כללית	Hebrew Amulets P. 50, 125	תהלים ל"ב, ז'
אסל מתר	אתה סתר לי מצל תצרני רני		הקמיע העברי ע' 28	תהלים ל"ב, ז'

צירוף אותיות	מובן	שימוש	ספרי מקור	ספרי קודש
אסל מתר פתס	אתה סתר לי מצר תצרני רני פלט תסובבני סלה		הקמיע העברי ע׳ 174	תהלים ל״ב, ז׳
אספין	ויסעו ויהי חתת **א**להים על הערים **א**שר **ס**ביבותיהם ולא רד**פ**ו אחר**י** ב**נ**י יעקב	תפילת הדרך	הקמיע העברי ע׳ 47	בראשית ל״ה, ה׳
אע	אבא עילאה / אימא עילאה / אהבת עולם		הקמיע העברי ע׳ 203	קבלה
אעא המיע	אשא עיני אל ההרים מאין יבא עזרי		הקמיע העברי ע׳ 74	תהלים קכ״א, א׳
אעל השמה צוב צבש בשל אבח	אפריון עשה לו המלך שלמה מעצי הלבנון.... צאינה וראינה בנות ציון במלך שלמה בעטרה שעטרה לו אמו ביום חתנתו	לזוג נשוי חדש	Hebrew Amulets P. 131	שיר השירים ג׳, ט׳, י״א
אפ	אור פנימי / אור פשוט		הקמיע העברי ע׳ 203	קבלה
אפר לתש תאע ימי רום אמכ משי פית חאב דתא	תשבץ. אות ראשונה מכל קבוצה במאוזן, אח״כ אות שניה וכו׳. אל תירא מפחד פתאם ומשיאת רשעים כי תבא		הקמיע העברי ע׳ 28	משלי ג׳, כ״ה
אצומ	**א**ור **צ**ח **ומ**צוחצח		הקמיע העברי ע׳ 203	קבלה
אציא	אלהים צבאות יה אלוה		הקמיע העברי ע׳ 174	
אק	איש קדוש / אדם קדמאה / אדם קדמון / אור קדמון		הקמיע העברי ע׳ 174 הקמיע העברי ע׳ 203	קבלה
אקנב	את קשתי נתתי בענן		הקמיע העברי ע׳ 174	בראשית ט׳,י״ג
אקנב	ר״ת של המלים הראשונות ב-4 השורות הראשונות בתפילת ״אנא בכח״ - אנא... קבל... נא... ברכם...		הקמיע העברי ע׳ 174	תפילת ״אנא בכח״ בתפילת השחר
אקס	אדם קדמאה סתימאה		הקמיע העברי ע׳ 203	קבלה
אראריתא	אחד ראש אחדותו ראש יחודו תמורתו אחד		הקמע העברי ע׳ 174	ספרי חיד״א
אראריכתא	אנא רחמיך את רוגזך כבשו תעבור אשמותינו		הקמיע העברי ע׳ 174	ספר הרזים 7-6
ארגמן	אוריאל רפאל גבריאל מיכאל נוריאל (שמות מלאכים)	נגד מחלה	הקמיע העברי ע׳ יא׳, 175 Hebrew Amulets P. 108	
ארכמהדע	אתם ראיתם כי מן השמים דברתי עמכם		הקמיע העברי ע׳ 175	שמות כ׳, י״ט
אש	אבינו שבשמים		הקמיע העברי ע׳ יא׳	
אשב	**א**דני **שב**שמים		הקמיע העברי ע׳ 124	
אשיבמ	**א**ור **שי**ש **ב**ו **מ**חשבה		הקמיע העברי ע׳ 203	קבלה
אשכ כלר	אלהי שיתמו כגלגל כקש לפני רוח	הגנה בימי מלחמה	הקמיע העברי ע׳ 175 Hebrew Amulets P. 131	תהלים פ״ג, י״ד
אשמדאי	שד רע		Jewish Tradition In Art P.238	

צירוף אותיות	מובן	שימוש	ספרי מקור	ספרי קודש
אשנא	אריה שור נשר אדם		הקמיע העברי ע׳ 203	קבלה
אשתוית	אדני שפתי תפתח ופי יגיד תהלתך		הקמיע העברי ע׳ 175	תהלים נ״א, י״ז
אתד	אשרי תמימי דרך		הקמיע העברי ע׳ 175	תהלים קי״ט, א׳
אתדל	**את**ערותא **דל**עילא		הקמיע העברי ע׳ 203	קבלה
אתדלת	**את**ערותא **דלת**תא		הקמיע העברי ע׳ 203	קבלה
אתיאה ותלמ	אל תשלח ידך אל הנער ואל תעש לו מאומה		הקמיע העברי ע׳ 175	בראשית כ״ב, י״ב
אתיאל	מלאך		הקמיע העברי ע׳ 126	
אתיך	פותח **את ידך**	לפרנסה	הקמיע העברי ע׳ 42	תהלים קמ״ה, ט״ז
אתך	פותח **את** יד**ך**	לפרנסה	הקמיע העברי ע׳ 42	תהלים קמ״ה, ט״ז
אתלזככאת	אל תשליכני לעת זקנה ככלות כחי אל תעזבני	להינצל מצרה	הקמיע העברי ע׳ 175 רפאל המלאך ע׳ 97	תהלים ע״א, ט׳
אתמ	אל תכחד ממני אל תשליכני מלפניך	לבעיות עם חלום	הקמיע העברי ע׳ 175 הקמיע העברי ע׳ 175	יהושע ז׳, י״ט תהלים נ״א, י״ג
אתמפורכת	אל תירא מפחד פתאם ומשאת רשעים כי תבא		הקמיע העברי ע׳ 175	משלי ג׳, כ״ה
אתניק	השם המפורש		הקמיע העברי ע׳ 38	
אתעדל	**אתע**רותא **דל**עילא		הקמיע העברי ע׳ 203	קבלה
אתעדלע	**אתע**רותא **דלע**ילא		הקמיע העברי ע׳ 203	קבלה
אתעדלת	**אתע**רותא **דלת**תא		הקמיע העברי ע׳ 203	קבלה

--ב--				
בא	בימינו אמן		הקמיע העברי ע׳ יא׳	
באב	ברוך אלהינו בוראינו/ ברוך אתה בבית/ ברך אתה בבנים		הקמיע העברי ע׳ יא׳	
באבב	בית אהרון בטחו בה׳		הקמיע העברי ע׳ 175	תהלים קט״ו, י׳
באב ואב	ברוך אתה בבאך וברוך אתה בצאתך	קמיע שומרוני	הקמיע העברי ע׳ 175 Hebrew Amulets P. 134	דברים כ״ח, ו׳
באה	ברוך אתה ה׳		הקמיע העברי ע׳ יא׳	
באהאמפהישה	בהעלתך את הנרת אל מול פני המנורה יאירו שבעת הנרות		הקמיע העברי ע׳ 175	במדבר ח׳, ב׳
באחו	בשם אל חי וקיים		הקמיע העברי ע׳ יא׳	
באי אמה	ברוך אתה ה׳ אלהינו מלך העולם		Jewish Tradition In Art P. 90	תחלת הברכה על אוכל, נרות וכו׳
באישת	ברוך אתה ה׳ שומע תפילה		הקמיע העברי ע׳ יא׳,	בסידור

צירוף אותיות	מובן	שימוש	ספרי מקור	ספרי קודש
			175	
באלה	ברוכים אתם לה׳ האלהים		הקמיע העברי ע׳ 133	
בארפאיאא	בידך אפקיד רוחי פדיתה אותי ה׳ אל אמת		הקמיע העברי ע׳ 58, 175	תהלים ל״א, ו׳
באשת	ברוך אתה שומע תפילה		הקמיע העברי ע׳ יא׳	בסידור
בב	במהרה בימינו / בני ביתו		Jewish Tradition In Art P. 192 Jewish Tradition In Art P. 244	
בבא אהוה	בראשית ברא אלהים את השמים ואת הארץ	לעשות אדם לבלתי נראה	Hebrew Amulets P. 131	בראשית א׳, א׳
בבעע	בטחו בה׳ עדי עד		הקמיע העברי ע׳ 175	ישעיהו כ״ו, ד׳
ב ד ו ח ד ו ח ב ו ח ב ד ח ב ד ו	תשבץ. הטיות של 4 האותיות בעלות ערך זוגי באי״ב (ב=2, ד=4, ו=6, ח=8). במאונך ובמאוזן.	להצלחה / להשמיד אויב	הקמיע העברי ע׳ 27 Hebrew Amulets P. 67	
בדומ	**בד**וק **ומ**נוסה		הקמיע העברי ע׳ יא׳	
בדכ	**בד**רך **כ**לל		הקמיע העברי ע׳ יא׳	
בדלא	**ב**רישא **דל**א **א**תידע		הקמיע העברי ע׳ 203	קבלה
בדפטיאל	מלאך מגן נגד הפלות		Hebrew Amulets P. 108	
בה	בעזרת השם / ברוך הוא/ברוך המקום / ברוך השם/ בשם השם		הקמיע העברי ע׳ יא׳	
בהאיב	ברוך הגבר אשר יבטח בה׳		הקמיע העברי ע׳ 175	ירמיהו י״ז, ז׳
בהה	ברוך השם המבורך		הקמיע העברי ע׳ 144	
בהה בלת אמאמ	ביום החדש הראשון באחד לחדש תקים את משכן אהל מועד	לחנוכת בית	Hebrew Amulets P. 131	שמות מ׳, ב׳
בהו	בעזרת הצור וישועתו		אפגניסתאן ע׳ 95	
בהכ	**ב**ית **הכ**נסת		Jewish Tradition In Art P. 80	
בהנו	בעזרת ה׳ נעשה ונצליח		הקמיע העברי ע׳ יא׳, 47, 175	
בהראל	מהפסוק: ויזכר אלהים את רחל (הקשר לא מוסבר)		הקמיע העברי ע׳ 176	בראשית ל׳, כ״ב
בו	בשר ודם		הקמיע העברי ע׳ 141	
בוה	**בו**רא **ה**עולם		הקמיע העברי ע׳ 176	
בווו	אות ראשונה במלה ראשונה ב5- הפסוקים הראשונים בבראשית - בראשית.. והארץ.. ויאמר.. וירא.. ויקרא.. (הפוך מ״צמרכד״)		הקמיע העברי ע׳ 176	בראשית א׳, א׳-ה׳
בוכו	בכל ובידך כח וגבורה	להיות עשיר	הקמיע העברי ע׳ 48, 176 רפאל המלאך ע׳ 74	דברי הימים א׳ כ״ט, י״ב
בוכואל	מלאך. ״בוכו״ בשיטת אבג״ד - אהיה		Hebrew Amulets P. 108	

צירוף אותיות	מובן	שימוש	ספרי מקור	ספרי קודש
בוסתריאל	מלאך		Hebrew Amulets P. 125	
בוקעי	הטיה של "יעקובי"		הקמיע העברי ע' 127	
בח	בעל חסד		הקמיע העברי ע' 203	קבלה
בטד	**בט**ל **ד**ינא		הקמיע העברי ע' 176	
ב ט ד 2 9 4 ז ה ג 7 5 3 ו א ח 6 1 8	תשבץ. בגימטריה, סכום המספרים לכל כוון הוא 15 - יה		הקמיע העברי ע' 14, 25 Hebrew Amulets P. 65	
בטו	ברוך טנאך ומשארתך		הקמיע העברי ע' 176	דברים כ"ח, ה'
בטוח	אחד משמות השדה לילית	להגנה על תינוק	Hebrew Amulets P. 51, 125	
בטנא (בטנה)	אחד משמות השדה לילית	להגנה על תינוק	הקמיע העברי ע' 111 חמסה ע' 116	
בטר	מלה משם 42 אותיות		Hebrew Amulets P. 125	
ביא	**בי**מינו **א**מן		הקמיע העברי ע' יא'	
ביאימוהאא	ברוך ה' אלהי ישראל מהעולם ועד העולם אמן (ו)אמן	לדירה חדשה	הקמיע העברי ע' 176 רפאל המלאך ע' 97	תהלים מ"א, י"ד
ביאינו	בעזרת ה' אלהי ישראל נעשה ונצליח		Hebrew Amulets P. 17	
ביאנו	בעזרת ה' אלהינו נעשה ונצליח		Hebrew Amulets P. 125	
ביבור	בערב ילין בכי ולבקר רנה		הקמיע העברי ע' 176	תהלים ל', ו'
ביט	כי **בי** חשק ואפל**ט**הו		הקמיע העברי ע' 48, 176	תהלים צ"א, י"ד
בילאו	ברוך ה' לעולם אמן ואמן		רזיאל המלאך ע' צ"ב, קי"ד	
בילאוא	**ב**רוך **ה'** **ל**עולם **א**מן **וא**מן		רזיאל המלאך ע' צ"ב, קי"ג	
בילו	ברוך ה' לעולם ועד /בית יעקב לכו ונלכה		הקמיע העברי ע' 176	
בימ	בצאת ישראל ממצרים	להצליח בחנות	הקמיע העברי ע' 176 רפאל המלאך ע' 97	תהלים קי"ד, א'
בינה	אחת מעשר הספירות בקבלה		Hebrew Amulets P. 119	קבלה
בינו	בעזרת ה' נעשה ונצליח		Hebrew Amulets P. 126	
בינו עמי	בעזרת ה' נעשה ונצליח עזרי מעם ה'		הקמיע העברי ע' יא', 47, 122	
ביע	בינה יסוד עטרה		הקמיע העברי ע' 203	קבלה
ביצ	ברוך ה' צורי		הקמיע העברי ע' 176	תהלים קמ"ד, א'
בישנופכץ	בדבר ה' שמים נעשו וברוח פיו כל צבאם	להצלחה	הקמיע העברי ע' 176	תהלים ל"ג, ו'
בכ	בן כבוד		Jewish Tradition In Art P. 23	
בכזסל	בניך כשתילי זיתים סביב לשלחנך	לאשה מעוברת	הקמיע העברי ע' 176 רפאל המלאך ע' 98	תהלים קכ"ח, ג'

צירוף אותיות	מובן	שימוש	ספרי מקור	ספרי קודש
בכמ	בינה כתר מלכות		הקמיע העברי ע' 203	קבלה
בלאא	**בן לא**דני **א**בי		הקמיע העברי ע' יא'	
בלאר	מלך השדים		Hebrew Amulets P. 126	
בלנא	ברוך לעולם נביא אלהים		הקמיע העברי ע' 133	
בלעהר	**בלי עין הר**ע		הקמיע העברי ע' יא'	
במ	בר מינן		לחש וקמיע ע' 152 ,139	
במו	**בן מו**רנו		Jewish Tradition In Art P. 327	
במוהרר	**בן מו**רנו **ה**ר**ב ר**בי		Jewish Tradition In Art P. 327	
במחקז	**במח**וז **ק**ודש **ז**ה		הקמיע העברי ע' יא'	
במחת	**במח**שבה **ת**חילה		הקמיע העברי ע' יא'	
במט	**במ**זל **ט**וב		Jewish Tradition In Art P. 32	
במיו	**במ**בחר **י**מי**ו**		הקמיע העברי ע' 176	
בם סב שצב סב מו	אל נא רפא נא לה - שיטת "אבגד"		הקמיע העברי ע' 176	במדבר י"ב, י"ג
בן	בורא נפשות / ברכי נפשי		הקמיע העברי ע' 176	
בנה	בינה נצח הוד		הקמיע העברי ע' 203	קבלה
בנהי	בינה נצח הוד יסוד		הקמיע העברי ע' 203	קבלה
בנלכ	ברוך נותן ליעף כח		הקמיע העברי ע' יא'	
בנמטע	**בני מ**לכים **ט**ובת **ע**ין		הקמיע העברי ע' 176	
בנתר	**בנ**וקבא ד**ת**הום **ר**בה		הקמיע העברי ע' 203	קבלה
בס	בספר		הקמיע העברי ע' טו'	
בסד	**בס**יעתה **ד**שמיא (בעזרת השמים)		הקמיע העברי ע' יא'	
בסט	**בס**ימנא **ט**בא (בסימן טוב)		הקמיע העברי ע' יא'	
בסן	**בס**כנת **נ**פשות		הקמיע העברי ע' יא'	
בעב	(ברוך שאמר והיה העולם ברוך הוא) ברוך עושה בראשית		הקמיע העברי ע' יא', 71	בסדור, אחרי הנחת תפילין
בעבייצו	ברוך עושה בראשית ה' ישמור צאתך ובואך		הקמיע העברי ע' 176	
בעה	**בע**זרת **ה**שם / **בע**זר **ה**אל		הקמיע העברי ע' יא'	
בעוזה	**בעו**לם ה**זה**		לחש וקמיע ע' 152	
בעזה	**בעז**רת **ה**שם		לחש וקמיע ע' 152	
בעע	ברוך עדי עד		הקמיע העברי ע' יא'	
בפיבפעע	בן פרת יוסף בן פרת עלי עין	נגד עין רעה	הקמיע העברי ע' 176	בראשית מ"ט, כ"ב
בפיבפעעבצעלש	**ב**ן **פ**רת **י**וסף **ב**ן **פ**רת **ע**לי **ע**ין **ב**נות **צ**עדה **ע**לי **ש**ור	נגד עין רעה	הקמיע העברי ע' 23 Hebrew Amulets P. 50	בראשית מ"ט, כ"ב

צירוף אותיות	מובן	שימוש	ספרי מקור	ספרי קודש
בפיבפעעבצעש	בן פרת יוסף בן פרת עלי עין בנות צעדה עלי שור	נגד עין רעה	הקמיע העברי ע׳ 176 Hebrew Amulets P. 50	בראשית מ״ט, כ״ב
בפע	בן פרת עלי (עין)	נגד עין רעה	Hebrew Amulets P. 50,126	בראשית מ״ט, כ״ב
בקוח	**בקו**ר **ח**ולים		הקמיע העברי ע׳ יב׳	
בקיוש	**בק**צור **י**מים **וש**נים		אפגניסתאן ע׳ 139	
בקם	**בק**שת **מ**חילה		הקמיע העברי ע׳ 157	
בר	בן רבי		אפגניסתאן ע׳ 95	
ברהע	**בור**א **הע**ולם		הקמיע העברי ע׳ יב׳	
ברור	**ברו**ב **ר**חמיך		הקמיע העברי ע׳ 133	
ברזל	בלהה רחל זלפה לאה		הקמיע העברי ע׳ 176	
ברכיאל	מלאך הממונה על הכוכב צדק		רזיאל המלאך ע׳ נ״א	
ברכע	בעל רחמים כח עליון		הקמיע העברי ע׳ 124	
ברקיאל	מלאך הממונה על הכוכב צדק		רפאל המלאך ע׳ 114	
בשדע	בריך שמה דמרי עלמא		הקמיע העברי ע׳ 176	זוהר, ויקהל
בשי	ברוך שם ה׳ ברוך שומר ישראל בצל שדי יתלונן		הקמיע העברי ע׳ יב׳, 177	תהלים צ״א,א׳
בשכמלו	ברוך שם כבוד מלכותו לעולם ועד		הקמיע העברי ע׳ 177	סוף תפילת ״אנא בכח״ בתפילת השחר, אחרי שם 42 אותיות
בשק	**בש**בת **ק**דש (יום השבת)		היהודים במארוקו ע׳ 42	
בתאוהב	**בן ת**ורה **א**שה **וה**דר **ב**עלה		הקמיע העברי ע׳ 177	
בתד	ב׳ תקוני דקנא		הקמיע העברי ע׳ 204	קבלה
בתואל	מלאך		Hebrew Amulets P. 126	
בתו תאה ה	בטנך תאכל ומעיך תמלא את המגלה הזאת	כששולחים ילדים לבית ספר	Hebrew Amulets P. 131	יחזקאל ג׳, ג׳
בתס	בארץ תנחם סלה		הקמיע העברי ע׳ 177	תהלים ס״ז, ה׳
--ג--				
גאעא	גבורת אלהים עמנו אל		הקמיע העברי ע׳ 177	
גאעאדני	**ג**בורת **א**להים **ע**ליון **אדני**		הקמיע העברי ע׳ 177	
גבורה	אחת מעשר הספירות בקבלה		Hebrew Amulets P. 119	קבלה
גבעביוס	גאלת בזרוע עמך בני יעקב ויוסף סלה	להינצל מצרה	הקמיע העברי ע׳ 177 רפאל המלאך ע׳ 97	תהלים ע״ז, ט״ז

צירוף אותיות	מובן	שימוש	ספרי מקור	ספרי קודש
גבריאל	מלאך הכח, שומר ישראל מלאך הממונה על הכוכב מאדים		הקמיע העברי ע׳ 6, 41 רזיאל המלאך ע׳ נ״א	
גגת	גדולה גבורה תפארת		הקמיע העברי ע׳ 204	קבלה
גגתמ	גדולה גבורה תפארת מלכות		הקמיע העברי ע׳ 204	קבלה
גדיאל	מלאך		Hebrew Amulets P. 126	
גוע	גולגולתא ועיינין		הקמיע העברי ע׳ 204	קבלה
גוש	**ג**מור **וש**לם		הקמיע העברי ע׳ יב׳	
גח	גמילות חסד		Jewish Tradition In Art P. 68	
גיחון פישון חדקל פרת	ארבע הנהרות של גן עדן		Hebrew Amulets P. 113	
גלאושי	גדלו לה׳ אתי ונרוממה שמו יחדו		הקמיע העברי ע׳ 177	תהלים ל״ד, ד׳
גלפז	גאל לרופא פנה זיוה		הקמיע העברי ע׳ 177	
גנמר	גבריאל נוריאל מיכאל רפאל		הקמיע העברי ע׳ 26	
גסת	ג׳ ספירות תחתונות		הקמיע העברי ע׳ 204	קבלה
געאחפ	גילגלתא עיניים אוזן חתם פה		הקמיע העברי ע׳ 204	קבלה
געונמ	גל עיני ואביטה נפלאות מתורתך		הקמיע העברי ע׳ 177	תהלים קי״ט, י״ח
גקהט	**ג׳ ק**לפות **הט**ומאה		הקמיע העברי ע׳ 204	קבלה
גקטן	בגימטריה = שטן, 18		חמסה ע׳ 97	
גרזנאל	מלאך		Hebrew Amulets P. 126	
גרשנאל	מלאך		Hebrew Amulets P. 126	
גשק	ג׳ שבת קדש (יום שלישי). בדומה: אשק = יום א׳, בשק = יום ב׳, דשק = יום ד׳, השק = יום ה׳, ושק = יום ו׳		אפגניסתאן ע׳ 102	

--ד--				
דאאאובש	דע את אלהי אביך ועבדהו בלב שלם		הקמיע העברי ע׳ 177	דברי הימים א׳ כ״ח, ט׳
דאי	דבר אלהים יקום		הקמיע העברי ע׳ 191	
ד א י א י ד א ד י	תשבץ. הטיות של ״ דאי ״ - דבר אלהים יקום		הקמיע העברי ע׳ 191	
דבקוח	**דבקו**ר **ח**ולים		הקמיע העברי ע׳ יב׳	
דד	דורון דרשה (מתנה לחתן)		Jewish Tradition In Art P. 92	
דודניאל	מלאך הממונה על השמש		רפאל המלאך ע׳ 114	
דחב	דעת חכמה בינה		הקמיע העברי ע׳ 204	קבלה
דיובפת	דרשו ה׳ ועזו בקשו פניו תמיד		הקמיע העברי ע׳ 177	תהלים ק״ה, ד׳

צירוף אותיות	מובן	שימוש	ספרי מקור	ספרי קודש
דיוניסין (דיוניסים)	חלק משם 22 אותיות. דלה יוקשים וקבץ נפוצים סמוך (י׳ נוספת) מפלתנו		חמסה ע׳ 91	
דיקרנוסא	מלאך הפרנסה. בגימטריה 431, כמו באותיות המודגשות ב-״פותח **את ידך**״	לפרנסה	הקמיע העברי ע׳ 42	
דלא	**ד**ל**א** **א**תידע		הקמיע העברי ע׳ 204	קבלה
דלאתיד	**ד**ל**א** **אתיד**ע		הקמיע העברי ע׳ 204	קבלה
דלמאע לממה הקבה	**ד**ע **ל**פני **מ**י **א**תה **ע**ומד **ל**פני **מ**לך **מ**לכי **ה**מלכים **הק**דוש **ב**רוך **ה**וא		הקמיע העברי ע׳ 177	
דלקיאל	שר (מלאך ראשי) שלישי		רזיאל המלאך ע׳ ע״ט	
דמשק	דע מי שהוא קונך		הקמיע העברי ע׳ יב׳	
דקק	**דק**הילת **ק**ודש		Jewish Tradition In Art P. 58	
דקרנוסא	מלאך הפרנסה. בגימטריה 421, כמו באותיות המודגשות ב-״פותח **את ידך**״	לפרנסה	הקמיע העברי ע׳ 42	
דתים	דעת תפארת יסוד מלכות		הקמיע העברי ע׳ 204	קבלה

--ה--				
ה׳	שם השם		Hebrew Amulets P. 95	
האבת	היום אם בקלו תשמעו		הקמיע העברי ע׳ 177	תהלים צ״ה, ז׳
האהדוניי	שם ה׳. צרוף של ״ההוי״ ו-״אדני״. כל אות ב-״אדני״ עוקבת אות ב-״ההוי״	להוסיף בינה ושכל	הקמיע העברי ע׳ 39	
האיבל	הללויה אודה ה׳ בכל לבב	לנער בוכה	הקמיע העברי ע׳ 177	תהלים קי״א, א׳
האם ומת יב	הן אתם מאין ופעלכם מאפע תועבה יבחר בכם	נגד כשוף	Hebrew Amulets P. 131	ישעיהו מ״א, כ״ד
האעל	הנה אלהים עוזר לי	להכניע שונא	הקמיע העברי ע׳ 177 רפאל המלאך ע׳ 98	תהלים נ״ד, ו׳
האשי	הללו את שם ה׳		הקמיע העברי ע׳ 177	תהלים קי״ג, א׳ תהלים קל״ה, א׳
הא שמלל היא האה	**ה**נה **א**נכי **ש**לח **מ**לאך **ל**פניך **ל**שמרך בדרך ול**ה**ב**י**אך **א**ל **ה**מקום **א**שר **ה**כנתי		הקמיע העברי ע׳ 177	שמות כ״ג, כ׳
הבבה	**הב**ורא **ב**רוך **ה**וא		הקמיע העברי ע׳ 177	
הבה	הקדוש ברוך הוא / הבורא ברוך הוא/המקום ברוך הוא/ השם ברוך הוא		הקמיע העברי ע׳ יב׳	
הבויתבשא	**הבו**רא **ית**ב**ר**ך **ש**מו **א**מן		הקמיע העברי ע׳ 178	

צירוף אותיות	מובן	שימוש	ספרי מקור	ספרי קודש
הבע הער	המקרה במים עליותיו השם עבים רכובו		הקמיע העברי ע׳ 178	תהלים ק״ד, ג׳
הגב	הוד גבורה בינה		הקמיע העברי ע׳ 204	קבלה
הגוחא	**ה**וד **ג**בורות **וח**סד **א**חד		הקמיע העברי ע׳ 204	קבלה
הגע	הרנינו גוים עמו		הקמיע העברי ע׳ 178	דברים ל״ב, מ״ג
הה	הרב הגדול/הלא הוא		הקמיע העברי ע׳ יב׳	
ההאב	הללויה הללו אל בקדשו		הקמיע העברי ע׳ 178	תהלים ק״נ, א׳
ההאבהבע	הללויה הללו אל בקדשו הללוהו ברקיע עזו		הקמיע העברי ע׳ 178	תהלים ק״נ, א׳
ההאב הבעה בהכג הבשה בוהב והבו הבשה בת כהתיה	הללויה הללו אל בקדשו הללוהו ברקיע עזו. הללוהו בגבורתיו הללוהו כרב גדלו. הללוהו בתקע שופר הללוהו בנבל וכנור. הללוהו בתף ומחול הללוהו במנים ועגב. הללוהו בצלצלי שמע הללוהו בצלצלי תרועה. כל הנשמה תהלל יה הללויה.		הקמיע העברי ע׳ 119	תהלים ק״נ (כל הפרק)
ההא כהה אאי	האנכי הריתי את כל העם הזה אם אנכי ילדתיהו	נגד עין הרע	הקמיע העברי ע׳ 178 Hebrew Amulets P. 131	במדבר י״א, י״ב
ההאמר	המלאך הגאל אותי מכל רע	נגד עין רעה	Hebrew Amulets P. 50,126	בראשית מ״ח, ט״ז
ההא מרי אהו בשו אאו ולבה	המלאך הגאל אותי מכל רע יברך את הנערים ויקרא בהם שמי ושם אבתי אברהם ויצחק וידגו לרב בקרב הארץ	להצלה / קמיע שומרוני	הקמיע העברי ע׳ 58, 178 Hebrew Amulets P. 134 Jewish Tradition In Art P. 241	בראשית מ״ח, ט״ז
ההאשיהעהשביב בא	הללויה הללו את שם ה׳ הללו עבדי ה׳. שעמדים בבית ה׳ בחצרות בית אלהינו		הקמיע העברי ע׳ 178	תהלים קל״ה, א׳-ב׳
ההו והא פיכל תכא	האזינו השמים ואדברה ותשמע הארץ אמרי פי. יערף כמטר לקחי תזל כטל אמרתי	לנצח במשפט או בווכוח	Hebrew Amulets P. 131	דברים ל״ב, א׳-ב׳
הה מעכ	**ה**לא **ה**וא **מע**לה **כ**בוד		הקמיע העברי ע׳ יב׳	
ההע	שם ה׳, חלק משם 72 אותיות		הקמיע העברי ע׳ 45	
ההעיהאשיישימ מוע	הללויה הללו עבדי ה׳ הללו את שם ה׳. יהי שם ה׳ מבורך מעתה ועד עולם		הקמיע העברי ע׳ 178	תהלים קי״ג, א׳-ב׳
הוד	אחת מעשר הספירות בקבלה		Hebrew Amulets P. 119	קבלה
הוממומ	**הו**ד **מ**עלתו **מו**רה **מו**רנו / **הו**ד **מ**עלתו **מו**פלא **ומו**פלג		הקמיע העברי ע׳ 178	
הושמאל	מלאך		Hebrew Amulets P. 126	
הזייאבי	ה׳ זכרנו יברך יברך את בית ישראל		הקמיע העברי ע׳ 178	תהלים קט״ו, י״ב
החמ	**הח**תום **מ**טה		הקמיע העברי ע׳ יב׳	

צירוף אותיות	מובן	שימוש	ספרי מקור	ספרי קודש
החרמ	**הח**כם **ר**בנו **מ**ורנו		הקמיע העברי ע׳ 114	
הי	ה׳ ישמרני		Jewish Tradition In Art P. 26	
היאל	מלאך		Hebrew Amulets P. 126	
היבק	המלך יעננו ביום קראנו	קריאה לעזרה	הקמיע העברי ע׳ 58, 178	תהלים כ׳, י׳
היגלק	שיטת ״אתבש״ לאותיות ״צמרכד״, האותיות האחרונות במלים האחרונות של 5 הפסוקים הראשונים בבראשית		הקמיע העברי ע׳ 178	בראשית א׳, א׳-ה׳
היהאקהאלצהיה שאול	הנה ה׳ השמיע אל קצה הארץ אמרו לבת ציון הנה ישעך (דלג על ״בא״) הנה שכרו אתו ופעלתו לפניו		הקמיע העברי ע׳ 178	ישעיהו ס״ב, י״א
היו	ה׳ יחיהו ויזכרו / ה׳ יחיהו ויחזקהו / ה׳ יחיהו וישמרהו / ה׳ ישמרהו ויצילהו / ה׳ ישמרהו ויזכהו		הקמיע העברי ע׳ יב׳ Jewish Tradition In Art P. 327 אפגניסתאן ע׳ 136	
היו ען	ה׳ ישמרהו ויחייהו עילוי נשמת		הקמיע העברי ע׳ 178	
היל	ה׳ יחיה לי / ה׳ ישמרהו לעד		הקמיע העברי ע׳ יב׳	
הים	הוד יסוד מלכות		הקמיע העברי ע׳ 204	קבלה
הימל	הוא ישלח מלאכו לפניך		הקמיע העברי ע׳ 178	בראשית כ״ד, ז׳
הימפא	הסיר ה׳ משפטיך פנה איבך		הקמיע העברי ע׳ 178	צפניה ג׳, ט״ו
היפקדיאל	מלאך		Hebrew Amulets P. 126	
היר	הנך יפה רעיתי		הקמיע העברי ע׳ 178	שיר השירים א׳, ט״ו
היר היע יהי דאנ אער	הנך יפה רעיתי הנך יפה עיניך יונים. הנך יפה דודי אף נעים אף ערשנו רעננה	לרכוש שם טוב	Hebrew Amulets P. 131	שיר השירים א׳, ט״ו-ט״ז
היר היע ימל	הנך יפה רעיתי הנך יפה עיניך יונים מבעד לצמתך	בזמן אירוסים	Hebrew Amulets P. 131	שיר השירים ד׳, א׳
הכם	בגימטריה = 65. הכם = אדני		הקמיע העברי ע׳ 91	
הלא ולו עע	הנסתרת להי אלהינו והנגלת לנו ולבנינו עד עולם	לפענות חלום	הקמיע העברי ע׳ 178 Hebrew Amulets P. 131	דברים כ״ט, כ״ח
הלו לרו אלה ובל יכש אוי	האמר לאביו ולאמו לא ראיתיו ואת אחיו לא הכיר ואת בנו לא ידע כי שמרו אמרתך ובריתך ינצרו	קמיע שומרוני	Hebrew Amulets P. 134	דברים ל״ג, ט׳
הליוישי	הנה לא ינום ולא יישן שומר ישראל		הקמיע העברי ע׳ 178	תהלים קכ״א, ד׳
הללול	הרופא לשבורי לב ומחבש לעצבותם	למחלת לב	הקמיע העברי ע׳ 58, 179	תהלים קמ״ז, ג׳
הלש נאת אתב	הגידה לי שאהבה נפשי איכה תרעה איכה תרביץ בצהרים	לפענות חלום	Hebrew Amulets P. 131	שיר השירים א׳, ז׳

צירוף אותיות	מובן	שימוש	ספרי מקור	ספרי קודש
הלת	הרופא לכל תחלואיכי	לרפואה	הקמיע העברי ע׳ 58, 179	תהלים ק״ג, ג׳
המארב	הטיה של ״אברהם״		הקמיע העברי ע׳ 127	
הממהפו	המעלך מארץ מצרים הרחב פיך ואמלאהו		הקמיע העברי ע׳ 179	תהלים פ״א, י״א
המת	הוד מלכות תפארת		הקמיע העברי ע׳ 204	קבלה
הנ	הוד נצח		הקמיע העברי ע׳ 204	קבלה
הנזל	**הנז**כר **ל**מעלה		לחש וקמיע ע׳ 152	
הנח	הבאישו נמקו חבורתי	למחלות עור	הקמיע העברי ע׳ 59, 179	תהלים ל״ח, ו׳
העהאהעפאה	הביטה ענני ה׳ אלהי האירה עיני פן אישן המות		הקמיע העברי ע׳ 179	תהלים י״ג, ד׳
העיא	ה׳ עליהם יראה אמן		הקמיע העברי ע׳ יב׳	
העיאילל	הנה עין ה׳ אל יראיו למיחלים לחסדו		הקמיע העברי ע׳ 179	תהלים ל״ג, י״ח
העכרעמר	המהלך על כנפי רוח. עשה מלאכיו רוחות		הקמיע העברי ע׳ 179	תהלים ק״ד, ג׳-ד׳
הצ	הצעיר		הקמיע העברי ע׳ יב׳	
הצבי	**הצ**עיר **ב**אלפי **י**שראל		הקמיע העברי ע׳ יב׳	
הק	**הק**טן		הקמיע העברי ע׳ יב׳	
הקבה	**הק**דוש **ב**רוך **ה**וא		לחש וקמיע ע׳ 152	
הקה	**הק**צין **ה**רבני		הקמיע העברי ע׳ יב׳	
הקוה	**הק**דוש **וה**טהור		הקמיע העברי ע׳ 133	
הקוהט	**הק**דושה **והט**הורה		Jewish Tradition In Art P. 190	
הקש	אחד משמות השדה לילית	להגנה על תינוק	Hebrew Amulets P. 50,126	
הרו	**הרו**אה		לחש וקמיע ע׳ 152	
הרר	**הר**ב **ר**בי		Jewish Tradition In Art P. 327	
הרריאל	מלאך		Hebrew Amulets P. 126	
הש	**ה**׳ ב**ש**בת)יום חמישי(. בדומה: אש = יום א׳, בש = יום ב׳, גש = יום ג׳, דש = יום ד׳, וש = יום ו׳		אפגניסתאן ע׳ 174	
השאהלהוויימה	ההו שלום אהיה ... (ההמשך לא מוסבר)	לשלום	הקמיע העברי ע׳ 179	
השי	**הש**ם **י**תברך / **הש**ם **י**ברך / **הש**ם **י**צילנו / **הש**ם **י**רחם / **הש**ם **י**שמרנו		הקמיע העברי ע׳ יב׳	
השית	**הש**ם **ית**ברך		לחש וקמיע ע׳ 152 ,143	
השל	**השל**ום		הקמיע העברי ע׳ 179	
השתפא	צבאות - בשיטת אתב״ש	שם ה׳	הקמיע העברי ע׳ 38, 179	
התת	**הת**פאר**ת**		הקמיע העברי ע׳ 204	קבלה

צירוף אותיות	מובן	שימוש	ספרי מקור	ספרי קודש
--ו--				
וא	וירגלו אתה		הקמיע העברי ע׳ 179	דברים א׳, כ״ד
וא‎אא	ויקח אליהו את אדרתו		הקמיע העברי ע׳ 179	מלכים ב׳ ב׳, ח׳
ואא הוא אאו אוו	ויתפלל אברהם אל האלהים וירפא אלהים את אבימלך ואת אשתו ואמהתיו וילדו	קמיע שומרוני	הקמיע העברי ע׳ 179 Hebrew Amulets P. 134	בראשית כ׳, י״ז
ואא ולי	וראית את אחרי ופני לא יראו		הקמיע העברי ע׳ 179	שמות ל״ג, כ״ג
ואא יוא מוב אה	ויהי ה׳ את יוסף ויהי איש מצליח ויהי בבית אדניו המצרי	להצלחה	הקמיע העברי ע׳ 179 Hebrew Amulets P. 131	בראשית ל״ט, ב׳
ואא מקל סנו זבבי	ויאמר ה׳ אל משה קח לך סמים נטף ושחלת (דלג על ״וחלבנה סמים ולבנה״) זכה בד בבד יהיה	נגד כשוף	הקמיע העברי ע׳ 179 Hebrew Amulets P. 131	שמות ל׳, ל״ד
ואאנוכהוכהאאב	ויזכר אלהים את נח ואת כל החיה ואת כל הבהמה אשר אתו בתבה		הקמיע העברי ע׳ 179	בראשית ח׳, א׳
ואא עזב	ויאמר אברהם אל עבדו זקן ביתו		הקמיע העברי ע׳ 179	בראשית כ״ד, ב׳
ואא עזב הבא לשנ יתי	ויאמר אברהם אל עבדו זקן ביתו המשל בכל אשר לו שים נא ידך תחת ירכי	לעזור בחפוש מקום לקדוח באר	Hebrew Amulets P. 131	בראשית כ״ד, ב׳
ואראואאואר	ויזכר אלהים את רחל וישמע אליה אלהים ויפתח את רחמה		הקמיע העברי ע׳ 179	בראשית ל׳, כ״ב
ואבי	וזכרתי את בריתי יעקב		הקמיע העברי ע׳ 179	ויקרא כ״ו, מ״ב
ואבי ואבי ואבא אוא	וזכרתי את בריתי יעקב ואף את בריתי יצחק ואף את בריתי אברהם אזכר והארץ אזכר	לבריאות טובה אחרי צום	Hebrew Amulets P. 131	ויקרא כ״ו, מ״ב
וא במ וא דמ מע וא בש	**וא**רחצך **במ**ים **וא**שטף **דמ**יך **מע**ליך **וא**סכך **בש**מן	לאשה מדממת	הקמיע העברי ע׳ 180	יחזקאל ט״ז, ט׳
ואדאעל	ושמתם את דברי אלה על לבבכם		הקמיע העברי ע׳ 180	דברים י״א, י״ח
ואי אוא לומ ומו	ועבדתם את ה׳ אלהיכם וברך את לחמך ואת מימיך והסירתי מחלה מקרבך	לחיים, לעקרה, לרפואה / קמיע שומרוני	הקמיע העברי ע׳ 58, 180 Hebrew Amulets P. 134	שמות כ״ג, כ״ה
ואי ובאינע דבא	ויגש אליו יהודה ויאמר בי אדני ידבר נא עבדך דבר באזני אדני	לחזוק הקול	Hebrew Amulets P. 131	בראשית מ״ד, י״ח
ואי ווו וא	ובני אשר ימנה וישוה וישוי ובריעה ושרח אחתם	להשיג טובה	Hebrew Amulets P. 131	בראשית מ״ו, י״ז
ואיי	וכל אשר יעשה יצליח		הקמיע העברי ע׳ 180	תהלים א׳, ג׳

צירוף אותיות	מובן	שימוש	ספרי מקור	ספרי קודש
ואכדמואתהוהה ב	ויקח אהרן כאשר דבר משה וירץ אל תוך הקהל והנה החל הנגף בעם	נגד מגיפה	הקמיע העברי ע׳ 58, 180	במדבר י״ז, י״ב
ואכ ואא ולי	והסירתי את כפי וראית את אחרי ופני לא יראו	נגד כשוף רע	Hebrew Amulets P. 131	שמות ל״ג, כ״ג
ואכמיוגרולת	ולברך את כל מעשה ידך והלוית גוים רבים ואתה לא תלוה		הקמיע העברי ע׳ 180	דברים כ״ח, י״ב
ואלועבת	ויכחשו איביך לך ואתה על במותימו תדרך		הקמיע העברי ע׳ 180	דברים ל״ג, כ״ט
ואלש	וכל אשר לך שלום	לשלום	הקמיע העברי ע׳ 58, 180	שמואל א׳ כ״ה, ו׳
ואמא	והנה אנחנו מאלמים אלמים		הקמיע העברי ע׳ 180	בראשית ל״ז, ז׳
ואם ויא ממל	ויקרא אל משה וידבר ה׳ אליו מאהל מועד לאמר	נגד כשוף	Hebrew Amulets P. 131	ויקרא א׳, א׳
ואמיואולי	ותצא אש מלפני ה׳ ותאכל אותם וימתו לפני ה׳		הקמיע העברי ע׳ 180	ויקרא י׳, ב׳
ואנ מנכ נג	וברוח אפיך נערמו מים נצבו כמו נד נזלים	לשכך נהר סוער / לחצות נהר	Hebrew Amulets P. 131 הקמיע העברי ע׳ 180	שמות ט״ו, ח׳
ואע	וחי אחיך עמך / וכפר אדמתו עמו / וברך את עמך		הקמיע העברי ע׳ 180	ויקרא כ״ה, ל״ו דברים ל״ב, מ״ג דברים כ״ו, ט״ו
ואעיהצ	ושחט אותו על ירך המזבח צפנה		הקמיע העברי ע׳ 180	ויקרא א׳, י״א
ואשעביוא	ושמו את שמי על בני ישראל ואני אברכם		הקמיע העברי ע׳ 180	במדבר ו׳, כ״ז/ ברכת כוהנים
ואתעיותיכהממו זמש	ואתה אל תירא עבדי יעקב ואל תחת ישראל כי הנני מושיעך מרחוק ואת זרעך מארץ שבים		הקמיע העברי ע׳ 181	ירמיהו מ״ו, כ״ז ירמיהו ל׳, י׳ (דלג על ״נאום ה״ בפסוק זה)
ובא התא הה	והיה בעברכם את הירדן תקימו את האבנים האלה	קמיע שומרוני	Hebrew Amulets P. 134	דברים כ״ז, ד׳
ובאש	ושם בת אשר שרח	נגד עין רעה / להשיג טובה	לחש וקמיע ע׳ 152, 80 Hebrew Amulets P. 131	במדבר כ״ו, מ״ו
ובה	ויברכם ביום ההוא	לברית מלה	הקמיע העברי ע׳ 181	בראשית מ״ח, כ׳
ובהו	ואם בת היא וחיה		הקמיע העברי ע׳ 181	שמות א׳, ט״ז
ובהוהוה	ויעמד בין המתים ובין החיים ותעצר המגפה	נגד מגיפה	הקמיע העברי ע׳ 58, 181	במדבר י״ז, י״ג
ובה וכו הבב	ויחפש בגדול החל ובקטן כלה וימצא הגביע באמתחת בנימין	להרויח במסחר	Hebrew Amulets P. 131	בראשית מ״ד, י״ב
ובה ומק יוא וממ	ויהי בנסע הארון ויאמר משה קומה ה׳ ויפצו איביך וינסו משנאיך מפניך	לטיול בטוח	הקמיע העברי ע׳ 181 Hebrew Amulets P. 131	במדבר י׳, ל״ה

צירוף אותיות	מובן	שימוש	ספרי מקור	ספרי קודש
ובה לבי ילי אכו ואמ לא (ואא למ ?)	ויברכם ביום ההוא לאמור בך יברך ישראל לאמר ישמך אלהים כאפרים וכמנשה וישם את מנשה לפני אפרים (במקור - את אפרים לפני מנשה)	לתינוק אחרי ברית מילה	Hebrew Amulets P. 131	בראשית מ״ח, כ׳
ובו	ובשעת ברכה והצלה		הקמיע העברי ע׳ יב׳	
ובחאב	ואני ברב חסדך אבוא ביתך		הקמיע העברי ע׳ 181	תהלים ה׳, ח׳
ובח אבא אהקב	ואני ברב חסדך אבוא ביתך אשתחוה אל היכל קדשך ביראתך	נגד רוח רעה	Hebrew Amulets P. 131	תהלים ה׳, ח׳
ובי ליכל לוב לתאי אבמוי	ולכל בני ישראל לא יחרץ כלב לשנו למאיש ועד בהמה למען תדעון אשר יפלה ה׳ בין מצרים ובין ישראל	נגד כלב נושך	הקמיע העברי ע׳ 181 Hebrew Amulets P. 131	שמות י״א, ז׳
ובכובהוכעעע	והיה בעבר כבדי ושמתיך בנקרת הצור ושכתי כפי עליך עד עברי	לעקרה ולעיבור	הקמיע העברי ע׳ 181	שמות ל״ג, כ״ב
ובכמה	ונברכו בך כל משפחת האדמה		הקמיע העברי ע׳ 181	בראשית י״ב, ג׳
ובל שעי	וראה בנים לבניך שלום על ישראל		הקמיע העברי ע׳ 181	תהלים קכ״ח, ו׳
ובנמ	ואדברה בעדתיך נגד מלכים		הקמיע העברי ע׳ 181	תהלים קי״ט, מ״ו
וגימיל	ואם גנב יגנב מעמו ישלם לבעליו	קמיע שומרוני	Hebrew Amulets P. 134	שמות כ״ב, י״א
וגת קתחיכ	וברב גאונך תהרס קמיך תשלח חרנך יאכלמו כקש	נגד דיבה	Hebrew Amulets P. 131	שמות ט״ו, ז׳
ודאי לכהודבאיאיאמו ע	ויברך דויד את ה׳ לעיני כל הקהל ויאמר דויד ברוך אתה ה׳ אלהי ישראל אבינו מעולם ועד עולם		הקמיע העברי ע׳ 181	דברי הימים א׳ כ״ט, י׳
ודאני	שם ה׳. ״ו״ והטיה של ״אדני״	מביא חיים ורפואה לחולה	הקמיע העברי ע׳ 39	
ודח	ובני דן חושים		הקמיע העברי ע׳ 181	בראשית מ״ו, כ״ג
וה	ותעצר המגפה	נגד מגיפה	הקמיע העברי ע׳ 58, 181	במדבר כ״ה,ח׳ במדבר י״ז,י״ג תהלים ק״ו, ל׳
והאמ	ויצעק העם אל משה	נגד כאב ראש	הקמיע העברי ע׳ 59, 181	במדבר י״א, ב׳
והא מוא יוה	ויצעק העם אל משה ויתפלל (דלג על ״משה״) אל ה׳ ותשקע האש	קמיע שומרוני	Hebrew Amulets P. 134	במדבר י״א, ב׳
והא מומ איוה	ויצעק העם אל משה ויתפלל משה אל ה׳ ותשקע האש	נגד שריפה	הקמיע העברי ע׳ 181 Hebrew Amulets P. 131	במדבר י״א, ב׳
והא פהה במוג ולה	ואת האנשים אשר פתח הבית הכו בסנורים מקטן ועד גדול וילאו למצא הפתח	למחלות עינים / להיות בלתי נראה	הקמיע העברי ע׳ 59, 181 Hebrew Amulets P. 131	בראשית י״ט, י״א

צירוף אותיות	מובן	שימוש	ספרי מקור	ספרי קודש
והאשמלבי	וזאת התורה אשר שם משה לפני בני ישראל		הקמיע העברי ע׳ 181	דברים ד׳, מ״ד
ו ה ד ו ג ב ל י ו ל ל א ה כ י ל ו א מ ו ע ה ל א	תשבץ. ראשי תבות, במאונך : ויתן לך האלהים מטל השמים (ומשמני הארץ-י׳, כ׳ במקום ו׳,ה׳) ורב דגן ותירש. יעבדוך עמים וישתחו לך לאמים הוה גביר לאחיך וישתחוו לך בני אמך אררך ארור.		הקמיע העברי ע׳ 26	בראשית כ״ז, כ״ח-כ״ט
וההאאמהעל	והיו הדברים האלה אשר אנכי מצוך היום על לבבך		הקמיע העברי ע׳ 182	דברים ו׳, ו׳
וההטשהוה	וזהב הארץ ההוא טוב שם הבדלח ואבן השהם		הקמיע העברי ע׳ 182	בראשית ב׳, י״ב
וההי והי היו הי	הטיות של שם ה׳		רזיאל המלאך ע׳ ק״י	
וההל	וה׳ הוא ההלך לפניך		הקמיע העברי ע׳ 182	דברים ל״א, ח׳
והה להי עלי ויל תות	וה׳ הוא ההלך לפניך הוא יהיה עמך לא ירפך ולא יעזבך לא תירא ולא תחת	קמיע שומרוני	Hebrew Amulets P. 134	דברים ל״א, ח׳
והו	שם השם		Hebrew Amulets P. 96	
והוה	שם השם (לפי רבי משה זכות)		הקמיע העברי ע׳ 38	
והווו	ולצרעת הבגד ולבית. ולשאת ולספחת ולבהרת	לצרעת	הקמיע העברי ע׳ 59, 182	ויקרא י״ד, נ״ה-נ״ו
והווצ	ויכלו השמים והארץ וכל צבאם		הקמיע העברי ע׳ 182	בראשית ב׳, א׳

צירוף אותיות	מובן	שימוש	ספרי מקור	ספרי קודש
והו ילי סיט עלם מהש ללה אבא כהת הזי אלד לאו ההע יזל מבה הרי הקם לאו כלי לוו פהל נלך ייי מלה חהו נתה האא ירת שאה ריי אום לכב ושר יחו להח כוק מנד אני העם רהע ייז ההה מיך וול ילה סאל ערי עשל מיה והו דני החש עמם ננא נית מבה פוי נמם ייל הרח מצר ומב יהה ענו מחי דמב מנק איע חבו ראה יבם היי מום	שם 72 אותיות (ע״ב תיבות). למעשה זהו שם של 72 מלים בנות שלש אותיות כל אחת, אבל השם נקרא ״72 אותיות״. המלים מורכבות משלשה פסוקים בני 72 אותיות כל אחד. האות הראשונה של פסוק י״ט, האות האחרונה של פסוק כ׳, והאות הראשונה של פסוק כ״א יוצרות את המלה הראשונה. אות שניה בפסוק י״ט, אות לפני אחרונה בפסוק כ׳, ואות שניה בפסוק כ׳ יוצרות את המלה השניה, וכו׳. שלשת הפסוקים הם: ויסע מלאך האלהים ההלך לפני מחנה ישראל וילך מאחריהם ויסע עמוד הענן מפניהם ויעמד מאחריהם. ויבא בין מחנה מצרים ובין מחנה ישראל ויהי הענן והחשך ויאר את הלילה ולא קרב זה אל זה כל הלילה. ויט משה את ידו על הים ויולך ה׳ את הים ברוח קדים עזה כל הלילה וישם את הים לחרבה ויבקעו המים.		רזיאל המלאך ע׳ ע״ט	שמות י״ד, י״ט - כ״א
והילגו	ואברהם היו יהיה לגוי גדול ועצום		הקמיע העברי ע׳ 182	בראשית י״ח, י״ח
והל ובמ א	ויעקב הלך לדרכו ויפגעו בו מלאכי אלהים	נגד שודדים	Hebrew Amulets P. 131	בראשית ל״ב, א׳
והל לעה אאש ואה וע	והיה הדם לכם לאת על הבתים אשר אתם שם וראיתי את הדם ופסחתי עלכם	קמיע שומרוני	Hebrew Amulets P. 134	שמות י״ב, י״ג
והמ דהר בלי	וימתו האנשים מוציאי דבת הארץ רעה במגפה לפני ה׳	לגרום למות אויבים	הקמיע העברי ע׳ 182 Hebrew Amulets P. 131	במדבר י״ד, ל״ז
והנ כופו	ולא היה נדד כנף ופצה פה ומצפצף	לפטם עופות, נגד אויב	Hebrew Amulets P. 131	ישעיהו י׳, י״ד
והס ירי וים מכב חלי וכל	תשבץ. במאוזן, המלים בפסוק מחולקות לקבוצות בנות 3 אותיות - והסיר יוי ממך כ(ל) חלי וכל (מדוי מצרים)		הקמיע העברי ע׳ 27	דברים ז׳, ט״ו
והש לאל תכמ אל	ויום השביעי שבת לה׳ אלהיך לא תעשה כל מלאכה אתה (דלג על יתר המלים עד..) למען	קמיע שומרוני	Hebrew Amulets P. 134	דברים ה׳, י״ד
וו	וחניני ועניני		הקמיע העברי ע׳ 182	
ווו	ומשמע ודומה ומשא	לילד בוכה	הקמיע העברי ע׳ 182	בראשית כ״ה, י״ד

צירוף אותיות	מובן	שימוש	ספרי מקור	ספרי קודש
ווזט	ומלקחיה ומחתתיה זהב טהור		הקמיע העברי ע' 182	שמות כ"ה, ל"ח
ווחאהאסוראבי	ויסעו ויהי חתת אלהים (דלג על "עלי") הערים אשר סביבותיהם ולא רדפו אחרי בני יעקב	תפילת הדרך	הקמיע העברי ע' 182	בראשית ל"ה, ה'
ו ו י ל ה ע ה ו ו מ ד ל ה ו ל	תשבץ. ראשי תבות, במאונך: ויתן לך האלהים מטל השמים ומשמני הארץ ורב דגן ותירש. יעבדוך עמים וישתחו לך לאמים		הקמיע העברי ע' 144	בראשית כ"ז, כ"ח - כ"ט
וול	פישון גיחון חדקל פרת - אות רביעית של כל נהר		הקמיע העברי ע' 76	
ו ו ל חלומיאל י ה מ סולמיאל ח נ מ ראשיאל ל ה צ שמשיאל מ ס ב מיכאל	תשבץ. קוראים את הפסוק במאונך - ויחלם והנה סלם מצב. בסוף כל שורה כתוב שם מלאך		הקמיע העברי ע' 30	בראשית כ"ח, י"ב
וומנההאזכאבאו שה	ויירא ויאמר מה נורא המקום הזה אין זה כי אם בית אלהים וזה שער השמים		הקמיע העברי ע' 182	בראשית כ"ח, י"ז
ווסמ	ויחלם והנה סלם מצב		הקמיע העברי ע' 182	בראשית כ"ח, י"ב
וזה מע המ מק זה עד יר ע דפר מק הא כמ אשר הראה יוי א מכעאה	**וזה מע**שה **המ**נרה **מק**שה **זה**ב **עד יר**כה **עד פר**חה **מק**שה **הוא כמ**ראה **אשר הראה** ה' (**יוי** במקום ה') **את מ**שה **כן ע**שה **את ה**מנרה		Hebrew Amulets P. 147	במדבר ח', ד'
וזחוה	וגם זבת חלב ודבש הוא		הקמיע העברי ע' 182	במדבר י"ג, כ"ז
וזפהלאפעבביבב אמובהוהו	ואמרתם זבח פסח הוא לה' אשר פסח על בתי בני ישראל במצרים בנגפו את מצרים ואת בתינו הציל ויקד העם וישתחוו		הקמיע העברי ע' 182	שמות י"ב, כ"ז
וחאל	ואמרתי חי אנכי לעלם		הקמיע העברי ע' 182	דברים ל"ב, מ'
וח מא חן בי	**ונח מצא חן ב**עיני (אות ראשונה ואחרונה בכל מלה)		הקמיע העברי ע' 185	בראשית ו', ח'
וטיוא	והיה טרם יקראו ואני אענה	לכל כאב ומחלה, קריאה לעזרה	הקמיע העברי ע' 58, 182	ישעיהו ס"ה, כ"ד
וטמ ולש יות	ואם טהרה מזובה וספרה לה שבעת ימים ואחר תטהר	להפסיק דמום בווסת	הקמיע העברי ע' 59, 183 Hebrew Amulets P. 131	ויקרא ט"ו, כ"ח
ויא	וזרעו יירש ארץ		הקמיע העברי ע' 183	תהלים כ"ה, י"ג

צירוף אותיות	מובן	שימוש	ספרי מקור	ספרי קודש
ויאאלולזלאיאא בלונלח	ומל ה׳ אלהיך את לבבך ואת לבב זרעך לאהבה את ה׳ אלהיך (א׳ מיותרת בר״ת) בכל לבבך ובכל נפשך למען חייך	לנקמה, לחן וחסד	הקמיע העברי ע׳ 183	דברים ל׳, ו׳
ויאי	ויהי ה׳ את יוסף		הקמיע העברי ע׳ 183	בראשית ל״ט, ב׳
ויאיואמ	ויהי ה׳ את יוסף ויהי איש מצליח		הקמיע העברי ע׳ 183	בראשית ל״ט, ב׳
ויאמלדאאובלכת	וידבר ה׳ אל משה לאמר. דבר אל אהרן ואל בניו לאמר כה תברכו		הקמיע העברי ע׳ 183	במדבר ו׳, כ״ב-כ״ג
ויאתעהו	ויפל ה׳ אלהים תרדמה על האדם ויישן	לשינה (יותר רצוי מתרופה)	הקמיע העברי ע׳ 183	בראשית ב׳, כ״א
ויב	וישב יצחק בגרר	להציל מעלילות	הקמיע העברי ע׳ 183	בראשית כ״ו, ו׳
ויבוע	וירד ה׳ בענן ויתיצב עמו		הקמיע העברי ע׳ 183	שמות ל״ד, ה׳
ויב מאב כ	וישב יעקב בארץ מגורי אביו בארץ כנען	לכניסה לבית חדש	הקמיע העברי ע׳ 183 Hebrew Amulets P. 132	בראשית ל״ז, א׳
ויב מבג ובו ומ	וישב ישראל בארץ מצרים בארץ גשן ויאחזו בה ויפרו וירבו מאד	לכניסה לבית חדש	Hebrew Amulets P. 132	בראשית מ״ז, כ״ז
וידבב	וישים ה׳ דבר בפי בלעם		הקמיע העברי ע׳ 183	במדבר כ״ג, ה׳
ויה מאועה	ויאמר ה׳ הנה מקום אתי ונצבת על הצור		לחש וקמיע ע׳ 152, 139	
ויח	ויחלם יוסף חלום		הקמיע העברי ע׳ 183	בראשית, ל״ז, ה׳
ויחבוא ועבויל נב	וימצא יוסף חן בעיניו וישרת אותו ויפקדהו על ביתו וכל יש לו נתן בידו		הקמיע העברי ע׳ 183 ,151	בראשית ל״ט, ד׳
ויט	מלה בתורה. גם מלה ראשונה בפסוק האחרון של השם בן ל״ב אותיות		הקמיע העברי ע׳ 183	בראשית ל״ט, כ״א שמות י״ד,כ״א
וילא	ולמען ירושלים לא אשקוט		הקמיע העברי ע׳ 183	ישעיהו ס״ב,א׳
ויל אמו אהע הוש הוי עהו יהל אבל	ועבר ה׳ לנגף את מצרים וראה את הדם על המשקוף ועל שתי המזוזת ופסח ה׳ על הפתח ולא יתן המשחית לבא אל בתיכם לנגף	קמיע שומרוני	הקמיע העברי ע׳ 183 Hebrew Amulets P. 134	שמות י״ב, כ״ג
וילבשגבמבמיעבי	וירא יוסף לאפריים בני שלשים גם בני מכיר בן מנשה ילדו על ברכי יוסף		הקמיע העברי ע׳ 183	בראשית נ׳, כ״ג
וילה	ויתן ה׳ לה הריון		הקמיע העברי ע׳ 183	רות ד׳, י״ג
וי לש	**ו**ישם **לך ש**לום	לשלום	Hebrew Amulets P. 164	במדבר ו׳, כ״ו
וימבומל	ויאמר ה׳ מסיני בא וזרח משעיר למו		הקמיע העברי ע׳ 183	דברים ל״ג, ב׳

צירוף אותיות	מובן	שימוש	ספרי מקור	ספרי קודש
וימ כחו ממה איל יבו בש	והסיר ה׳ ממך כל חלי וכל מדוי מצרים הרעים אשר ידעת לא ישימם בך ונתנם בכל שנאיך	לרפואה / נגד קדחת	הקמיע העברי ע׳ 58, 184 Hebrew Amulets P. 132	דברים ז׳, ט״ו
וימל	ויהי ה׳ משגב לדך	הצלה	הקמיע העברי ע׳ 58, 184	תהלים ט׳, י׳
ויעפו	ויעבר ה׳ על פניו ויקרא		הקמיע העברי ע׳ 184	שמות ל״ד, ו׳
ויע פו ייא רוא אוחו	ויעבר ה׳ על פניו ויקרא ה׳ ה׳ אל רחום וחנון ארך אפים ורב חסד ואמת	לגרום לזה שתפילתך תענה	Hebrew Amulets P. 132	שמות ל״ד, ו׳
ויפאסל	ויברכנו יאר פניו אתנו סלה. לדעת	קריאה לעזרה	הקמיע העברי ע׳ 58, 184	תהלים ס״ז, ב׳-ג׳
וי פה וו וה ה יה יו יה תי מ עו נה פי עה ג מה חי לה צו פ די סה לו רה ה	תשבץ. מלמעלה למטה, אותיות ראשונות - ויעמד פינחס ויפלל ותעצר המגפה. אותיות שניות בארבע העמודים הראשונים הן אותיות השם המפורש, חוזרות 5 פעמים.	נגד מגיפה	הקמיע העברי ע׳ 139 Jewish Tradition In Art P. 242	תהלים ק״ו, ל׳
ויפוובמוהא	ובני ישראל פרו וישרצו וירבו ויעצמו במאד מאד ותמלא הארץ אתם		הקמיע העברי ע׳ 184	שמות א׳, ז׳
ויש הפכ ראפ אפון	ויקרא יעקב שם המקום פניאל כי ראיתי אלהים פנים אל פנים ותנצל נפשי	למחלת נפש/ נגד סכנה בנסיעה	הקמיע העברי ע׳ 58, 184 Hebrew Amulets P. 132	בראשית ל״ב, ל״א
וכב	והרעב כבד בארץ		הקמיע העברי ע׳ 184	בראשית מ״ג, א׳
וכבי	וראו כל בשר יחדו		הקמיע העברי ע׳ 184	
וכוו	ויפן כה וכה וירא		הקמיע העברי ע׳ 184	שמות ב׳, י״ב
וכח לבה	ויעשו כל חכם לב בעשי המלאכה	כשמתחילים לעבוד על דבר חדש	הקמיע העברי ע׳ 184 Hebrew Amulets P. 132	שמות ל״ו, ח׳
וכטוס	**ו**כל **ט**ו**ב** **ס**לה		הקמיע העברי ע׳ י״ג	
וכי יאא הכנ לוול	והיה כי יבאך ה׳ אל ארץ הכנעני כאשר נשבע לך ולאבתיך ונתנה לך	קמיע שומרוני	Hebrew Amulets P. 134	שמות י״ג, י״א
וכי עכי מלב מד	ויאמר כי יד על כס יה מלחמה לה׳ בעמלק מדר דר	נגד דמום	Hebrew Amulets P. 132	שמות י״ז, ט״ז
וככבב	ושמתיך כחותם כי בך בחרתי		הקמיע העברי ע׳ 184	חגי ב׳, כ״ג
וכלושושו אלש	ואמרתם כה לחי ואתה שלום וביתך שלום וכל אשר לך שלום	לשלום	הקמיע העברי ע׳ 58, 184	שמואל א׳ כ״ה, ו׳
וכע אאו ללצ אוה אב	וירדו כל עבדיך אלה אלי והשתחוו לי לאמר צא אתה וכל העם אשר ברגליך	להקל על לידה	Hebrew Amulets P. 132	שמות י״א, ח׳
וכע הכש ינע ומ	וראו כל עמי הארץ כי שם ה׳ נקרא עליך ויראו ממך	קמיע שומרוני	Hebrew Amulets P. 134	דברים כ״ח, י׳
וכשעפמ	והיה כעץ שתול על פלגי מים	להצלחה	הקמיע העברי ע׳ 184	תהלים א׳, ג׳
ולא	והרבה להשיב אפו		הקמיע העברי ע׳ 184	תהלים ע״ח, ל״ח

צירוף אותיות	מובן	שימוש	ספרי מקור	ספרי קודש
ולבח	ואמר לך בדמיך חיי		Jewish Tradition In Art P. 28	יחזקאל ט״ז, ו׳
ולביא	והצנע לכת ביראת ה׳ אלהיך		הקמיע העברי ע׳ יג׳	דומה לכתוב במיכה ו׳, ח׳
ולדאב	והשיג לכם דיש את בציר	להציל ממגיפה	הקמיע העברי ע׳ 184	ויקרא כ״ו, ה׳
ולה מהו הודו	ויתן לך האלהים מטל השמים ומשמני הארץ ורב דגן ותירש	לזוג נשוי חדש	הקמיע העברי ע׳ 184 Hebrew Amulets P. 132	בראשית כ״ז, כ״ח
ולובאהאש	ויספרו לו ויאמרו באנו אל הארץ אשר שלחתנו		הקמיע העברי ע׳ 184	במדבר י״ג, כ״ז
ולוו	וסלחת לעוננו ולחטאתנו ונחלתנו		הקמיע העברי ע׳ 184	שמות ל״ד, ט׳
וליב	ונגע לא יקרב באהלך	נגד מגיפה	הקמיע העברי ע׳ 58, 184	תהלים צ״א, י׳
ולכאי	ואהבת לרעך כמוך אני ה׳		הקמיע העברי ע׳ 184	ויקרא י״ט, י״ח
ולכאלש	**ו(ל)כ**ל **א**שר **לך ש**לום	שלום	הקמיע העברי ע׳ 58, 184	שמואל א׳ כ״ה, ו׳
ולש (וילש)	וישם (**וי**שם) לך שלום	לשלום	הקמיע העברי ע׳ 58, 185	במדבר ו׳, כ״ו
ולשואמהמ ש ה אעאה	ונועדתי לך שם ודברתי אתך מעל הכפרת מבין שני הכרבים אשר על ארון העדת		הקמיע העברי ע׳ 185	שמות כ״ה, כ״ב
ומא	והיו מלאכים אמניך		הקמיע העברי ע׳ 185	ישעיהו מ״ט, כ״ג
ומאאקאה	ויאמר משה אל אהרן קח את המחתה	נגד מגיפה	הקמיע העברי ע׳ 185	במדבר י״ז, י״א
ומא אקא הוע אמה	ויאמר משה אל אהרן קח את המחתה ותן עליה אש מעל המזבח	נגד מגיפה	הקמיע העברי ע׳ 100	במדבר י״ז, י״א
ומאיל אנרנל	ויצעק משה אל ה׳ לאמר אל נא רפא נא לה	לרפואה / נגד קדחת	הקמיע העברי ע׳ 58, 185 Hebrew Amulets P. 132	במדבר י״ב, י״ג
ומאעאי	ואל משה אמר עלה אל ה׳		הקמיע העברי ע׳ 185	שמות כ״ד, א׳
ומבמה	ושאבתם מים בששון ממעיני הישועה		הקמיע העברי ע׳ 185	ישעיהו י״ב, ג׳
ומההלמיום	ויסע מלאך האלהים ההלך לפני מחנה ישראל וילך מאחריהם		הקמיע העברי ע׳ 185	שמות י״ד, י״ט
ומה מזעיעפמה כאהיאמ	וזה מעשה המנרה מקשה זהב עד ירכה עד פרחה מקשה הוא כמראה אשר הראה ה׳ את משה		הקמיע העברי ע׳ 185	במדבר ח׳, ד׳
ומו האכ ילה ויה הנל לא	וידבר משה והכהנים הלוים אל כל ישראל לאמר הסכת ושמע ישראל היום הזה נהיית לעם לה׳ אלהיך	קמיע שומרוני	Hebrew Amulets P. 134	דברים כ״ז, ט׳
ומז	ועשית משבצת זהב		הקמיע העברי ע׳ 185	שמות כ״ח, י״ג
ומזט	ומלקחיה (ו)מחתותיה זהב טהור		הקמיע העברי ע׳ 185	שמות כ״ה, ל״ח

צירוף אותיות	מובן	שימוש	ספרי מקור	ספרי קודש
ומחבי	ונח מצא חן בעיני ה׳		הקמיע העברי ע׳ 185	בראשית ו׳, ח׳
ומכש	**ומכ**ל **ש**כן		Jewish Tradition In Art P. 20	
וממם	ויעל משה מערבת מואב		הקמיע העברי ע׳ 185	דברים ל״ד, א׳
ומש	**ומ**כל **ש**כן		Jewish Tradition In Art P. 23	
ומת	ויסכרו מעינות תהום	לעצור שתן	הקמיע העברי ע׳ 59, 185	בראשית ח׳, ב׳
ונאאע ויכ	ויהי נעם אדני אלהנו עלינו ומעשה ידינו כוננה עלינו ומעשה ידינו כוננהו	לקדחת / לקצר נסיעה	הקמיע העברי ע׳ 185 Hebrew Amulets P. 132	תהלים צ׳, י״ז
ונבכש	**ונ**תנם **בכ**ל **ש**נאיך	לרפואה	הקמיע העברי ע׳ 58, 185	דברים ז׳, ט״ו
ועבה	ורעה עינך באחיך האביון		הקמיע העברי ע׳ 185	דברים ט״ו, ט׳
ועביאאא	ואני עליך בטחתי ה׳ אמרתי אלהי אתה		הקמיע העברי ע׳185	תהלים ל״א, ט״ו
ועהובהוהוה	ויכפר על העם. ויעמד בין המתים ובין החיים ותעצר המגפה	נגד מגיפה	הקמיע העברי ע׳ 58, 185	במדבר י״ז, י״ב-י״ג
ועל	וצדקתו עמדת לעד		הקמיע העברי ע׳ 186	תהלים קי״א, ג׳ תהלים קי״ב, ג׳
וענא ומזוא	ויבאו עד נחל אשכל ויכרתו משם זמורה ואשכול (דלג על ״ענבים״) אחד		הקמיע העברי ע׳ 186	במדבר י״ג, כ״ג
ועעכה	ולתתך עליון על כל הגוים		הקמיע העברי ע׳ 186	דברים כ״ו, י״ט
ועת אהה ווא	והיה עקב תשמעון את המשפטים האלה ושמרתם ועשיתם אתם	לעקרה	הקמיע העברי ע׳ 58, 186 Hebrew Amulets P. 132	דברים ז׳, י״ב
ופא	ובני פלוא אליאב		הקמיע העברי ע׳ 186	במדבר כ״ו, ח׳
ופא שכא ויל כד	וה׳ פקד את שרה כאשר אמר ויעש ה׳ לשרה כאשר דבר	להקל בלידה	הקמיע העברי ע׳ 58, 186 Hebrew Amulets P. 132	בראשית כ״א, א׳
ופווה	ויעמד פינחס ויפלל ותעצר המגפה	נגד מגיפה	הקמיע העברי ע׳ 58, 186	תהלים ק״ו, ל׳
ו פ ו ו ה י י י ת מ ע נ פ ע ג מ ח ל צ פ ד ס ל ר ה	תשבץ. במאונך : ויעמד פינחס ויפלל ותעצר המגפה. במאוזן, השורה הראשונה, ראשי תיבות של אותו פסוק		הקמיע העברי ע׳ 29	תהלים ק״ו, ל׳
וצאא	ופגשו ציים את איים	נגד לידה מוקדמת והפלה	הקמיע העברי ע׳ 186	ישעיהו ל״ד, י״ד
וצלאעא	וה׳ צוה להפר את עצת אחיתפל	להפר עצות	הקמיע העברי ע׳ 186	שמואל ב׳ י״ז, י״ד
וצרעדאוצוני	והדרך צלח רכב על דבר אמת וענוה צדק ותורך נוראות ימינך		הקמיע העברי ע׳ 186	תהלים מ״ה, ה׳

צירוף אותיות	מובן	שימוש	ספרי מקור	ספרי קודש
וקבכיל	ולא קסם בישראל כעת יאמר ליעקב	נגד בכי, להקל בלידה	הקמיע העברי ע׳ 58, 186	במדבר כ״ג, כ״ג
וקלג	ויעקב קרא לו גלעד		הקמיע העברי ע׳ 186	בראשית ל״א, מ״ז
ור | יה | מד | כל | חי יה | מד | כל | חי | ור מד | כל | חי | ור | יה כל | חי | ור | יה | מד חי | ור | יה | מד | כל	תשבץ. הטיות של האות הראשונה והאחרונה בכל מלה ב-״והסיר ה׳ ממך כל חולי״. במאוזן ומאונך.	להגן נגד כל מחלה	Hebrew Amulets P. 67	דברים ז׳, ט״ו
וריעויולאויאח	והוא רחום יכפר עון ולא ישחית והרבה להשיב אפו ולא יעיר (כל) חמתו		Jewish Tradition In Art P. 118	תהלים ע״ח, ל״ח
ורמר	**ור**יש **מ**תיבתא **ר**בא		Jewish Tradition In Art P. 58	
ושאא	ותאמר שרי אל אברם	לעצור הפלה	הקמיע העברי ע׳ 58, 186	בראשית ט״ז, ב׳
ושי אוו ולע	ואל שדי יברך אתך ויפרך וירבך והיית לקהל עמים	ללידה	הקמיע העברי ע׳ 58, 186	בראשית כ״ח, ג׳
ושכעה	ויאמר שלחני כי עלה השחר		הקמיע העברי ע׳ 186	בראשית ל״ב, כ״ז
ושפ	ויאמר שלחני. פניאל	למחלת נפש	הקמיע העברי ע׳ 58, 186	בראשית ל״ב, כ״ז ו-ל״א
וש רש רש	**וש**לום **ר**פואה **ש**למה **ר**פואה **ש**למה	למחלת הנפילה	הקמיע העברי ע׳ 58	

--ז--				
ז	זכות		Jewish Tradition In Art P. 327	
זא	זעיר אנפין		הקמיע העברי ע׳ 204	
זאו	זה אלי ואנוהו	להציל מצרה	הקמיע העברי ע׳ 59, 186	שמות ט״ו, ב׳
זאי	זכרו את ירושלים		הקמיע העברי ע׳ 186	
זדל עאי	זכר דבר לעבדך על אשר יחלתני	ללמודים	Hebrew Amulets P. 132	תהלים קי״ט, מ״ט
זהלציב	זה השער לה׳ צדיקים יבאו בו		הקמיע העברי ע׳ 187	תהלים קי״ח, כ׳
זי	זכרו יגן		הקמיע העברי ע׳ יג׳	
זיא	(ו)זרעו יירש ארץ		הקמיע העברי ע׳ 124	תהלים כ״ה, י״ג
זיע	זכר ימות עולם / זכותו יגן עלינו		הקמיע העברי ע׳ 187 Jewish Tradition In Art P. 327	דברים ל״ב, ז׳
זיעא	זכותו יגן עלינו אמן		לחש וקמיע ע׳ 152 הקמיע העברי ע׳ יג׳	
זית	שם ה׳	להבריח גנבים	הקמיע העברי ע׳ 48	
זל	זכרנו לברכה / זה לשונו		הקמיע העברי ע׳ יג׳	
זלהה	זכרונו לחיי העולם הבא		הקמיע העברי ע׳ יג׳	
זמדוהק	**ז׳ מידות הק**דושות		הקמיע העברי ע׳ 204	קבלה

צירוף אותיות	מובן	שימוש	ספרי מקור	ספרי קודש

זנ	זו נדבה		Jewish Tradition In Art P. 74	
זעא	**ז**עיר **א**נפין		הקמיע העברי ע׳ 204	קבלה
זצוקללהה	**ז**כר **צ**דיק **וק**דוש **ל**ברכה **ל**חיי **ה**עולם **ה**בא		הקמיע העברי ע׳ יג׳	
זצל	זכר צדיק לברכה		הקמיע העברי ע׳ יג׳	
זצל הה	זכר צדיק לחיי העולם הבא		Jewish Tradition In Art P. 172	
זרק	**ז**ר**ע ק**ודש		הקמיע העברי ע׳ יג׳	
זשלוזלד	זה שמי לעלם וזה זכרי לדר דר		הקמיע העברי ע׳ 187	שמות ג׳, ט״ו
זשק	זרע של קימא		הקמיע העברי ע׳ יג׳	

--ח--				
ח	חיים	לחיים ארוכים	חמסה ע׳ 66	
חאכאא	חנני אדני כי אליך אקרא	קריאה לעזרה	הקמיע העברי ע׳ 58, 187	תהלים פ״ו, ג׳
חאכ כרמפ	חנני אלהים כחסדך כרב רחמיך מחה פשעי	נגד אבוד דם	Hebrew Amulets P. 132	תהלים נ״א, ג׳
חב	חכמה בינה		הקמיע העברי ע׳ 204	קבלה
חבגג	חכמה בינה גדולה גבורה		הקמיע העברי ע׳ 204	קבלה
חבד	**ח**כמה **ב**ינה **וד**עת		הקמיע העברי ע׳ 204	קבלה
חבוצ	חמאת בקר וחלב צאן		הקמיע העברי ע׳ 187	דברים ל״ב, י״ד
חבת	חכמה בינה תפארת		הקמיע העברי ע׳ 204	קבלה
חבתמ	חכמה בינה תפארת מלכות		הקמיע העברי ע׳ 204	קבלה
חג	חסד גבורה		הקמיע העברי ע׳ 204	קבלה
ח ג ד 8 3 4 א ה ט 1 5 9 ו ז ב 2 7 6	תשבץ. בגימטריה, סכום המספרים בכל שורה הוא 15 - יה	למקשה ללדת	הקמיע העברי ע׳ 25, 142	
חגוחא	**ח**מש **ג**בורות **וח**סד **א**חד		הקמיע העברי ע׳ 204	קבלה
חגתם	חסד גבורה תפארת מלכות		הקמיע העברי ע׳ 204	קבלה
חגתנ	חסד גבורה תפארת נצח		הקמיע העברי ע׳ 204	קבלה
חגתנהים	חסד גבורה תפארת נצח הוד יסוד מלכות		הקמיע העברי ע׳ 205	קבלה
חדקל	אחד מארבע נהרות גן עדן		Hebrew Amulets P. 126	
חו	חס וחלילה		הקמיע העברי ע׳ יג׳	
חוב	**ח**יים **וב**רכה / **ח**כמה **וב**ינה		הקמיע העברי ע׳ 205	קבלה
חוג	**ח**כמה **וג**בורה / **ח**סד **וג**בורה / **ח**סדים **וג**בורות		הקמיע העברי ע׳ 205	קבלה
חוה ראשונה	אשתו הראשונה של אדם, השדה לילית	להגנה על תינוק	Hebrew Amulets P. 51, 113, 126	

צירוף אותיות	מובן	שימוש	ספרי מקור	ספרי קודש
חומו למו חהעת	חסדי ומצודתי משגבי ומפלטי לי מגני ובו חסיתי הרודד עמי תחתי	להגנה בים	Hebrew Amulets P. 132	תהלים קמ״ד, ב׳
חוץ	מלה שמשתמשים בה לגרש את השדה לילית	להגנה על תינוק	הקמיע העברי ע׳ 110 Hebrew Amulets P. 126	
חור	**ח**כומי **ור**בני		הקמיע העברי ע׳ יג׳	
חור ופומ	**ח**כמי **ור**בני **ופ**רנסי **ומ**נהיגי		Jewish Tradition In Art P. 192	
חחג	חסד חכמה גבורה		הקמיע העברי ע׳ 205	קבלה
חחנ	חכמה חסד נצח		הקמיע העברי ע׳ 205	קבלה
חחעיגהו	חגור חרבך על ירך גבור הודך והדרך		הקמיע העברי ע׳ 187	תהלים מ״ה, ד׳
חי	חסין יה		הקמיע העברי ע׳ 187	
חידא	חיים יוסף דוד אזולאי		הקמיע העברי ע׳ יג׳	
חיל	אחד משמות השדה לילית	להגנה על תינוק	Hebrew Amulets P. 51, 126	
חכב	חכמה כתר בינה		הקמיע העברי ע׳ 205	קבלה
חכד	חכמה כתר דעת		הקמיע העברי ע׳ 205	קבלה
חכמה	אחת מעשר הספירות בקבלה		Hebrew Amulets P. 119	קבלה
חכע	**חכ**מה **ע**לאה		הקמיע העברי ע׳ 205	קבלה
חלאת	חבלי לידה אל תירא		הקמיע העברי ע׳ 117	
חלדיאל	מלאך הממונה על חלד (עולם)		רזיאל המלאך ע׳ מ״א	
חמיסלו	חנה מלאך ה׳ סביב ליראיו ויחלצם	קריאה לעזרה	הקמיע העברי ע׳ 58, 187	תהלים ל״ד, ח׳
חמש גב	חושך משפט שלום גאולה בטחון		הקמיע העברי ע׳ 187	
חנ	חכמה נסתרה		הקמיע העברי ע׳ יג׳	
חניאל	מלאך		אפגניסתאן ע׳ 164	
חס	חכמה סתימאה		הקמיע העברי ע׳ 205	קבלה
חסד	אחת מעשר הספירות בקבלה		Hebrew Amulets P. 119	קבלה
חסדיאל	מלאך הממונה על הכוכב נוגה		רזיאל המלאך ע׳ נ״א	
חסוג	**חס**דים **וג**בורות		הקמיע העברי ע׳ 205	קבלה
חסריאל	מלאך		Hebrew Amulets P. 127	
חסת	**ח**כמה **סת**ימאה / **חס**ד **ת**חתון		הקמיע העברי ע׳ 205	קבלה
חק	חברה קדישא		Jewish Tradition In Art P. 68	
חקב	חלק משם בן 42 אותיות		Hebrew Amulets P. 127	
חר	חכם רב		Jewish Tradition In Art P. 76	
חת	חקל תפוחים / חכמה תתאה		הקמיע העברי ע׳ 205	קבלה

צירוף אותיות	מובן	שימוש	ספרי מקור	ספרי קודש
חתך	פותח את ידך (אותיות אחרונות)	לחסד ופרנסה	הקמיע העברי ע' 58, 187 חמסה ע' 91	תהלים קמ"ה, ט"ז

--ט--				
טרוטה	אחד משמות השדה לילית	להגנה על תינוק	Jewish Tradition In Art P. 20	
טיוא	טרם יקראו ואני אענה	קריאה לעזרה	הקמיע העברי ע' 58, 187	ישעיהו ס"ה, כ"ד
טיללת	טוב ה' לקוו לנפש תדרשנו	קריאה לעזרה	הקמיע העברי ע' 58, 187	איכה ג', כ"ה
טמדכט	**טמ**ירא **דכ**ל **ט**מירין		הקמיע העברי ע' 205	קבלה
טנע	חלק משם בן 42 אותיות		Hebrew Amulets P. 127	
טפטפיה	שם מלאך, נוצר משתי האותיות הראשונות בכל אחד משלשת הפסוקים: **טפ**לו עלי..., **טפ**ש כחלב..., **יה**י נא חסדך לנחמני...		הקמיע העברי ע' 42 Hebrew Amulets P. 108, 127	תהלים קי"ט, ס"ט, ע', ע"ו
טתד	ט' תקוני דקנא		הקמיע העברי ע' 205	קבלה

--י--				
יא	ה' אלהים / יברכהו אלהים		הקמיע העברי ע' יג'	
יאאאאש	ה' אלהי אתה ארוממך אודה שמך		הקמיע העברי ע' 187	ישעיהו כ"ה, א'
יאאיא ואכאא	יברכנו אלהים אלהינו. יברכנו אלהים וייראו אותו כל אפסי ארץ		הקמיע העברי ע' 187	תהלים ס"ז, ז'-ח'
יאבתובתחיכאא	ה' אל באפך תוכיחני ואל בחמתך תיסרני. חנני ה' כי אמלל אני	למחלת נפש	הקמיע העברי ע' 58, 187	תהלים ו', ב'-ג'
יאהדונהי	צרוף של "יהוה" ו-"אדני". כל אות ב"אדני" עוקבת אות ב"יהוה". בגימטריה =91 = אמן	שם ה', שם ח' אותיות	הקמיע העברי ע' 38 Hebrew Amulets P. 44,127	
יאואכאא	יברכנו אלהים וייראו אותו כל אפסי ארץ		הקמיע העברי ע' 187	תהלים ס"ז, ח'
יאווי	ישמח אביך ואמך ותגל יולדתך		הקמיע העברי ע' 187	משלי כ"ג, כ"ה
יאי	ה' אלהי ישראל		הקמיע העברי ע' יג'	
יאיא	ה' אלהינו ה' אחד		הקמיע העברי ע' 187	דברים ו', ד'
יאיאוממ	יקום אלהים יפוצו אויביו וינוסו משנאיו מפניו		הקמיע העברי ע' 187	תהלים ס"ח, ב'
יאייה	ה' אלהי ישראל ישב הכרבים		הקמיע העברי ע' 188	מלכים ב' י"ט, ט"ו

צירוף אותיות	מובן	שימוש	ספרי מקור	ספרי קודש
יאי יילו	ה׳ אלהי ישראל ימלך ה׳ לעולם ועד / ה׳ אלהי ישראל יתברך ה׳ לעולם ועד / ה׳ אלהי ישראל יתעלה ה׳ לעולם ועד		הקמיע העברי ע׳ 188	
יאי ממהה	ה׳ אלהי ישראל מלך מלכי המלכים הקדוש		הקמיע העברי ע׳ 188	
יאי ממהה בה	ה׳ אלהי ישראל מלך מלכי המלכים הקדוש ברוך הוא		הקמיע העברי ע׳ 188	
יאכ ווא מלא (אלמ?)	ישמך אלהים כאפרים וכמנשה וישם את מנשה לפני אפרים (במקור - את אפרים לפני מנשה)	להשיג טובה	Hebrew Amulets P. 132	בראשית מ״ח, כ׳
יאמב ומכ	ה׳ אהבתי מעון ביתך ומקום משכן כבודך	להינצל מצרה	הקמיע העברי ע׳ 188 רפאל המלאך ע׳ 97	תהלים כ״ו, ח׳
יאמיש	ה׳ איש מלחמה ה׳ שמו	לנצח במלחמה / קמיע שומרוני	הקמיע העברי ע׳ 188 Hebrew Amulets P. 132 / 134	שמות ט״ו, ג׳
יאנ ללל ללא יד	ה׳ ה׳ נתן לי לשון למודים לדעת לעות את יעף דבר	כשלוקחים ילד לבית ספר	Hebrew Amulets P. 132	ישעיהו נ׳, ד׳
יאר כנכ אכ	יפה את רעיתי כתרצה נאוה כירושלים אימה כנדגלות	להשיג טובה	Hebrew Amulets P. 132	שיר השירים ו׳, ד׳
יב	שם י״ב אותיות - יהוה יההו יוהה הוהי הויה ההיו והיה וההי ויהה היהו היוה ההוי	למעשה אלו 12 מלים בנות 4 אותיות כל אחת	רזיאל המלאך ע׳ ע״ט Hebrew Amulets P. 96	
יבהב	יונתי בחגוי הסלע בסתר		הקמיע העברי ע׳ 71	שיר השירים ב׳, י״ד
יבה בהה אמ	יונתי בחגוי הסלע בסתר המדרגה הראיני את מראיך	בזמן צרה	Hebrew Amulets P. 132	שיר השירים ב׳, י״ד
יבים	ה׳ בעזך ישמח מלך		הקמיע העברי ע׳ 188	תהלים כ״א, ב׳
יבמ גמר עאר	ידין בגוים מלא גויות מחץ ראש על ארץ רבה	נגד רוחות	Hebrew Amulets P. 132	תהלים ק״י, ו׳
יבמה	ישא ברכה מאת ה׳		הקמיע העברי ע׳ 188	תהלים כ״ד, ה׳
יבמ ויי ייכע	ימצאהו בארץ מדבר ובתהו ילל ישמן יסבבנהו יבוננהו יצרנהו כאישון עינו	לגרש שדים	Hebrew Amulets P. 132	דברים ל״ב, י׳
יבע	יצירה בריאה עשיה		הקמיע העברי ע׳ 205	קבלה
יבע בשי	ישב בסתר עליון בצל שדי יתלונן		הקמיע העברי ע׳ 188	תהלים צ״א, א׳

צירוף אותיות	מובן	שימוש	ספרי מקור	ספרי קודש
יבע בשי אלמ ואא בכה ימי מהב ילו כתץ ואל תמל מיי מבי מיצ ימא ומא ליר בתו רתכ כאי מעש מלת ארו ליב כמי ללב דעכ יפת ברע שות תכו כבח ואכ ישי ועא באו איאוב	ישב בסתר עליון בצל שדי יתלונן. אמר להי׳ מחסי ומצודתי אלהי אבטח בו. כי הוא יצילך מפח יקוש מדבר הוות. באברתו יסך לך ותחת כנפיו תחסה צנה וסחרה אמתו. לא תירא מפחד לילה מחץ יעוף יומם. מדבר באפל יהלך מקטב ישוד צהרים. יפל מצדך אלף ורבבה מימינך אליך לא יגש. רק בעיניך תביט ושלמת רשעים תראה. כי אתה ה׳ מחסי עליון שמת מעונך. לא תאנה אליך רעה ונגע לא יקרב באהלך. כי מלאכיו יצוה לך לשמרך בכל דרכיך. על כנפים ישאונך פן תגף באבן רגלך. על שחל ופתן תדרך תרמס כפיר ותנין. כי בי חשק ואפלטהו אשגבהו כי ידע שמי. יקראני ואענהו עמו אנכי בצרה אחלצהו ואכבדהו. ארך ימים אשביעהו ואראהו בישועתי.		Jewish Tradition In Art P. 241	תהלים צ״א (כל הפרק)
יבצ	יפרח בימיו צדיק / י״ב צרופים / ישכון בהר ציון		הקמיע העברי ע׳ 188 הקמיע העברי ע׳ 205 Jewish Tradition In Art P. 197	תהלים ע״ב, ז׳ קבלה
יבק	יעננו ביום קראנו / יחוד ברכה קדושה	קריאה לעזרה	הקמיע העברי ע׳ 58, 188 הקמיע העברי ע׳ 205	תהלים כ׳, י׳ / קבלה
יגל	חלק משם בן 42 אותיות		Hebrew Amulets P. 127	
יה	יושב הכרבים, שם ה׳		הקמיע העברי ע׳ 188	שמואל א׳ ד׳, ד׳
יהד	יסוד **הוד** נצח		הקמיע העברי ע׳ 205	קבלה
יההו	שם ה׳		הקמיע העברי ע׳ 38	
יההיבק	ה׳ הושיעה המלך יעננו ביום קראנו	קריאה לעזרה	הקמיע העברי ע׳ 58, 188	תהלים כ׳, י׳
יהו	ישמרהו השם ויחיהו / יהושע השם ויחיהו		הקמיע העברי ע׳ יג׳, 188	

צירוף אותיות	מובן	שימוש	ספרי מקור	ספרי קודש
יהוה יהה יוהה הוהי הויה ההיו והיה וההי ויהה היהו היוה ההוי	שם של 12 אותיות, מרכב מ-12 הטיות של השם המפורש. כל מלה מרכבת מראשי תיבות או סופי תיבות (ס״ת) של פסוק בתנך וקשורה עם שם של חודש. יהוה - ישמחו השמים ותגל הארץ יההו - יתהלל המתהלל השכל וידע יוהה - ידותיו. ולצלע המשכן השנית הוהי - זה איננו שוה לי (ס״ת) הויה - ה סכת ושמע ישראל היום ההיו - וצדקה תהיה לנו כי (ס״ת) והיה - ויראו אותה שרי פרעה (ס״ת) וההי - ודבש. היום הזה ה׳ ויהה - וירא יושב הארץ הכנעני היהו - להי אתי ונרוממה שמו (ס״ת) היוה - המר ימירנו והיה הוא ההוי - עירה ולשרקה בני אתנו(ס״ת)	 ניסן אייר סיון תמוז אב אלול תשרי חשון כסלו טבת שבט אדר	רזיאל המלאך ע׳ ע״ט Hebrew Amulets P. 96 הקמיע העברי ע׳ 39	 תהלים צ״ו, י״א ירמיהו ט׳, כ״ג שמות כ״ו, י״ט-כ׳ אסתר ה׳, י״ג דברים כ״ז, ט׳ דברים ו׳, כ״ה בראשית י״ב, ט״ו דברים כ״ו, טו-טז בראשית נ׳, י״א תהלים ל״ד, ד׳ ויקרא כ״ז, ל״ג בראשית מ״ט, י״א
יהוזקטיה	שלש אותיות ראשונות של ״יהוה״ בהתחלה, אות אחרונה בסוף. באמצע ״זקטי״ ?	שם ה׳	הקמיע העברי ע׳ 38	
יהויש	ירעם הים ומלאו. יעלז שדי		הקמיע העברי ע׳ 188	תהלים צ״ו, י״א-י״ב
יהותוב	ירעם הים ומלאו תבל וישבי בה		הקמיע העברי ע׳ 188	תהלים צ״ח, ז׳
יהי יוה	״יהוה״ עם ״יי״, באמצע	שם ה׳	הקמיע העברי ע׳ 38	
יהל	ישמרנו ה׳ לנצח		הקמיע העברי ע׳ 188	
יהלאאהאהלמא בוא כמיוגרולת	יפתח ה׳ לך את אוצרו הטוב את השמים לתת מטר ארצך בעתו ולברך את כל מעשה ידיך והלוית גוים רבים ואתה לא תלוה		הקמיע העברי ע׳ 97, 188	דברים כ״ח, י״ב
יהמהנחמב	ה׳ העלית מן השאול (במקור - שאול) נפשי חייתני מיורדי בור	לחיים, למחלת נפש	הקמיע העברי ע׳ 58, 188	תהלים ל׳, ד׳
יהמהיה	מי כמכה באלם ה׳ מי כמכה (אותיות אחרונות)		הקמיע העברי ע׳ 189	שמות ט״ו, י״א
יהמיאל	מלאך		Hebrew Amulets P. 127	
יהמיה	מי כמכה באלם (אותיות אחרונות), ואחרי כן ״יה״		Hebrew Amulets P. 127	שמות ט״ו, י״א
יהרם	**י**הי **ר**צון **מ**לפניך		חמסה ע׳ 70	
יהרם יאוא	**י**הי **ר**צון **מ**לפניך **ה**׳ **א**להינו **ו**אלהי **א**בותינו		הקמיע העברי ע׳ 126	
יובב	יבנה ויכונן במהרה בימינו		הקמיע העברי ע׳ 130	
יוהך כלך	כי מלאכיו יצוה לך לשמרך בכל דרכיך (אותיות אחרונות)	קריאה לעזרה / הגנה כללית	הקמיע העברי ע׳ 58, 189 Hebrew Amulets P. 50	תהלים צ״א, י״א
יו ז	**יום ז**, יום שבת (ז = 7, יום שביעי)		Jewish Tradition In Art P. 32	
יוט	**יום טוב**		Jewish Tradition In Art P. 89	

צירוף אותיות	מובן	שימוש	ספרי מקור	ספרי קודש
יוי	שם ה׳		הקמיע העברי ע׳ 79	
יויר	ה׳ רחום (יוי - שם ה׳)		הקמיע העברי ע׳ 79	
יוכבד	אמו של משה ואהרון.	הגנה על תינוק	Hebrew Amulets P. 51,113	
יוסף	הבן האהוב של יעקב	נגד עין רעה	Hebrew Amulets P. 114	
יועב	יקראני ואענהו עמו (דלג על ״אנכי״) בצרה	קריאה לעזרה	הקמיע העברי ע׳ 58, 189	תהלים צ״א, ט״ו
יופיאל	מלאך היופי		Hebrew Amulets P. 127	
יוצח	**יו**צאי **ח**לציו		הקמיע העברי ע׳ יג׳	
יוש	**י**מים **וש**נים		הקמיע העברי ע׳ יג׳	
יחג	ישׂשכר חמר גרם	לפתיחת הלב	הקמיע העברי ע׳ 189	בראשית מ״ט, י״ד
יחמושי	יכרסמנה חזיר מיער וזיז שדי ירענה		הקמיע העברי ע׳ 189	תהלים פ׳, י״ד
יחרנ	ה׳ חנני רפאה נפשי	למחלת נפש	הקמיע העברי ע׳ 58, 189	תהלים מ״א, ה׳
יי	שם השם / יאריך ימים		הקמיע העברי ע׳ 189	
ייאא	ה׳ ידין אפסי ארץ		הקמיע העברי ע׳ 189	שמואל א׳ ב׳, י׳
ייא אהב ומי	יצו ה׳ אתך את הברכה באסמיך ובכל משלח ידך	קמיע שומרוני	הקמיע העברי ע׳ 189 Hebrew Amulets P. 134	דברים כ״ח, ח׳
ייאיכעיהועפויאי מע	יחל ישראל אל ה׳ כי עם ה׳ החסד והרבה עמו פדות. והוא יפדה את ישראל מכל עונותיו		הקמיע העברי ע׳ 189	תהלים ק״ל, ז׳-ח׳
ייאעב	ה׳ יברך את עמו בשלום		הקמיע העברי ע׳ 189	תהלים כ״ט, י״א
ייא רוא אוחו נחלנעווו	ה׳ ה׳ אל רחום וחנון ארך אפים ורב חסד ואמת. נצר חסד לאלפים נושא עון ופשע וחטאה ונקה	לגרום לזה שתפילתך תענה	הקמיע העברי ע׳ 189 Hebrew Amulets P. 132	שמות ל״ד, ו׳-ז׳
ייבב	יראי ה׳ בטחו בה׳	קריאה לעזרה	הקמיע העברי ע׳ 58, 189	תהלים קט״ו, י״א
ייבץ ישאו	יענך ה׳ ביום צרה ישגבך שם אלהי יעקב (ו׳ במקום י׳ ביעקב)	קריאה לעזרה	הקמיע העברי ע׳ 58, 189	תהלים כ׳, ב׳
יידר	פישון גיחון חדקל פרת - אות שניה של כל נהר		הקמיע העברי ע׳ 76	
ייהאנש	ה׳ יושב הכרובים אשר נקרא שם		הקמיע העברי ע׳ 189	דברי הימים א׳, י״ג, ו׳
ייו ייפ אוייפא ולש	יברכך ה׳ וישמרך. יאר ה׳ פניו אליך ויחנך. ישא ה׳ פניו אליך וישם לך שלום	ברכת הכוהנים / לגרש שדים מתינוק	הקמיע העברי ע׳ 189 Hebrew Amulets P. 132	במדבר ו׳, כ״ד-כ״ו / ברכת הכוהנים

צירוף אותיות	מובן	שימוש	ספרי מקור	ספרי קודש
ייי	יברכך... יאר... ישא... - אות ראשונה בכל פסוק / שם ה' / מלה בשם 72 אותיות		הקמיע העברי ע' 189 Hebrew Amulets P. 96 הקמיע העברי ע' 45	במדבר ו', כ"ד-כ"ו
יייי	יגל יעקב ישמח ישראל		הקמיע העברי ע' 189	תהלים י"ד, ז'
ייי ללו	חלק משם 72 אותיות		הקמיע העברי ע' 189	
ייכמ	ימלא ה' כל משאלותיך	לחסד, הצלה	הקמיע העברי ע' 58, 189	תהלים כ', ו'
ייל אאה	יפתח ה' לך את אוצרו הטוב	קמיע שומרוני	Hebrew Amulets P. 134	דברים כ"ח, י"ב
יי לאא האה בוא כמי	יפתח ה' לך את אוצרו הטוב את השמים (דלג - לתת מטר ארצך) בעתו ולברך את כל מעשה ידך		הקמיע העברי ע' 189	דברים כ"ח, י"ב
יילו	ה' ימלך לעלם ועד	נגד אויב	הקמיע העברי ע' יג'	שמות ט"ו, י"ח
יילוא	ימלוך ה' לעולם ועד אמן		הקמיע העברי ע' יג'	
יילות	ה' ילחם לכם ואתם תחרשון	קמיע שומרוני	הקמיע העברי ע' 190 Hebrew Amulets P. 134	שמות י"ד, י"ד
יימוביכיח	יברכך ה' מציון וראה בטוב ירושלם כל ימי חייך		הקמיע העברי ע' 190	תהלים קכ"ח, ה'
יימר יאנ ייצו מוע	ה' ישמרך מכל רע ישמר את נפשך. ה' ישמר צאתך ובואך מעתה ועד עולם	קריאה לעזרה	הקמיע העברי ע' 58, 190	תהלים קכ"א, ז'-ח'
יינ ביי תא	ימינך ה' נאדרי בכח ימינך ה' תרעץ אויב	נגד אויב	Hebrew Amulets P. 132	שמות ט"ו, ו'
ייע	ה' (אלהי אבותיכם) יוסף עליכם / יוסף ה' עליכם		הקמיע העברי ע' 190	דברים א' י"א
ייעעדכמהב	ה' יסעדנו על ערש דוי כל משכבו הפכת בחליו	קריאה לעזרה	הקמיע העברי ע' 58, 190	תהלים מ"א, ד'
ייצו מוע	ה' ישמר צאתך ובואך מעתה ועד עולם	קריאה לעזרה	הקמיע העברי ע' 58, 190	תהלים קכ"א, ח'
ייר	ימין ה' רוממה		הקמיע העברי ע' 190	תהלים קי"ח, ט"ז
יכ	יום כפור		Jewish Tradition In Art P. 74	
יכבץ	ישכון כבוד בהר ציון		הקמיע העברי ע' יג'	
יככתאול	יגיע כפיך כי תאכל אשריך וטוב לך		הקמיע העברי ע' 190	תהלים קכ"ח, ב'
יכל	יערף כמטר לקחי		הקמיע העברי ע' 190	דברים ל"ב, ב'
יכמי יכרש	מי כמוך באלם ה' מי כמוך נאדר בקדש (אותיות אחרונות)		הקמיע העברי ע' 190	שמות ט"ו, י"א
יכניאל	שר (מלאך ראשי) ראשון		רזיאל המלאך ע' ע"ח	
יכעה כשינעום	וראו (י' במקום ו') כל עמי הארץ כי שם ה' נקרא עליך ויראו ממך		הקמיע העברי ע' 190	דברים כ"ח, י'
יכש	מלה בשם בן 42 אותיות		Hebrew Amulets P. 127	

צירוף אותיות	מובן	שימוש	ספרי מקור	ספרי קודש
יכתה	ישב כרובים תנוט הארץ		הקמיע העברי ע' 190	תהלים צ"ט, א'
ילאפולליצו	יהיו לרצון אמרי פי והגיון לבי לפניך ה' צורי וגאלי	קריאה לעזרה	הקמיע העברי ע' 58, 190	תהלים י"ט, ט"ז
יללא	ה' לי לא אירא		הקמיע העברי ע' 190	תהלים קי"ח, ו'
ילס	הטיה של לסי - לפורקנך סברית ה'		Hebrew Amulets P. 127	בראשית מ"ט, י"ח - בתרגום
ילק	הטיה של לקי - לישועתך קויתי ה'		Hebrew Amulets P. 127	בראשית מ"ט, י"ח
ילש	(ו)ישם לך שלום		Hebrew Amulets P. 127	במדבר ו', כ"ו
ילשת בעשר ב	יבדל לחיים שומע תפילה ברחמים עליו שלום רב ברכה		הקמיע העברי ע' 139	
ילת	יהי לבי תמים		הקמיע העברי ע' 190	תהלים קי"ט, פ'
ימאומאלי	יפל מצדך אלף ורבבה מימינך אליך לא יגש		הקמיע העברי ע' 190	תהלים צ"א, ז'
ימג	יסוד מלכות גבורה		הקמיע העברי ע' 205	קבלה
ימגל	ה' מלך גאות לבש		הקמיע העברי ע' 190	תהלים צ"ג, א'
ימובה	יהיה מגן וצנה בעד הילד		הקמיע העברי ע' 190	
ימחו	ה' מנת חלקי וכוסי	להצליח בבקשה	הקמיע העברי ע' 190 רפאל המלאך ע' 97	תהלים ט"ז, ה'
ימימיילו	ה' מלך ה' מלך ה' ימלך לעולם ועד		הקמיע העברי ע' 191	בתפילת יום כפור
ימל	יסוד מלכות		הקמיע העברי ע' 205	קבלה
ימש	ימח שמו		Jewish Tradition In Art P. 163	
ינוע	יחיה נצח ועד עולם		הקמיע העברי ע' 122	
יסא	יסוד אב"א		הקמיע העברי ע' 205	קבלה
יסואי	יסוד אימא		הקמיע העברי ע' 205	קבלה
יסוד	אחת מעשר הספירות בקבלה		Hebrew Amulets P. 119	קבלה
יסוצ	יסוד צדיק		הקמיע העברי ע' 205	קבלה
יסוצאב	יסוד צדיק אות ברית		הקמיע העברי ע' 205	קבלה
יסמג	יסוד מלכות גבורה		הקמיע העברי ע' 205	קבלה
יסמי	יסוד ספירות מקוריות		הקמיע העברי ע' 205	קבלה
יע	יסוד עגולים / יצירה עשיה		הקמיע העברי ע' 205	קבלה
יעא	יבנה עירו אמן / יכוננה עליו אמן / ישמרהו עליון אמן / יגן עלינו אמן/ יכוננה עליון אמן		הקמיע העברי ע' יג' הקמיע העברי ע' 191 Jewish Tradition In Art P. 327 אפגניסתאן ע' 157 היהודים במארוקו ע' 58	
יעא יעכ	יודוך עמים אלהים יודוך עמים כלם		הקמיע העברי ע' 191	תהלים ס"ז, ד'

צירוף אותיות	מובן	שימוש	ספרי מקור	ספרי קודש
יעו	ה׳ עוזי ומגני		הקמיע העברי ע׳ 191	תהלים כ״ח, ז׳
יעולל	יעבדוך עמים וישתחו לך לאמים		הקמיע העברי ע׳ 26	בראשית כ״ז, כ״ט
יעלי ייאעב	ה׳ עז לעמו יתן ה׳ יברך את עמו בשלום		הקמיע העברי ע׳ 191	תהלים כ״ט, י״א
יעל ליע עיל	הטיות שונות של ״יחי עוד לנצח״		הקמיע העברי ע׳ 140	
יעמת	**כי** ת**ע**בר ב**מ**ים א**ת**ך (אות שניה בכל מלה)	תפילת הדרך	הקמיע העברי ע׳ 47, 191	ישעיהו מ״ג, ב׳
יעעילאוע	ישפט עניי עם יושיע לבני אביון וידכא עושק		הקמיע העברי ע׳ 191	תהלים ע״ב, ד׳
יעש	**יע**שה **ש**לום		הקמיע העברי ע׳ יג׳	
יפיאל	מלאך		Hebrew Amulets P. 127	
יפרטשה	אחד משמות השדה לילית	להגנה על תינוק	הקמיע העברי ע׳ 111	
יפרמעוע	**יפ**גע **ר**ע **מע**תה **ו**עד **ע**ולם		חמסה ע׳ 91	
יצא	ה׳ צבאות אלהי	למקשה ללדת	הקמיע העברי ע׳ 191	ישעיהו ל״ז, ט״ז
י צ א צ א י א י צ	תשבץ. הטיות של ״יצא״ - ה׳ צבאות אלהי״. במאוזן ומאונך.	למקשה ללדת	הקמיע העברי ע׳ 25	ישעיהו ל״ז, ט״ז
יצאאבב	ה׳ צבאות אשרי אדם בטח בך		הקמיע העברי ע׳ 191	תהלים פ״ד, י״ג
יצאי	ה׳ צבאות אלהי ישראל		הקמיע העברי ע׳ 191	דברי הימים א׳ י״ז, כ״ד
יצאייה	ה׳ צבאות אלהי ישראל ישב הכרבים		הקמיע העברי ע׳ 191	ישעיהו ל״ז, ט״ז
יצארת	ה׳ צבאות אם ראה תראה	להריון	הקמיע העברי ע׳ 191	שמואל א׳ א׳, י״א
יצהט	**יצר ה**ט**ו**ב		הקמיע העברי ע׳ 141	
יצהיוחה	צרוף של ״יהוה״ ו-״ציח״ (צדקיאל יופיאל מיכאל). כל אות ב״ציח״ עוקבת אות ב״יהוה״.		הקמיע העברי ע׳ 38	
יצהר	**יצר הר**ע		הקמיע העברי ע׳ 141	
יצו	ישמור צאתו ובואו / ישר צדק ונאמן / ה׳ צורי וגאלי/ ישמרהו צורו וגואלו / ישמרהו צורו ויחיהו		הקמיע העברי ע׳ יג׳, 35 Jewish Tradition In Art P. 327 אפגניסתאן ע׳ 132	תהלים י״ט, ט״ו
יצוא	ישמרו צורו וגואלו אמן		Jewish Tradition In Art P. 28	
יציה	ה׳ צבאות יושב הכרבים		הקמיע העברי ע׳ 191	שמואל ב׳ ו׳, ב׳
יציץ	ה׳ צילך ישמור צאתך		הקמיע העברי ע׳ 118	
יצע	ה׳ צבאות עמנו	קריאה לעזרה	הקמיע העברי ע׳ 58, 191	תהלים מ״ו, ח׳
יצעמל	ה׳ צבאות עמנו משגב לנו	קריאה לעזרה	הקמיע העברי ע׳ 58, 129, 191	תהלים מ״ו, ח׳ תהלים מ״ו, י״ב

צירוף אותיות	מובן	שימוש	ספרי מקור	ספרי קודש
יצתל	יחיהו צורו תהלה לאל		אפגניסתאן ע׳ 136	
יקב	יחוד קדושה ברוכה		הקמיע העברי ע׳ 205	קבלה
יקהרועה	שם ה׳. צרוף של ״יהוה״ ו״קרע״. כל אות ב-״קרע״ עוקבת אות ב-״יהוה״ / אותיות ראשונות של הפסוקים: יקום ה׳ יפוצו אויבך וינוסו... קומה ה׳ באפך הנשא בעברות... הוציאה ממסגר נפשי... רצה ה׳ להצילני... ואני עני ואביון... עיני תמיד אל ה׳... השמיעני בבקר חסדיך...	פדיון נפש לחולה אנוש	הקמיע העברי ע׳ 39 רפאל המלאך ע׳ 76 חמסה ע׳ 91	״קרע״ - חלק משם 42 אותיות
יקל קיל ליק ילק לסי סיל יסל ילס סלי ליס ישד דיש	הטיות של שמות ה׳ - לסי, לקי, שדי		הקמיע העברי ע׳ 142	
יר	יהי רצון		אפגניסתאן ע׳ 157	
ירה	**י**רום **ה**ודו		Jewish Tradition In Art P. 172	
ירושתו	**ירוש**לים **ת**יבנה **ו**תכונן		הקמיע העברי ע׳ יג׳	
ירלא	ה׳ רעי לא אחסר		הקמיע העברי ע׳ 191	תהלים כ״ג, א׳
ירמ	יהי רצון מלפניך		הקמיע העברי ע׳ יג׳	
ירמיאוא	יהי רצון מלפניך ה׳ אלהינו ואלהי אבותינו		הקמיע העברי ע׳ ידי, 191, חמסה ע׳ 91	
ירש	**יר**את **ש**מים		הקמיע העברי ע׳ ידי	
יש	יתברך שמו		הקמיע העברי ע׳ 119	
ישאי	ישגבך שם אלהי יעקב	קריאה לעזרה	הקמיע העברי ע׳ 58, 191	תהלים כ׳, ב׳
ישאע	ואני כחרש לא אשמע (אותיות אחרונות)		הקמיע העברי ע׳ 191	תהלים ל״ח, י״ד
ישהטונה	שם ה׳. צרוף של ״יהוה״ ו״שטן״. כל אות ב-״שטן״ עוקבת אות ב-״יהוה״	פדיון נפש לחולה אנוש	הקמיע העברי ע׳ 39 רפאל המלאך ע׳ 76	״שטן״ - חלק משם 42 אותיות
ישי	ה׳ שומר ישראל		הקמיע העברי ע׳ ידי	
ישימ	יהי שם ה׳ מבורך		הקמיע העברי ע׳ ידי	
ישל	ישתבך שמו לעד		הקמיע העברי ע׳ ידי	
ישסות	**יש**ראל **ס**בא **ות**בונה		הקמיע העברי ע׳ 295	קבלה
ישלשו	**יש**תבח **ש**מך **ל**עולם **ו**עד		הקמיע העברי ע׳ 192	
ישת ואת	ה׳ שמעה תפלתי ושועתי אליך תבוא	קריאה לעזרה, למחלת נפילה	הקמיע העברי ע׳ 58, 192	תהלים ק״ב, ב׳
יתד	יסוד תפארת דעת		הקמיע העברי ע׳ 205	קבלה
יתי	יושב תהלות ישראל		הקמיע העברי ע׳ 192	תהלים כ״ב, ד׳
יתש	**ית**ברך **ש**מו		לחש וקמיע ע׳ 152	

צירוף אותיות	מובן	שימוש	ספרי מקור	ספרי קודש
יתת	**י**רושלים **ת**בנה **ות**כונן		הקמיע העברי ע׳ ידי	
--כ--				
כאאוא	כבד את אביך ואת אמך		הקמיע העברי ע׳ 192	שמות כ׳, י״ב
כאי גקי לשב ובכ ובר	כה אמר ה׳ גאלכם קדוש ישראל למענכם שלחתי בבלה והורדתי בריחים כלם וכשדים באניות רנתם	להגנה בים	Hebrew Amulets P. 132	ישעיהו מ״ג, י״ד
כאיוחויל	כי ארך ימים ושנות חיים ושלום יוסיפו לך		הקמיע העברי ע׳ 192	משלי ג׳, ב׳
כאימעשמ	כי אתה ה׳ מחסי עליון שמת מעוניך	קריאה לעזרה	הקמיע העברי ע׳ 58, 192	תהלים צ״א, ט׳
כאי מקמ ומ	כה אמר ה׳ מנעי קולך מבכי ועיניך מדמעה	לילדים בוכים	Hebrew Amulets P. 132	ירמיהו ל״א, ט״ו
כאיר	כי אני ה׳ רפאך	לרפואה	הקמיע העברי ע׳ 58, 192 Hebrew Amulets P. 127	שמות ט״ו, כ״ו
כאמעצ	כי אצק מים על צמא		הקמיע העברי ע׳ 192	ישעיהו מ״ד, ג׳
כב	כתר בינה		הקמיע העברי ע׳ 206	קבלה
כ״ב	שם 22 אותיות (אנקתם פסתם פספסים דיונסין)		הקמיע העברי ע׳ ידי	
כבוע	**כבו**ד **ע**לאה		הקמיע העברי ע׳ 206	קבלה
כבות	**כבו**ד **ות**ורה		הקמיע העברי ע׳ 133	
כבח	כתר בינה חכמה		הקמיע העברי ע׳ 206	קבלה
כבכ	כוזו במוכסז כוזו (שם 14 אותיות - שיטת ״אבגד״ לפסוק ״יהוה אלהינו יהוה״)		הקמיע העברי ע׳ 192	
כבכוע	כשל בעוני כחי ועצמי עששו	לחולשה, למחלת עצמות	הקמיע העברי ע׳ 58, 59, 192	תהלים ל״א, י״א
כדת	כתר דעת תפארת		הקמיע העברי ע׳ 206	קבלה
כה	כבוד הרב		Jewish Tradition In Art P. 96	
כהאיבבה	כמראה הקשת אשר יהיה בענן ביום הגשם		הקמיע העברי ע׳ 192	יחזקאל א׳, כ״ח
כהאשבלאע כאיר	כל המחלה אשר שמתי במצרים לא אשים עליך כי אני ה׳ רפאך	לרפואה	הקמיע העברי ע׳ 58, 192	שמות ט״ו, כ״ו
כהימימה וכת	כי הוא יצילך מפח יקוש מדבר הוות... ותחת כנפיו תחסה	נגד מגיפה	הקמיע העברי ע׳ 58, 192	תהלים צ״א, ג׳ ואמצע פסוק ד׳
כהק	**כ**תבי **הק**דש		הקמיע העברי ע׳ ידי	
כהר	**כ**בוד **הר**ב		Jewish Tradition In Art P. 327	
כהרר	**כ**בוד **הר**ב **ר**בי		Jewish Tradition In Art P. 327	
כהת	חלק משם 72 מלים		הקמיע העברי ע׳ 192	

צירוף אותיות	מובן	שימוש	ספרי מקור	ספרי קודש
כהתיה	כל הנשמה תהלל יה הללויה		הקמיע העברי ע׳ 192	תהלים ק״נ, ו׳
כוז	כולל זכאי		הקמיע העברי ע׳ 134	
כוזו במוכסז כוזו	יהוה אלהינו יהוה בשיטת אבג״ד, שם י״ד אותיות, שם ה׳		הקמיע העברי ע׳ 24 רזיאל המלאך ע׳ ט״ז	
כוח	כתר וחכמה		הקמיע העברי ע׳ 206	קבלה
כוע	כלל ועיקר / כוונה עצומה		הקמיע העברי ע׳ יד׳	
כחא ימה לימי	כל חרם אשר יחרם מן האדם לא יפדה מות יומת	לגרום שהקללה תתקיים	Hebrew Amulets P. 132	ויקרא כ״ז, כ״ט
כחב	כתר חכמה בינה		הקמיע העברי ע׳ 206	קבלה
כחבד	כתר חכמה בינה דעת		הקמיע העברי ע׳ 206	קבלה
כחבתומ	כתר חכמה בינה תפארת ומלכות		הקמיע העברי ע׳ 206	קבלה
כחמ הבכ בכ	כי חנם מזורה הרשת בעיני כל בעל כנף	נגד אויב	Hebrew Amulets P. 132	משלי א׳, י״ז
כחת	כתר חכמה תפארת		הקמיע העברי ע׳ 206	קבלה
כטס	כל טוב סלה		הקמיע העברי ע׳ יד׳	
כיא אאה אק	כי ה׳ אלהיך אש אכלה הוא אל קנא	להחליש את האויב	Hebrew Amulets P. 132	דברים ד׳, כ״ד
כיאויא	כוס ישועות אשא ובשם ה׳ אקרא		הקמיע העברי ע׳ 192	תהלים קט״ז, י״ג
כיבמ	כל ישראל בני מלאכים		הקמיע העברי ע׳ יד׳, 48	
כימל	כי ילך מלאכי לפניך		הקמיע העברי ע׳ 192	שמות כ״ג, כ״ג
כיעכי	כי יד על כס יה		הקמיע העברי ע׳ 192	שמות י״ז, ט״ז
כיק צלב בעא עה	כי יקרא קן צפור לפניך בדרך בכל עץ או על הארץ	לפטם עופות / נגד אויב	Hebrew Amulets P. 132	דברים כ״ב, ו׳
כיר	כן יהי רצון		הקמיע העברי ע׳ י׳	
כירא	כן יהי רצון אמן		Hebrew Amulets P. 127	
כירנס	כן יהי רצון נצח סלה		Jewish Tradition In Art P. 300	
כלו שע	כבשים ללבושך ומחיר שדה עתודים	להרבות את העדר	Hebrew Amulets P. 132	משלי כ״ז, כ״ו
כלנ בוק בכי לומ פא	כי לא נחש ביעקב ולא קסם בישראל כעת יאמר ליעקב ולישראל מה פעל אל	לשכב בבית	Hebrew Amulets P. 132	במדבר כ״ג, כ״ג
כמבא	כי עמך מקור חיים באורך נראה אור (אות ראשונה מכל מלה שניה - סרוגין) / כי מימיני בל אמוט		הקמיע העברי ע׳ 192 הקמיע העברי ע׳ 61	תהלים ל״ו, י׳ תהלים ט״ז,ח׳
כמיל לבד	כי מלאכיו יצוה לך לשמרך בכל דרכיך	קריאה לעזרה	הקמיע העברי ע׳ 58, 192, חמסה ע׳ 91	תהלים צ״א, י״א
כמצה	כי מכל צרה הצילני	להציל מצרה	הקמיע העברי ע׳ 59, 192	תהלים נ״ד, ט׳
כני	כתר נצח יסוד		הקמיע העברי ע׳ 206	קבלה

צירוף אותיות	מובן	שימוש	ספרי מקור	ספרי קודש
כנמואוחתמ	כי נר מצוה ותורה אור ודרך חיים תוכחות מוסר		הקמיע העברי ע׳ 192	משלי ו׳, כ״ג
כסה בפז	**כס**א **ה**כבוד **בפ**ני **ז**ה		הקמיע העברי ע׳ 122	
כסוא	כי סלעי ומצודתי אתה	לחיים, להצלה	הקמיע העברי ע׳ 58, 193	תהלים ל״א, ד׳
כע	כתר עליון / כתרא עלאה		הקמיע העברי ע׳ 206	קבלה
כעאה	כן עשה את המנרה		הקמיע העברי ע׳ 193	במדבר ח׳, ד׳
כעויולל	כי עזי וזמרת יה ה׳ ויהי לי לישועה	להציל מצרה	הקמיע העברי ע׳ 59, 193	ישעיהו י״ב, ב׳
כעמח בנא	כי עמך מקור חיים באורך נראה אור		הקמיע העברי ע׳ 193	תהלים ל״ו, י׳
כץ	כהן צדק		Jewish Tradition In Art P. 78	
כר	כתב רחמנא / כעת רצון		הקמיע העברי ע׳ 193	
כרמיאל	מלאך		Hebrew Amulets P. 127	
כשת	כבוד שם תפארתו		Jewish Tradition In Art P. 52	
כשת מהרר	**כ**בוד **ש**ם **ת**ורתו **מ**ורנו **ה**ר**ב** **ר**בי		הקמיע העברי ע׳ יד׳	
כת	כתר תורה		Jewish Tradition In Art P. 74	
כתאביאל	כה תברכו את בני ישראל אמור להם		הקמיע העברי ע׳ 193	במדבר ו׳, כ״ג
כתב אאו לי	כי תעבר במים אתך אני ובנהרות לא ישטפוך	לסערה בים	הקמיע העברי ע׳ 193 Hebrew Amulets P. 132	ישעיהו מ״ג, ב׳
כתי	**כת**ב **י**ד		הקמיע העברי ע׳ יד׳	
כתים	כתר תפארת יסוד מלכות		הקמיע העברי ע׳ 206	קבלה
כתל עאו יאב וש	כי תצא למלחמה על איביך ונתנו ה׳ אלהיך בידך ושבית שביו	לנצחון במלחמה	Hebrew Amulets P. 132	דברים כ״א, י׳
כתמ	**כת**ר **מ**לכות / כתר תורה מלכות/ כתר תפארת מלכות		הקמיע העברי ע׳ 206	קבלה
כתע	**כת**ר **ע**ליון		הקמיע העברי ע׳ 206	קבלה
כתר	אחת מעשר הספירות בקבלה		Hebrew Amulets P. 119	קבלה

--ל--				
לאא אאו יהל כער ש	לולי אלהי אבי אלהי אברהם ופחד יצחק היה לי כי עתה ריקם שלחתני	להרויח במסחר	Hebrew Amulets P. 132	בראשית ל״א, מ״ב
לאא האה למא בוא כמיוגרולת	לך את אוצרו הטוב את השמים לתת מטר ארצך בעתו ולברך את כל מעשה ידך והלוית גוים רבים ואתה לא תלוה		הקמיע העברי ע׳ 97	דברים כ״ח, י״ב

צירוף אותיות	מובן	שימוש	ספרי מקור	ספרי קודש
לאב רעעי	למה אירא בימי רע עון עקבי יסובני	נגד פחד וסכנה / נגד זהום	הקמיע העברי ע' 79, 193 Hebrew Amulets P. 133	תהלים מ"ט, ו'
לאל יאיואמס ואמ ואב נוג	לכן אמר לבני ישראל אני ה' והוצאתי אתכם מתחת סבלת (דלג על "מצרים") והצלתי אתכם מעבדתם וגאלתי אתכם בזרוע נטויה ובשפטים גדלים	להציל מסכנה	Hebrew Amulets P. 133	שמות ו', ו'
לאלשלל	לך אמר להם שובו לכם לאהליכם	לשלום בין איש ואשתו	הקמיע העברי ע' 193	דברים ה', כ"ז
לבדבגי	לדעת בארץ דרכך בכל גוים ישועתך		הקמיע העברי ע' 193	תהלים ס"ז, ג'
לבמשאי ויפאס	למנצח בנגינת מזמור שיר. אלהים יחננו ויברכנו יאר פניו אתנו סלה	קריאה לעזרה	הקמיע העברי ע' 58, 193	תהלים ס"ז, א'-ב'
לבמ שאי ויפ אסל בדב גיי עאי עכי ולכ תעמ ובת סיע איע כאנ ייא איא ואכ אא	למנצח בנגינת מזמור שיר. אלהים יחננו ויברכנו יאר פניו אתנו סלה. לדעת בארץ דרכך בכל גוים ישועתך. יודוך עמים אלהים יודוך עמים כלם. ישמחו וירננו לאמים כי תשפט עמים מישר ולאמים בארץ תנחם סלה. יודוך עמים אלהים יודוך עמים כלם. ארץ נתנה יבולה יברכנו אלהים אלהינו. יברכנו אלהים וייראו אותו כל אפסי ארץ.	קריאה לעזרה / להנצל מצרה	הקמיע העברי ע' 30, 58 רפאל המלאך ע' 97	תהלים ס"ז (כל הפרק)
לבע	**לב**ריאת **ע**ולם / **לב**ית **ע**ולמו		Jewish Tradition In Art P. 231 אפגניסתאן ע' 138	
לבע וחל ש	לבית עולמו וחיי לן שבק		היהודים במארוקו ע' 230	
לדנ הנב	לכה דודי נצא השדה נלינה בכפרים	לנסיעה בטוחה	Hebrew Amulets P. 133	שיר השירים ז', י"ב
להב	לשנה הבאה בירושלים		הקמיע העברי ע' 118	
להר	**ל**שון **ה**ר**ע**		הקמיע העברי ע' 127	
לולותן	**ל**עד **ול**עולם **ו**עד **ת**נוח **נ**פשו		הקמיע העברי ע' 23	
לומא נעעבא	לכו וראו מפעלות אלהים נורא עלילה על בני אדם		הקמיע העברי ע' 193	תהלים ס"ו, ה'
לחטול	**לח**יים **ט**ובים **ול**שלום		לחש וקמיע ע' 152	
לחלני	לכן חכו לי נאם ה'		הקמיע העברי ע' 193	צפניה ג', ח'
לחעוהב	**לח**יי **ע**ולם **הב**א		אפגניסתאן ע' 138	
לטבלא	לב טהור ברא לי אלהים	למחלת לב	הקמיע העברי ע' 58, 193	תהלים נ"א, י"ב
ליאב	לא יתיצב איש בפניך		הקמיע העברי ע' 193	דברים ז', כ"ד
ליא בוי יאע פכה	לא יתיצב איש בפניכם (דלג על "פחדכם") ומוראכם יתן ה' אלהיכם על פני כל הארץ	נגד שודדים	Hebrew Amulets P. 133	דברים י"א, כ"ה

צירוף אותיות	מובן	שימוש	ספרי מקור	ספרי קודש
ליאומא	לדוד ה׳ אורי וישעי ממי אירא		הקמיע העברי ע׳ 193	תהלים כ״ז, א׳
ליבעו	לא יהיה בך עקר ועקרה	לעקר ועקרה	הקמיע העברי ע׳ 58, 193 Hebrew Amulets P. 128	דברים ז׳, י״ד
לידך	לעולם ה׳ דברך		הקמיע העברי ע׳ 193	תהלים קי״ט, פ״ט
לידנב	לעולם ה׳ דברך נצב בשמים		הקמיע העברי ע׳ 117	תהלים קי״ט, פ״ט
ליי	למען יחלצון ידידיך		הקמיע העברי ע׳ 193	תהלים ס׳, ז׳ תהלים ק״ח, ז׳
ליל אאעפ	לא יהיה לך אלהים אחרים על פני	קמיע שומרוני	Hebrew Amulets P. 134	שמות כ׳, ג׳
לילית	אם כל השדים. שדה רעה, מזיקה לילדים	לא תזיק לילד אם שמה כתוב לידו	הקמיע העברי ע׳ 6, 42 Hebrew Amulets P. 114	
ליקבהו	לשם יחוד קודשאיה בריך הוא ושכינתיה		הקמיע העברי ע׳ 193	
לללמנוב	למיחלים לחסדו. להציל ממות נפשם ולחיותם ברעב		הקמיע העברי ע׳ 193	תהלים ל״ג, י״ח-י״ט
למ׳	למנצח		הקמיע העברי ע׳ יד׳	
למובאח	**למ**זל **ו**ברכה **ב**ני **אל** **ח**י		הקמיע העברי ע׳ יד׳	
למט	**למ**זל **ט**וב		Jewish Tradition In Art P. 23	
למלהו	לדוד מזמור לה׳ הארץ ומלואה		הקמיע העברי ע׳ 193	תהלים כ״ד, א׳
למל המכא	למנצח מזמור לדוד. השמים מספרים כבוד אל		הקמיע העברי ע׳ 194	תהלים י״ט, א׳
למל ומל	לאדם מערכי לב ומה׳ מענה לשון	לחזק את הזכרון	הקמיע העברי ע׳ 194 Hebrew Amulets P. 133	משלי ט״ז, א׳
למל ממל	**ל**אדם **מ**ערכי **ל**ב **ומ**ה׳ **מ**ענה **ל**שון		הקמיע העברי ע׳ 140	משלי ט״ז, א׳
למנ בנג מזמ שי אל יח וי יא פנא סל לד בא דר בכ גו י יו עמ אל יוע מכ ישמ וי לא כית ש עמ מ יול באת נ סיוע איע כאנ ת יב יא אי או אכ אא ר	**למנ**צח **בנג**ינת **מזמ**ור **שי**ר. **אל**הים **יח**ננו **וי**ברכנו **יא**ר **פנ**יו **א**תנו **סל**ה. **לד**עת **בא**רץ **דר**כך **בכ**ל **גו**ים **י**שועתך. **יו**דוך **עמ**ים **אל**הים **יו**דוך **ע**מים **כ**לם. **ישמ**חו **וי**רננו **לא**מים **כי** **ת**ש**פט** **עמ**ים **מי**שר **ול**אמים **בא**רץ **תנ**חם **ס**לה. **יו**דוך **ע**מים **א**להים **י**ודוך **ע**מים **כ**לם. **א**רץ **נת**נה **יב**ולה **י**ברכנו **א**להים **א**להינו. **י**ברכנו **א**להים **וי**יראו **א**ותו **כ**ל **א**פסי **אר**ץ		Hebrew Amulets P. 149	תהלים ס״ז, כל הפרק
למנ בנג מזמ שיר	**למנ**צח **בנג**ינת **מזמ**ור **שיר**		הקמיע העברי ע׳ 79	תהלים ס״ז,א׳

צירוף אותיות	מובן	שימוש	ספרי מקור	ספרי קודש
למנצח בנגנ מש	**למנצח בנגינ**ת **מ**זמור **ש**יר		Hebrew Amulets P. 147	תהלים ס״ז,א׳
למעט	**למע**שים **ט**ובים		הקמיע העברי ע׳ 159	
למעכ	**למע**לת **כ**בוד		Jewish Tradition In Art P. 194	
לנקז (לנוקז)	**לנ**ושא **ק**מיע **ז**ה		הקמיע העברי ע׳ יד׳	
לנקזע (לנוקזע)	**לנ**ושא **ק**מיע **ז**ה **ע**ליו		הקמיע העברי ע׳ יד׳	
לסעכ	לבי סחרחר עזבני כחי	למחלות לב, עצמות	הקמיע העברי ע׳ 58, 59, 194	תהלים ל״ח, י״א
לעחר	**לע**ולם **ח**סדו **ר**חום		הקמיע העברי ע׳ 124	
לענ	**לע**לוי **נ**שמתו		אפגניסתאן ע׳ 139	
לערץ	**לע**שות **רצ**ונו		הקמיע העברי ע׳ 141	
לפג	**לפ**רט **ג**דול		Jewish Tradition In Art P. 327	
לפגועכעד	למה פרצת גדריה וארוה (ע׳ מיותרת) כל עברי דרך		הקמיע העברי ע׳ 194	תהלים פ׳, י״ג
לפהץ	**לפ**ני **הצ**מצום		הקמיע העברי ע׳ 206	קבלה
לפק	**לפ**רט **ק**טן		הקמיע העברי ע׳ יד׳	
לקי לסי	לקי - לישועתך קויתי ה׳ לסי - לפורקנך סברית ה׳ (ראשי תיבות בתרגום לאותו פסוק)	קריאה לעזרה / להגנה בלילה	הקמיע העברי ע׳ 47, 194, חמסה ע׳ 91, Hebrew Amulets P. 50,133	בראשית מ״ט, י״ח
לקי קיל קלי ילק ליק לסי סיל סלי יסל ליס	הטיות שונות של לקי לסי	קריאה לעזרה	הקמיע העברי ע׳ 47,58,72 Hebrew Amulets P. 128	בראשית מ״ט, י״ח
לרי וימ	לא רבים יחכמו וזקנים יבינו משפט	לחזק את הזכרון	Hebrew Amulets P. 133	איוב ל״ב, ט׳
לשט שתש	לריח שמניך טובים שמן תורק שמך	לעורר אהבה	Hebrew Amulets P. 133	שיר השירים א׳, ג׳
לשיג	לב שמח ייטיב גהה		הקמיע העברי ע׳ 194	משלי י״ז, כ״ב
לשש	**לש**ם **ש**מים		Jewish Tradition In Art P. 26	
לתאר וליב	לא תאנה אלך רעה ונגע לא יקרב באהלך	נגד מגיפה, נגד הפלה, נגד מחלת נפילה	הקמיע העברי ע׳ 58, 194, חמסה ע׳ 91 Hebrew Amulets P. 133	תהלים צ״א, י׳
לתא שיאל	לא תשא את שם ה׳ אלהיך לשוא	קמיע שומרוני	Hebrew Amulets P. 134	שמות כ׳, ז׳
ל ת מ ו ב ת מ ו ב ל מ ו ב ל ת ו ב ל ת מ ב ל ת מ ו	תשבץ. הטיות של ״לא תהיה משכלה ועקרה בארצך״. במאוזן ומאונך	נגד הפלה	Hebrew Amulets P. 66	שמות כ״ג, כ״ו
לתמוב אמיא	לא תהיה משכלה ועקרה בארצך את מספר ימיך אמלא	לעקרה, לחיים, לרפואה	הקמיע העברי ע׳ 58, 194	שמות כ״ג, כ״ו

צירוף אותיות	מובן	שימוש	ספרי מקור	ספרי קודש
לתמלמיי מבימיצ	לא תירא מפחד לילה מחץ יעוף יומם. מדבר באפל יהלך מקטב ישוד צהרים	הגנה כללית נגד רוח רעה	הקמיע העברי ע׳ 194 Hebrew Amulets P. 50 רפאל המלאך ע׳ 98	תהלים צ״א, ה׳-ו׳
ל ת מ ל ת מ ל ל מ ל ל ת ל ל ת מ	תשבץ. הטיות של ״לא תירא מפחד לילה״. במאוזן ובמאונך	נגד חלומות רעים	Hebrew Amulets P. 66	תהלים צ״א, ה׳
לתתיב	למען תהיה תורת ה׳ בפיך		הקמיע העברי ע׳ 194	שמות י״ג, ט׳

--מ--				
מא	מורי אבי		Jewish Tradition In Art P. 76	
מאהבי	**מ**נהגי **א**בותי**ה**ם **בי**דיהם		הקמיע העברי ע׳ 194	
מאו ושו בשמ בתר תבשו	מאל אביך ויעזרך ואת שדי ויברכך ברכת שמים מעל ברכת תהום רבצת תחת ברכת שדים ורחם	קמיע שומרוני	Hebrew Amulets P. 134	בראשית מ״ט, כ״ה
מאס	**מא**ין **ס**וף		הקמיע העברי ע׳ 206	קבלה
מאסבכע	**מא**ין **ס**וף **בכ**תר **ע**ליון		הקמיע העברי ע׳ 206	קבלה
מאע	מעיד אני עליו		הקמיע העברי ע׳ ידי	
מאשבה	מה אדיר שמך בכל הארץ	להצליח בבקשה	הקמיע העברי ע׳ 194 רפאל המלאך ע׳ 97	תהלים ח׳, ב׳ תהלים ח׳, י׳
מ״ב	שם 42 אותיות (אבג יתץ....)		הקמיע העברי ע׳ ידי	ר״ת תפילת ״אנא בכח״ לפני שחרית
מבי עכי	מנחל בדרך ישתה על כן ירים	בלב ים	Hebrew Amulets P. 133	תהלים ק״י, ז׳
מבכיאל	מלאך		Hebrew Amulets P. 128	
מבת	מנשים באהל תברך		הקמיע העברי ע׳ 194	שופטים ה׳, כ״ד
מגד	**מ**גן **ד**וד		הקמיע העברי ע׳ ידי	
מגי מקרי	מן גערתך ינוסון מן קול רעמך יחפזון		הקמיע העברי ע׳ 194	תהלים ק״ד, ז׳
מגת	מלכות גבורה תפארת		הקמיע העברי ע׳ 206	קבלה
מד	מגן דוד		הקמיע העברי ע׳ ידי	
מדדקדלשבעב	**מ**זרעא **ד**יוסף **צ**דיקא **ק**אתינה **דלא** **ש**לטא **ב**יה **ע**ינא **ב**ישא		הקמיע העברי ע׳ 194	בבא מציאה פ״ד, ע״ב
מדיוצקא דלשבעיב	**מ**זרעא **דיו**סף **צ**דיקא **קא**תינא **דלא** **ש**לטה **ב**יה **ע**ינא **ב**ישא. תרגום מארמית: מזרע יוסף הצדיק אני בא שאין שלטת בו עין הרע	נגד עין הרע	חמסה ע׳ 91	
מדר	**מ**ד**ת** **ר**חמים		הקמיע העברי ע׳ 194	

צירוף אותיות	מובן	שימוש	ספרי מקור	ספרי קודש
מה	מדת הרחמים / מחיה המתים / מורנו הרב		הקמיע העברי ע' ידי Jewish Tradition In Art P. 327	
מהאלקיאל	מלאך		Hebrew Amulets P. 128	
מהוע	**מה**ותו **וע**צמותו		הקמיע העברי ע' 206	קבלה
מהועצ	**מה**ותו **ועצ**מותו		הקמיע העברי ע' 206	קבלה
מהרר	**מ**ורנו **הר**ב **ר**בי		Jewish Tradition In Art P. 327	
מהש	**מ**לאכי **הש**רת / שם ה', מלה בשם 72 אותיות	לסלק את המוות, לחולה קשה	הקמיע העברי ע' ידי / הקמיע העברי ע' 45	
מו	מורי ורבי		Jewish Tradition In Art P. 78	
מוא	מחצתי ואני ארפא	לרפואה	הקמיע העברי ע' 58, 194	דברים ל"ב, ל"ט
מובי	**מו**שב **ב**ני **י**שראל		Jewish Tradition In Art P. 197	
מוה והה נפ	מהמדבר והלבנון הזה ועד הנהר הגדול נהר פרת	לשפר הבנה	Hebrew Amulets P. 133	יהושע א', ד'
מוהרר	**מו**רנו **הר**ב **ר**בי		Jewish Tradition In Art P. 327	
מוכז	**מו**סר **כ**תב **ז**ה/ **מו**ביל **כ**תב **ז**ה / **מו**ליך **כ**תב **ז**ה / **מו**ציא **כ**תב **ז**ה		הקמיע העברי ע' ידי	
מומ	**מ**עתה **ומ**עכשיו		Jewish Tradition In Art P. 196	
מוס	**מו**חא **ס**תימאה		הקמיע העברי ע' 206	קבלה
מוסת	**מו**חא **סת**ימאה		הקמיע העברי ע' 206	קבלה
מוע	מעתה ועד עולם		הקמיע העברי ע' ידי	
מועא	מעתה ועד עולם אמן		הקמיע העברי ע' ידי	
מוק	**מ**לכות **וק**דושה		הקמיע העברי ע' 206	קבלה
מור	**מ**ורי **ור**בותי		Jewish Tradition In Art P. 28	
מזי	מזמור		הקמיע העברי ע' ידי	
מזה כשיב בכאכ	מי זאת הנשקפה כמו שחר יפה כלבנה ברה כחמה אימה כנדגלות	לבעל תפלה	Hebrew Amulets P. 133	שיר השירים ו', י'
מזע מהמ עד	מי זאת עלה מן המדבר מתרפקת על דודה	לעשות שלום בין בעל ואשה	Hebrew Amulets P. 133	שיר השירים ח', ה'
מזרח	מצד זה רוח חיים		הקמיע העברי ע' ידי	
מחס	**מח**שבה **ס**תימאה		הקמיע העברי ע' 206	קבלה
מט	מזל טוב		Jewish Tradition In Art P. 102	
מטא ימי	מה טבו אהליך יעקב משכנתיך ישראל	לזוג נשוי חדש	Hebrew Amulets P. 133	במדבר כ"ד, ה'

צירוף אותיות	מובן	שימוש	ספרי מקור	ספרי קודש
מטטרון	אחד מהמלאכים הראשיים בשמים	להגנה על תינוק	הקמיע העברי ע׳ 40	
מטרוטה	אחד שמות השדה לילית	להגנה על תינוק	Hebrew Amulets P. 128	
מיב	מלא ידינו בברכותיך		הקמיע העברי ע׳ ידי	
מיבמע	מצות ה׳ ברה מאירת עינים		הקמיע העברי ע׳ 194	תהלים י״ט, ט׳
מיגי	מי ימלל גבורות ה׳		הקמיע העברי ע׳ 194	תהלים ק״ו, ב׳
מ י ה י מ י ה ל ה י ה ל א ל ה י ה ל ה י מ י ה י מ	תשבץ. כשמתחילים לקרא מהאות א׳ במרכז, מקבלים את המלה ״אלהים״ לכל כוון במאונך ובמאוזן		הקמיע העברי ע׳ 13	
מיהר	**מי**צר **הר**ע		לחש וקמיע ע׳ 153	
מיכאל	אחד מהמלאכים הראשיים בשמים מלאך הממונה על הכוכב שבתאי		הקמיע העברי ע׳ 6, 41 ספר רזיאל ע׳ נ״א	
מילא	מה יעשה לי אדם		הקמיע העברי ע׳ 195	תהלים קי״ח, ו׳
מינה	מלכות יסוד נצח הוד		הקמיע העברי ע׳ 206	קבלה
מיתכ	מלכות יסוד תפארת כתר		הקמיע העברי ע׳ 206	קבלה
מכ	מנוחתו כבוד		הקמיע העברי ע׳ טו׳	
מכבי מכנב נתעפ	מי כמכה באלם ה׳ מי כמכה נאדר בקדש נורא תהלת עשה פלא	להצלחה	הקמיע העברי ע׳ 195 Hebrew Amulets P. 133	שמות ט״ו, י״א
מכמ	**מכ**ל **מ**חלה		Jewish Tradition In Art P. 296	
מכע	ממלא כל עלמין		הקמיע העברי ע׳ 206	קבלה
מכש	**מכ**ל **ש**כן		Jewish Tradition In Art P. 20	
מלה לבאה לכו	מזמור לדוד הבו לה׳ בני אלים הבו לה׳ כבוד ועז		הקמיע העברי ע׳ 195	תהלים כ״ט, א׳
מלהרלא	מזמור לדוד ה׳ רעי לא אחסר		הקמיע העברי ע׳ 195	תהלים כ״ג, א׳
מלישתהאת	מזמור לדוד ה׳ שמע תפלתי האזינה אל תחנוני	למחלת נופלים	הקמיע העברי ע׳ 58, 195	תהלים קמ״ג, א׳
מלכות	אחת מעשר הספירות בקבלה		Hebrew Amulets P. 119	קבלה
מלך מה הקבה	**מלך מ**לכי **ה**מלכים **הק**דוש **ב**רוך **ה**וא		Jewish Tradition In Art P. 244	
מלך מהמ הקבה	**מלך מ**לכי **המ**לכים **הק**דוש **ב**רוך **ה**וא		Jewish Tradition In Art P. 246	
מלת	מכשפה לא תחיה	נגד כשוף	הקמיע העברי ע׳ 195 Hebrew Amulets P. 133	שמות כ״ב, י״ז
מלת לתמ תלמ	הטיות של ״מלת״ - מכשפה לא תחיה		Jewish Tradition In Art P. 241	שמות כ״ב, י״ז
ממאת	מפני מה אמרה תורה		הקמיע העברי ע׳ 195	

צירוף אותיות	מובן	שימוש	ספרי מקור	ספרי קודש
ממהבה	מלך מלכי המלכים הקדוש ברוך הוא		הקמיע העברי ע' טו' Jewish Tradition In Art P. 327	
ממכע	**ממ**לא **כ**ל **ע**למין		הקמיע העברי ע' 206	קבלה
מנהי	מלכות נצח הוד יסוד		הקמיע העברי ע' 206	קבלה
מנסעפצקרשת	מי נותן סגולה עזה פה צדיק קדוש רב של תורה (10 האותיות האחרונות של ה-א״ב)	סגולה	רפאל המלאך ע' 71	
מנצפך	שם ה', נוצר מאותיות הא״ב שיש להם אותיות סופיות		הקמיע העברי ע' 47	
מס	מוחא סתימאה / מוכר ספרים		הקמיע העברי ע' 206 Jewish Tradition In Art P. 216	קבלה
מעהכ	**מ**עלה **ע**ליו **הכ**תוב		הקמיע העברי ע' 121	
מעהר	**מ**עין **הר**ע		הקמיע העברי ע' 121	
מעוע	**מע**תה **ו**עד **ע**ולם / **מע**ולם **ו**עד **ע**ולם		הקמיע העברי ע' טו' Jewish Tradition In Art P. 327	
מעועל	**מע**תה **ו**עד **עול**ם		הקמיע העברי ע' 127	
מעש יביצו	מגדל עז שם ה' בו ירוץ צדיק ונשגב	למצא חן	הקמיע העברי ע' 195 Hebrew Amulets P. 133	משלי י״ח, י'
מפו יבו שטבס	מרכבת פרעה וחילו ירה בים ומבחר שלשיו טבעו בים סוף	נגד רודפים	Hebrew Amulets P. 133	שמות ט״ו, ד'
מצה	מכל צרה הצילני	להציל מצרה	הקמיע העברי ע' 59, 195	תהלים נ״ד, ט'
מצמצית	שם ה'.		Hebrew Amulets P. 117	קבלה
מצעג	**מצע**די **ג**בר		הקמיע העברי ע' טו'	
מצפצ	יהוה בשיטת אתב״ש		הקמיע העברי ע' 38, 195 רזיאל המלאך ע' ט״ו	
מק	מלכין קדמאין		הקמיע העברי ע' 206	קבלה
מקדאבעו	מן קמיא דיקה אורייתה בכל עדן ועדן (פרוש: ומלפני כבוד תורתו בכל עת ועת)		הקמיע העברי ע' 195	זהר ויקהל
מקו	מלכא קדישה ושבינתיה		הקמיע העברי ע' 206	קבלה
מקי	מורשה קהלת יעקב		הקמיע העברי ע' 195	דברים ל״ג, ד'
מרגליאל	מלאך		אפגניסתאן ע' 164	
מרט	מה רב טובך		הקמיע העברי ע' 195	תהלים ל״א, כ'
מרי חוע יא	מענה רך ישיב חמה ודבר עצב יעלה אף	לחזק את הזכרון	Hebrew Amulets P. 133	משלי ט״ו, א'
מרניאל	מלאך		Hebrew Amulets P. 128	
משהאעאה	מבין שני הכרבים אשר על ארון העדת		הקמיע העברי ע' 195	שמות כ״ה, כ״ב
משחהל	מזמור שיר חנכת הבית לדוד		הקמיע העברי ע' 195	תהלים ל', א'
משלה	מזמור שיר ליום השבת		הקמיע העברי ע' 195	תהלים צ״ב, א'

צירוף אותיות	מובן	שימוש	ספרי מקור	ספרי קודש

משלשת	מזמור שירו להי שיר חדש		הקמיע העברי ע׳ 195	תהלים צ״ח, א׳
משעממשי	ממזרח שמש עד מבואו מהלל שם ה׳		הקמיע העברי ע׳ 195	תהלים קי״ג, ג׳
מתב	מחשבה תפיסא ביה		הקמיע העברי ע׳ 207	קבלה
מת חיץ	הטיה של ״מחצית״		לחש וקמיע ע׳ 153	

--נ--				
נאש	נפתלי אילה שלחה		הקמיע העברי ע׳ 195	בראשית מ״ט, כ״א
נבד	נצח בינה דעת		הקמיע העברי ע׳ 207	קבלה
נבואנ	נרננה בישועתך ובשם אלהינו נדגל		הקמיע העברי ע׳ 195	תהלים כ׳, ו׳
נביצכ בא	נשפת ברוחך (דלג על ״כסמו״) ים צללו כעופרת במים אדירים	להטביע אויב	Hebrew Amulets P. 133	שמות ט״ו, י׳
נבע זגנ באנק	נחית בחסדך עם זו גאלת נהלת בעזך אל נוה קדשך	לנסיעה בטוחה	Hebrew Amulets P. 133	שמות ט״ו, י״ג
נגד	חלק משם בן 42 אותיות		Hebrew Amulets P. 128	
נגהפ	נס גדול היה פה		הקמיע העברי ע׳ 195	
נגהש	נס גדול היה שם		הקמיע העברי ע׳ 195	
נ ג מ ר	תשבץ. ר״ת שמות המלאכים נוריאל, גבריאל, מיכאל, רפאל		הקמיע העברי ע׳ 26	
נה	נצח הוד		הקמיע העברי ע׳ 207	קבלה
נהאנא	נר ה׳ (א׳ מיותרת) נשמת אדם		Jewish Tradition In Art P. 24	משלי כ׳, כ״ז
נהוע	**נהו**רא **ע**לאה		הקמיע העברי ע׳ 207	קבלה
נהוק	**נהו**רא **ק**דמא		הקמיע העברי ע׳ 207	קבלה
נהות	**נהו**רא **ת**תאה		הקמיע העברי ע׳ 207	קבלה
נהי	נצח הוד יסוד		הקמיע העברי ע׳ 207	קבלה
נהימ	נצח הוד יסוד מלכות		הקמיע העברי ע׳ 207	קבלה
נוגף	מלת כח נגד מגיפה	נגד מגיפה	הקמיע העברי ע׳ 101	
נוה	**נ**צח **וה**וד		הקמיע העברי ע׳ 207	קבלה
נומ	**נ**חלה **ומ**נוחה		אפגניסתאן ע׳ 140	
נונ	**נ**עשה **ונ**שמע / **נ**עשה **ונ**גמר		הקמיע העברי ע׳ 196 Jewish Tradition In Art P. 163	
נוריאל	מלאך, שר השלום		הקמיע העברי ע׳ 6, 41	
נחח	נצח חסד חכמה		הקמיע העברי ע׳ 207	קבלה
נח לנע ווו	נצר חסד לאלפים נשא עון ופשע וחטאה ונקה		הקמיע העברי ע׳ 114, 196	שמות ל״ד, ז׳
נטיאל	מלאך		Hebrew Amulets P. 128	

צירוף אותיות	מובן	שימוש	ספרי מקור	ספרי קודש
ני	נרו יאיר		הקמיע העברי ע׳ טו׳	
ניוי	נשבע ה׳ ולא ינחם		הקמיע העברי ע׳ 196	תהלים ק״י, ד׳
ניצב	נשבע ה׳ צבאות בנפשו		הקמיע העברי ע׳ 196	ירמיהו נ״א, י״ד
ניצל	נשבע ה׳ צבאות לאמר		הקמיע העברי ע׳ 196	ישעיהו י״ד, כ״ד
ניתא	נטית ימינך תבלעמו ארץ	לגרום לעד שקר למות תוך שנה	Hebrew Amulets P. 133	שמות ט״ו, י״ב
נכמ	נשכחתי כמת מלב	למחלת לב	הקמיע העברי ע׳ 58, 196	תהלים ל״א, י״ג
נל	נראה לי		הקמיע העברי ע׳ טו׳	
נלד	נר לרגלי דבריך		הקמיע העברי ע׳ 196	תהלים קי״ט, ק״ה
נלין	נר לנצח יאיר נפש		הקמיע העברי ע׳ טו׳, 196	
נן	פישון גיחון חדקל פרת - אות חמישית של כל נהר (רק שני נהרות הם בני 5 אותיות)		הקמיע העברי ע׳ 76	
ננל עולב	נתן נשמה לעם עליה ורוח להלכים בה	לסערה בים	Hebrew Amulets P. 133	ישעיהו מ״ב, ה׳
נס	נצח סלה		Jewish Tradition In Art P. 262	
נסו	נצח סלה ועד		הקמיע העברי ע׳ יא׳	
נסוא	נצח סלה ועד אמן		הקמיע העברי ע׳ יא׳	
נע	נוחו עדן / נשמתו עדן		הקמיע העברי ע׳ טו׳	
נעורירון	מלאך	להציל מטביעה	הקמיע העברי ע׳ 93 רפאל המלאך ע׳ 46	
נצח	אחת מעשר הספירות בקבלה		Hebrew Amulets P. 119	קבלה
נקז	נושא קמיע זה		הקמיע העברי ע׳ יד׳, טו׳	
נקזע	נושא קמיע זה עליו		הקמיע העברי ע׳ יד׳	
נרו	נטריה רחמנא וברכיה / נטריה רחמנא ופרקיה (ישמרהו ה׳ ויגאלהו)/ נטריה רחמנא וקיימה / נטריה רחמנא ואחיה / נצרו רם ונשא		הקמיע העברי ע׳ 196 חמסה ע׳ 91 Jewish Tradition In Art P. 112	
נתעפ	נורא תהלת עשה פלא		הקמיע העברי ע׳ 196	שמות ט״ו, י״א

צירוף אותיות	מובן	שימוש	ספרי מקור	ספרי קודש
--ס--				
ס׳	ספר		הקמיע העברי ע׳ טו׳	
סאל	סוד אדוני ליראיו / סוף אדם למות		הקמיע העברי ע׳ טו׳, 196	

צירוף אותיות	מובן	שימוש	ספרי מקור	ספרי קודש
סד	סיעתא דשמיא		הקמיע העברי ע' 97	
סדכס	**ס**תימא **דכ**ל **ס**טימין		הקמיע העברי ע' 207	קבלה
סודכד	**סו**פא **דכ**ל **ד**רגין		הקמיע העברי ע' 207	קבלה
סוכע	**סו**בב **כ**ל **ע**למין		הקמיע העברי ע' 207	קבלה
סומ	**סו**בב **ומ**מלא		הקמיע העברי ע' 207	קבלה
סומיאל	מלאך		Hebrew Amulets P. 128	
סוס	**ס**פירה **וס**פירה		הקמיע העברי ע' 207	קבלה
סוסיאל	מלאך		Hebrew Amulets P. 128	
סט	סופו טוב / סימן טוב		Jewish Tradition In Art P. 327	
סילול	סוד ה' ליראיו ובריתו להודיעם		הקמיע העברי ע' 196	תהלים כ"ה, י"ד
סיע איעכ יאא	סלה. יודוך עמים אלהים יודוך עמים כולם. (דלג על "ארץ נתנה יבולה") יברכנו אלהים אלהינו		הקמיע העברי ע' 79	תהלים ס"ז, ה'-ז'
סכע	סובב כל עלמין		הקמיע העברי ע' 207	קבלה
סמאל	מלאך הממונה על הכוכב מאדים / שד רע		רפאל המלאך ע' 114 Jewish Tradition In Art P. 238	
סמוט	סור מרע ועשה טוב		הקמיע העברי ע' 196	תהלים ל"ד, ט"ו
סמנגל	שם מקוצר למלאך סמנגלוף		הקמיע העברי ע' 62	
סנדלפון	מלאך ראשי, יושב ליד כסא ה'		הקמיע העברי ע' 40	
סנו	סמים נטף ושחלת	נגד כשוף	Hebrew Amulets P. 117,129	שמות ל', ל"ד
סנוי סנסנוי סמנגלוף	שמות המלאכים המגינים על תינוקות מלילית והשדים שלה	הגנה על תינוקות	הקמיע העברי ע' 196	
סנסוי	שם מקוצר למלאך סנסנוי		הקמיע העברי ע' 61	
ס'ס'וס	**ס**נוי **ס**נסנוי **וס**מנגלוף (מלאכים)		הקמיע העברי ע' טו'	
ס'ס'ס	סנוי סנסנוי סמנגלוף (מלאכים)		הקמיע העברי ע' טו'	
ספהג	**ספ**ירות **הג**נוזות		הקמיע העברי ע' 207	קבלה
ספריאל	מלאך		Hebrew Amulets P. 129	
ששוא	ספעים שנאתי ותורתך אהבתי		הקמיע העברי ע' 196	תהלים קי"ט, קי"ג
ס"ת	ספר תורה		הקמיע העברי ע' טו'	
סתם	ספרי-תורה תפילין מזוזות		Jewish Tradition In Art P. 23	
סתפ רתמ לסא	אתה סתר לי מצר תצרני רני פלט תסובבני סלה (אותיות ראשונות בכוון הפוך)		הקמיע העברי ע' 196	תהלים ל"ב, ז'

צירוף אותיות	מובן	שימוש	ספרי מקור	ספרי קודש
סתר	סוף תוך ראש		הקמיע העברי ע' 207	קבלה
--ע--				
עאיב בלב	עבדו את ה' בשמחה באו לפניו ברננה		הקמיע העברי ע' 196	תהלים ק', ב'
עאמ	עד אין מספר		הקמיע העברי ע' 196	
ע"ב	שם 72 אותיות (ע"ב תיבות). למעשה זהו שם של 72 מלים בנות שלש אותיות כל אחת, אבל השם נקרא "72 אותיות". המלים מורכבות משלשה פסוקים בני 72 אותיות כל אחד. האות הראשונה של פסוק י"ט, האות האחרונה של פסוק כ', והאות הראשונה של פסוק כ"א יוצרות את המלה הראשונה. אות שניה בפסוק י"ט, אות לפני אחרונה בפסוק כ', ואות שניה בפסוק כ' יוצרות את המלה השניה, וכו'. ראה "והו ילי. . ."		הקמיע העברי ע' טו', 44	שמות י"ד, י"ט - כ"א
עב	עינא בישא		הקמיע העברי ע' 129	
עבאכנ	עולם בתרע אות כסאו נבוב		הקמיע העברי ע' 197	תרגום שמות ד', ח'
עבוינ	**ע**בור **וינ**יקה		הקמיע העברי ע' 207	קבלה
עבי	על בני ישראל		הקמיע העברי ע' 77	במדבר ו', כ"ז
עבעל	עלי באר ענו לה	נגד עין הרע	הקמיע העברי ע' 197	במדבר כ"א, י"ז
עבענו	עששה בכעס עיני נפשי ובטני	לדרכי העכול	הקמיע העברי ע' 58, 197	תהלים ל"א, י'
עבצ	(עלי) עין בנות צעדה		Hebrew Amulets P. 129	בראשית מ"ט, כ"ב
עג	על גבי		Jewish Tradition In Art P. 327	
עד	עתיקא דעתיקין		הקמיע העברי ע' 207	קבלה
עדא	**ע**תיקא **ד**עתיק**א**		הקמיע העברי ע' 207	קבלה
עדאתג	**ע**למא **דאתג**לא		הקמיע העברי ע' 207	קבלה
עדאתפ	**ע**למא **דאתפ**סוא		הקמיע העברי ע' 207	קבלה
עדיאל	מלאך		הקמיע העברי ע' 75	
עה	עליו השלום עשה השם עבד השם		לחש וקמיע ע' 153 הקמיע העברי ע' טו' Jewish Tradition In Art P. 327	
עהלת	על המזבח לא תכבה		הקמיע העברי ע' 197	ויקרא ו', ו'
עה"ר	**ע**ין **ה**ר**ע**		הקמיע העברי ע' טו'	
עו אח	**עו**ד **אח**רת		לחש וקמיע ע' 153	

צירוף אותיות	מובן	שימוש	ספרי מקור	ספרי קודש
עובי	**ע**יר **ו**אם **ב**ישראל		הקמיע העברי ע׳ טו׳	
עוזיאל	מלאך העוזר לחולים	עוזר לחולים	הקמיע העברי ע׳ 41	
עיולל	עזי וזמרת יה ויהי לי לישועה	להציל מצרה	הקמיע העברי ע׳ 59, 197	שמות ט״ו, ב׳ תהלים קי״ח, י״ד
עוי ולל זאו אאו	עזי וזמרת יה ויהי לי לישועה זה אלי ואנוהו אלהי אבי וארממנהו	לענות על תפילה	Hebrew Amulets P. 133,134	שמות ט״ו, ב׳
עוייולל	עזי וזמרת יה ה׳ ויהי לי לישועה	להציל מצרה	הקמיע העברי ע׳ 59, 197	ישעיהו י״ב, ב׳
עונ	**ע**קרב **ונ**חש		הקמיע העברי ע׳ 197	
עוס צומכ	ענן וערפל סביביו צדק ומשפט מכון כסאו	נגד גניבה	Hebrew Amulets P. 133	תהלים צ״ז, ב׳
עזריאל	מלאך		Hebrew Amulets P. 129	
עחשל ביצהר	**על ח**טא **ש**חטאנו **ל**פניך **ביצר הר**ע		Jewish Tradition In Art P. 118	תפילת יום כפור
עי	על ידי / עשיה יצירה		הקמיע העברי ע׳ טו׳/ הקמיע העברי ע׳ 207	קבלה
עיה״ק	**עיר הק**דש		הקמיע העברי ע׳ טו׳	
עיומ	**ע**יבור **י**ניקה **ומ**וחין		הקמיע העברי ע׳ 207	קבלה
עיונ	**ע**תיק **י**ומין **ונ**וקביה		הקמיע העברי ע׳ 207	קבלה
עימ	עבור יניקה מוחין		הקמיע העברי ע׳ 207	קבלה
עיע	על יאור על / עד ירכה עד		הקמיע העברי ע׳ 71	ישעיהו י״ט, ז׳ / במדבר ח׳, ד׳
עיצפ	עמך ישראל צריכים פרנסה	לפרנסה	חמסה ע׳ 91	
עיקות	**עיר ק**ודשנו **ות**פארתנו		הקמיע העברי ע׳ טו׳	
עית	עיר תהילה		הקמיע העברי ע׳ טו׳	
עכ	עשר כוחות / עשר כתרין / על כן		הקמיע העברי ע׳ 207 Jewish Tradition In Art P. 70	קבלה
עכזי	על כל זרע ישראל		הקמיע העברי ע׳ 197	
עכל	עד כאן לשונו		הקמיע העברי ע׳ טו׳	
עכת	**ע**שר **כת**רין		הקמיע העברי ע׳ 207	קבלה
עלדאתגן	**על**מא **דאת**עליא (**גן** לא מוסבר)		הקמיע העברי ע׳ 207	קבלה
עלדאתגסן	**על**מא **דאת**כסיא (**גסן** לא מוסבר)		הקמיע העברי ע׳ 207	קבלה
עלי	עשה למען יראתך		הקמיע העברי ע׳ טז׳	
עלך	עשה למען כבודך		הקמיע העברי ע׳ 141	
עלק	עשה למען קדושתך		הקמיע העברי ע׳ טז׳	
עלש	עשה למען שמך		הקמיע העברי ע׳ טז׳	
עלת	עשה למען תורתך		הקמיע העברי ע׳ 141	
עמב	עושה מעשי בראשית		הקמיע העברי ע׳ טז׳	
עמואל	מלאך הממונה על רקיע		רזיאל המלאך ע׳ מ״ז	

צירוף אותיות	מובן	שימוש	ספרי מקור	ספרי קודש
עמו ערמ וע	עזים מאתים ותישים עשרים רחלים מאתים ואילים עשרים	להגדיל את העדר	Hebrew Amulets P. 133	בראשית ל״ב, ט״ו
עמיעשו	עזרי מעם ה׳ עשה שמים וארץ	קריאה לעזרה	הקמיע העברי ע׳ 58 ,197, Hebrew Amulets P. 129	תהלים קכ״א, ב׳
עמע	עששה מכעש עיני		הקמיע העברי ע׳ 197	תהלים ו׳, ח׳
עמר	עשה מלאכיו רוחות / עפר מים רוח		הקמיע העברי ע׳ 197	תהלים ק״ד, ד׳
עמריאל	מלאך		Hebrew Amulets P. 129	
ענ	עלוי נשמת		Jewish Tradition In Art P. 327	
ענאל (עניאל)	מלאך הממונה על הלבנה		רזיאל המלאך ע׳ נ״א	
עס	עולם סתור / עשר ספירות		הקמיע העברי ע׳ 208	קבלה
עסב	עשר ספירות בלימה		הקמיע העברי ע׳ 208	קבלה
עסכה	עד סוף כל הדורות		הקמיע העברי ע׳ 197	
עספ	**ע**שר **ספ**ירות		הקמיע העברי ע׳ 208	קבלה
עספיהק	**ע**שר **ספי**רות **הק**דושות		הקמיע העברי ע׳ 208	קבלה
עע (עיע)	עלי עין (**עלי עין**)		חמסה ע׳ 91	בראשית מ״ט, כ״ב
עעאלו	עשה עמי אות לטובה ויראו (דלג ״שנאי״) ויבשו	הצלה	הקמיע העברי ע׳ 58, 197	תהלים פ״ו, י״ז
עעודדויכעא	עצו עצה ותפר דברו דבר ולא יקום כי עמנו אל		הקמיע העברי ע׳ 197	ישעיהו ח׳, י׳
עעיעפ	ערות על יאור על פי		הקמיע העברי ע׳ 28	ישעיהו י״ט, ז׳
עעל ייחו	עיר עז לנו ישועה ישית חומות וחל	לחזק את הזכרון	Hebrew Amulets P. 133	ישעיהו כ״ו, א׳
עפיר	**ע**ל **פי ר**וב		הקמיע העברי ע׳ טז׳	
עצוכ	**עצ**מות **וכ**לים		הקמיע העברי ע׳ 208	קבלה
עצות	עורי צפון ובואי תימן		הקמיע העברי ע׳ 197	שיר השירים ד׳, ט״ו
עצת	ענוה, צדקה, תורה		לחש וקמיע ע׳ 153	
עק	עתיקא קדישא		הקמיע העברי ע׳ 208	קבלה
עקדק	עתיקא קדישא דכל קדישין		הקמיע העברי ע׳ 208	קבלה
עש	על שום / על שמירת		Jewish Tradition In Art P. 32, 265	
עשו	עשה שמים וארץ	קריאה לעזרה	הקמיע העברי ע׳ 58, 197	תהלים קכ״א, ב׳
עשור	**עלי שור**	נגד עין רעה	Hebrew Amulets P. 50,129	בראשית מ״ט, כ״ב
עשל	עושה שלום לעולם		הקמיע העברי ע׳ 141	

צירוף אותיות	מובן	שימוש	ספרי מקור	ספרי קודש
עשציי	האות אחרי שם ה' בתהלים קכ"א. (פסוק ב') - מעם ה' **ע**שה.. (פסוק ה') - ה' **ש**ומרך.. ה' **צ**לך.. (פסוק ז') - ה' **י**שמרך.. (פסוק ח') - ה' **י**שמר..	קריאה לעזרה / הגנה על תינוקות	הקמיע העברי ע' 58, 197 Hebrew Amulets P. 119,129	תהלים קכ"א
ע ש צ י י ש ב ט ד י צ ז ה ג צ י ו א ח ש י י צ ש ע	תשבץ. שורה עליונה - עשציי (ראה שורה קודמת). שורה תחתונה - עשציי, משמאל לימין. עמוד ימני - מלמעלה למטה, עמוד שמאלי - מלמטה למעלה. באמצע - תשבץ בטד זהג ואח, בגימטריה 15 בכל כוון, כמו "יה"		הקמיע העברי ע' 31	תהלים קכ"א
עשק	ערב שבת קדש		Jewish Tradition In Art P. 32	
עשתור	**ע**ם **ש**לום **תו**ר**ה**		הקמיע העברי ע' 197	
עתי	**עת**יק **י**ומין		הקמיע העברי ע' 208	קבלה
עתיע	**עת**יק **י**ומין (**ע** לא מוסבר)		הקמיע העברי ע' 208	קבלה
עתק	**עת**יקא **ק**דישא		הקמיע העברי ע' 208	קבלה
--פ--				
פאי	פותח את ידך	לחסד ופרנסה	הקמיע העברי ע' 58, 197, חמסה ע' 91	תהלים קמ"ה, ט"ז
פבפ	פלוני(ת) בן(ת) פלוני(ת)		לחש וקמיע ע' 153 הקמיע העברי ע' טז'	
פגחכ	**פ**ורץ **ג**דר **חכ**מים		הקמיע העברי ע' טז'	
פגחפ	פישון גיחון חדקל פרת - 4 נהרות גן העדן		הקמיע העברי ע' 197	
פגחף יידר שחקת וול נן תלנן רקוו פדחש פחנף רדיי תקחש לוונן ננלת ווקל שתרף ייחג חגפיף דייר קחשת לוונן	פישון חיחון חדקל פרת - אותיות ראשונות, שניות, שלישיות, רביעיות וחמישיות. פרת חדקל פישון גיחון - אותיות סופיות, לפני הסוף וכו'. סדורי אותיות שונים של ארבע נהרות גן עדן		הקמיע העברי ע' 76	
פגמכאר	הטיה של "צדנלבשי". כל אות הוחלפה באות הנמצאת לפניה באלף בית, בדומה לשיטת אבג"ד, אבל בכוון הפוך			בראשית מ"ג, י"א
פדהאל	מלאך		הקמיע העברי ע' 128	

צירוף אותיות	מובן	שימוש	ספרי מקור	ספרי קודש
פדתיאל	מלאך		הקמיע העברי ע׳ 120	
פודו (פוד)	אחד משמות השדה לילית	להגנה על תינוק	הקמיע העברי ע׳ 111 חמסה ע׳ 116	
פוי	פודה ומציל ישראל		הקמיע העברי ע׳ 197	
פזק	מלה משם 42 אותיות		Hebrew Amulets P. 129	
פחד יצחק	שם ה׳		הקמיע העברי ע׳ 38	בראשית ל״א, מ״ב
פטרוטא (פטרותא)	אחד משמות השדה לילית	להגנה על תינוק	הקמיע העברי ע׳ 111 חמסה ע׳ 116	
פי	(ו)פחד יצחק	שם אדיר ונורא	הקמיע העברי ע׳ 38, 198	בראשית ל״א, מ״ב
פישון	אחד מארבע נהרות גן עדן		Hebrew Amulets P. 129	
פנ א וי לך של וש את שמ על בנ יש וא	**פני**ו **א**ליך **וי**שם **לך של**ום. **ו**שמו **את שמי על בני ישׂ**ראל **וא**ני		Jewish Tradition In Art P. 260	במדבר ו׳, כ״ו-כ״ז
פניאל	מלאך		Hebrew Amulets P. 129	
פנש	**פני ש**ור		הקמיע העברי ע׳ 208	קבלה
פספסים (פשפסים)	חלק משם 22 אותיות. פדה שועים פתח סומים ישעך מצפים		חמסה ע׳ 91 Hebrew Amulets P. 129	
פסתם	חלק משם 22 אותיות. פחודיך סר תוציאם ממאסר		חמסה ע׳ 91 Hebrew Amulets P. 129	
פעהק	**פה ע**יר **הק**דש		הקמיע העברי ע׳ 118	
פצפציה	צרוף של ״והוה״ ב-אתב״ש עם ״יה״ בסוף	שם ה׳	הקמיע העברי ע׳ 38	
פקומ	**פ**רנסים **ק**צינים **ומ**נהיגים		הקמיע העברי ע׳ טז׳	
פרטשה (יפרטשה)	אחד משמות השדה לילית	להגנה על תינוק	חמסה ע׳ 116	
פריאל	מלאך		Hebrew Amulets P. 129	
פריטשה	אחד משמות השדה לילית	להגנה על תינוק	Hebrew Amulets P. 50,129	
פרמעוע	**פ**גע **ר**ע **מע**תה **ו**עד **ע**ולם		Jewish Tradition In Art P. 298	
פ ר ש נ ו ר ע ב ת נ ש ב ד ב ש נ ת ב ע ר ו נ ש ר פ	תשבץ. בהקף - אותה מלה (פרשנו). שורה ראשונה - מימין לשמאל, שורה אחרונה - משמאל לימין, עמוד ימני - מלמעלה למטה, עמוד שמאלי - מלמטה למעלה. בדומה, המלה ״רעבתני״ בשורה שניה ורביעית, עמוד שני ורביעי. שורה אמצעית ועמוד אמצעי (שבדבש) - אותה מלה לכל כוון.	נגד מגיפה	הקמיע העברי ע׳ 31	
פרת	אחד מארבע נהרות גן העדן		Hebrew Amulets P. 129	

צירוף אותיות	מובן	שימוש	ספרי מקור	ספרי קודש
פש	פני שור / פרצוף שפיר		הקמיע העברי ע׳ 208	קבלה
פשך	פתחו (דלג על ״לי״) שערי צדק		הקמיע העברי ע׳ 198	תהלים קי״ח, י״ט
פתבר	פן תגף באבן רגלך		הקמיע העברי ע׳ 198	תהלים צ״א, י״ב
פתח	פחד תפארת חסד		הקמיע העברי ע׳ 208	קבלה
--צ--				
צאוהאבוכאו	צא אתה וכל העם אשר ברגליך ואחרי כן אצא ויצא	להקל בלידה (המילים ״צא, אצא, ויצא״)	הקמיע העברי ע׳ 198	שמות י״א, ח׳
צד׳	צדקה		הקמיע העברי ע׳ טז׳	
צדנלבש	**צ**רי ומעט **ד**בש **נ**כאת **ול**ט **ב**טנים **וש**קדים		הקמיע העברי ע׳ 45, 198	בראשית מ״ג, י״א
צדנלבש	אותיות הנמצאות בשם 42 אותיות בברכת ״אנא בכח״ - **צד**קתך תמיד גמלם... **נהל** עדתך... **ב**רוך **ש**ם כבוד...		הקמיע העברי ע׳ 45, 198	תפילת ״אנא בכח״ בברכת השחר לפני שחרית
צדעיאל	מלאך		Hebrew Amulets P. 129	
צדקיאל	מלאך הממונה על הכוכב כוכב		רזיאל המלאך ע׳ נ״א	
צוב צבש בשל אבח ושל	צאינה וראינה בנות ציון במלך שלמה בעטרה שעטרה לו אמו ביום חתנתו וביום שמחת לבו		הקמיע העברי ע׳ 198	שיר השירים ג׳, י״א
צול	צדיק וטוב לו		הקמיע העברי ע׳ 119	
צולבדח	**צ**א **ול**מד **ב**ינה **ד**עת **ח**כמה		הקמיע העברי ע׳ 198	
צום הכם	אותיות אחרונות בכל פסוק, מהפסוק האחרון לראשון. ..האר**ץ** ..אלהינ**ו** ..כל**ם** ..סל**ה** ..כל**ם** ..ישועת**ך**. הסדר של שתי המלים האחרונות הפוך. בגימטריה ״הכם״=״אדני״=65		הקמיע העברי ע׳ 91 Jewish Tradition In Art P. 272	תהלים ס״ז, ג׳-ח
צום קול ממון	בגימטריה = 19 : צום=קול=ממון (ב״צום״, צ = 9, ם = 4 ; ב״קול״, ק = 10, ל = 3 ; ב״ממון״, מ = 4, ן = 5) קול=תפלה, צום=תשובה, ממון=צדקה.		הקמיע העברי ע׳ 91	
צורטק	גם צורתק, צרתוק, צורתוק - צורות שונות של שם קדוש		הקמיע העברי ע׳ 45, 198	
צוריאל	מלאך		Hebrew Amulets P. 129	
צורתק (צורתוק)	גם צרתוק, צורטק - צורות שונות של שם קדוש		הקמיע העברי ע׳ 45, 198	
צושוצה	צעקו וה׳ שמע ומכל צרותם הצילם	להציל מצרה	הקמיע העברי ע׳ 58, 59, 198	תהלים ל״ד, י״ח

צירוף אותיות	מובן	שימוש	ספרי מקור	ספרי קודש
צחהאל	מלאך הממונה על הפחד והבהלה		הקמיע העברי ע' 128	
צחצחיות (צחצחיה)	אחת הספירות המשניות בקבלה		Hebrew Amulets P. 119	
ציא	**צי**רופי **א**להים		הקמיע העברי ע' 208	קבלה
ציאא	**צי**רופי **א**להים **א**חרים		הקמיע העברי ע' 208	קבלה
ציח	Names of Angels - צדקיאל יופיאל חמיאל		הקמיע העברי ע' 38	
צית	מלה משם 42 אותיות		Hebrew Amulets P. 129	
צל	צריך להיות		הקמיע העברי ע' טז'	
צמעל	ראשי תבות של מלאכים (לא מפורט)		הקמיע העברי ע' 198	
צמרכד	אות אחרונה של הפסוק בחמשת הפסוקים הראשונים בבראשית - ..האר**ץ** ..המי**ם** ..או**ר** ..החש**ך** ..אח**ד**	לבלבל את ראש האדם	הקמיע העברי ע' 198 Hebrew Amulets P. 120,133	בראשית א', א'-ה'
צנדלפון	כתיב אחר למלאך סנדלפון		אפגניסתאן ע' 111	
צסכקצ	קשור ל - צקצל (לא מפורט)		הקמיע העברי ע' 198	
צע	צדיק עליון		הקמיע העברי ע' 208	קבלה
צעל	צדקתו עמדת לעד		הקמיע העברי ע' 198	תהלים קי"ב, ט'
צעש	צעדה עלי שור		Hebrew Amulets P. 129	בראשית מ"ט, כ"ב
צפצפיה	שם ה', צרוף של "הוהו" ב- אתב"ש עם "יה"		הקמיע העברי ע' 38 Hebrew Amulets P. 129	
צפרימן	שם ה'		הקמיע העברי ע' 38	
צפרירי	רוח רעה של הבקר		הקמיע העברי ע' 122	
צקצל	ראשי תבות של השמות: צדנלבש קהסמגת צמרכד לתא (ראה בטבלה זו לפי סדר א"ב) לתא - לא תאנה אליך (רעה)		הקמיע העברי ע' 198	תהלים צ"א, י'
צרעדא	צלח רכב על דבר אמת		הקמיע העברי ע' 198	תהלים מ"ה, ה'
צרתוק	גם צורתק, צורטק, צורתוק - צורות שונות של שם קדוש		הקמיע העברי ע' 45 , 198	
צתג	מלה משם 42 אותיות		Hebrew Amulets P. 129	
צתמ	צדקה תציל ממות		הקמיע העברי ע' טז'	

--ק--				
קבהו	**ק**דוש **ב**רוך **הו**א		הקמיע העברי ע' 135	
קבו	קדשנו במצוותיך וצוונו		הקמיע העברי ע' טז'	
קבוה	**קב**לה **וה**לכה		הקמיע העברי ע' 199	

צירוף אותיות	מובן	שימוש	ספרי מקור	ספרי קודש
קבי	יחוד ברכה קדושה (ראשי תיבות בכוון הפוך)		הקמיע העברי ע׳ 188	
קז״ש	**קד**שי **ש**מים		הקמיע העברי ע׳ טז׳	
קהסמגת	שיטת אבגד לשם ״צדנלבש״ (**צ**רי ומעט **ד**בש **נ**כאת **ול**ט **ב**טנים **וש**קדים)		הקמיע העברי ע׳ 199	בראשית מ״ג, י״א
קוהץ	**קו**דם **הצ**מצום		הקמיע העברי ע׳ 208	קבלה
קוויע	קום ועשה ויהיה ה׳ עמך	למחלת נפילה	הקמיע העברי ע׳ 59, 199	
קופ לסי	שמות של ה׳ - בגימטריה 15 (יה). באותיות מ20- עד 400 נחשבת רק הספרה הראשונה		הקמיע העברי ע׳ 199	
קוף קפו וקף ופק פקו פוק	הטיות של שם ה׳ ״קוף״	ללידה	Hebrew Amulets P. 62	
קז	קמיע זה		Jewish Tradition In Art P. 300	
קטא (קטה)	אחד משמות השדה לילית	להגנה על תינוק	הקמיע העברי ע׳ 111	
קטנוע	**ק**ליפות **ט**מאות **נ**חשים **וע**קרבים		הקמיע העברי ע׳ 199	
קיב	קומה ה׳ באפך		הקמיע העברי ע׳ 199	תהלים ז׳, ז׳
קיואוממ	קומה ה׳ ויפצו איביך וינסו משנאיך מפניך		הקמיע העברי ע׳ 199	במדבר י׳, ל״ה
קיללוד	קרוב ה׳ לנשברי לב ואת דכאי	למחלת רוח, להצלה, למחלת לב	הקמיע העברי ע׳ 58, 199	תהלים ל״ד, י״ט
קילק	קרוב ה׳ לכל קראיו	קריאה לעזרה	הקמיע העברי ע׳ 58, 199	תהלים קמ״ה, י״ח
קלה	קדש **לה׳**		Jewish Tradition In Art P. 80	
קלי (קליכטיה)	אחד משמות השדה לילית	להגנה על תינוק	הקמיע העברי ע׳ 111 Jewish Tradition In Art P. 20	
קלסנוסוז	קח לך סמים נטף ושחלת וחלבנה סמים ולבנה זכה		הקמיע העברי ע׳ 199	שמות ל׳, ל״ד
קמ׳	קמיע / קמיעות		הקמיע העברי ע׳ טז׳	
קנ	ק׳ נהורין		הקמיע העברי ע׳ 208	קבלה
קע	קום עשה	למחלת הנפילה	הקמיע העברי ע׳ 58	
קעלתעעג	קשרם על לבך תמיד ענדם על גרגרתך		הקמיע העברי ע׳ 199	משלי ו׳, כ״א
קפציאל	מלאך הממונה על הכוכב נוגה		רפאל המלאך ע׳ 114	
קפקפיאל	מלאך		Hebrew Amulets P. 130	
קק	קהלת קדש		Jewish Tradition In Art P. 23	
קקי	קהילת קדש ישראל		Jewish Tradition In Art P. 324	
קקק	קדוש קדוש קדוש		לחש וקמיע ע׳ 141	

צירוף אותיות	מובן	שימוש	ספרי מקור	ספרי קודש
קקש	אחד משמות השדה לילית	להגנה על תינוק	הקמיע העברי ע' 111	
קרובצ	קול רינה וישועה באהלי צדיקים		הקמיע העברי ע' 199	תהלים קי"ח, ט"ו
קרע שטן	קבל רנת עמך שגבנו טהרנו נורא. חלק משם 42 אותיות (ראה "אבג יתץ")	הגנה כללית	לחש וקמיע ע' 153 Hebrew Amulets P. 50,130	חלק מתפילת "אנא בכח" בתפילת השחר לפני שחרית
קש	קריאת שמע		Jewish Tradition In Art P. 184	

--ר--				
ראימ	רוח איש יכלכל מחלהו		הקמיע העברי ע' 199	משלי י"ח, י"ד
רבעחועעכ	רבות בנות עשו חיל ואת עלית על כלנה		הקמיע העברי ע' 199	משלי ל"א, כ"ט
רבשע	**ר**ב**ו**נו **ש**ל **ע**ולם		לחש וקמיע ע' 79, 153 הקמיע העברי ע' טז'	
רבתורת	רק בעיניך תביט ושלמת רשעים תראה		הקמיע העברי ע' 199	תהלים צ"א, ח'
רגיאל	מלאך		הקמיע העברי ע' 126	
רה	ראש השנה		Jewish Tradition In Art P. 74	
רהואניך	מאשר שמנה לחמו והוא יתן מעדני מלך (אותיות אחרונות)		הקמיע העברי ע' 199	בראשית מ"ט, כ'
רהטיאל	שר (מלאך ראשי) משני		רזיאל המלאך ע' ע"ח	
רוטא	שם של עשב בעל ריח חזק לרפוי מגיפה	לרפואה	הקמיע העברי ע' 46	
רויאאות	רחום וחנון ה' ארך אפים ורב חסד		הקמיע העברי ע' 199	תהלים ק"ג, ח'
רו צם בה למ נה תה	רננו צדיקים בה' לישרים נאוה תהלה (אות ראשונה ואחרונה בכל מלה)	נגד הפלה	הקמיע העברי ע' 199	תהלים ל"ג, א'
רושת מיפ	רחום וחנון שומר תמים מציל ישר פודה		הקמיע העברי ע' 200	
רזיאל	מלאך, המורה של אדם, עומד על יד כסא ה'		הקמיע העברי ע' 41	
רזל	רבננו זכרונם לברכה		לחש וקמיע ע' 153	
רח	ראש חודש		אפגניסתאן ע' 174	
רחוביש	**רח**ום **ו**חנון **בי**די **ש**מים		הקמיע העברי ע' 76	
רחיי	ראשית חכמה יראת ה'		הקמיע העברי ע' 199	תהלים קי"א, י'
רחמיאל	מלאך		Hebrew Amulets P. 130	
רחש תמף שת	רחום חנון שדי תקיף מציל פודה שומר תמים	נגד סכנה	רפאל המלאך ע' 71	
ריוהו	רפאני ה' וארפא הושיעני ואושעה	לרפואה	הקמיע העברי ע' 58, 200	ירמיהו י"ז, י"ד

צירוף אותיות	מובן	שימוש	ספרי מקור	ספרי קודש
ריכנע ונמ	רפאני ה' כי נבהלו עצמי. ונפשי נבהלה מאד	למחלת עצמות	הקמיע העברי ע' 59, 200	תהלים ו', ג'-ד'
ריתבע	רוח ה' תניחנו בגן עדן		אפגניסתאן ע' 111	
רלב	רחמנא לבא בעי		הקמיע העברי ע' 74	סנהדרין ק"ו
רמב"ה	רבי מאיר בעל הנס		לחש וקמיע ע' 153 הקמיע העברי ע' טז'	
רמבה זיעא	רבי מאיר בעל הנס זכותו יגן עלינו אמן		לחש וקמיע ע' 134	
רמב"ם	רבי משה בן מיימון		הקמיע העברי ע' טז'	
רמב"ן	רבי משה בן נחמן		הקמיע העברי ע' טז'	
רמבעה"נ	**ר**בי **מ**איר **בע**ל **הנ**ס		הקמיע העברי ע' טז'	
רם וכג כמהרר	**ר**יש **מ**תיבתא **וכ**הן **ג**דול **כ**בוד **מ**ורנו **הר**ב **ר**בי		Jewish Tradition In Art P 112	
רנכחל	רפאה נפשי כי חטאתי לך	למחלת נפש	הקמיע העברי ע' 58, 200	תהלים מ"א, ה'
רנתג	(ו)רוח נכאה תיבש גרם		הקמיע העברי ע' 200	משלי י"ז, כ"ב
רעא	**ר**ישא **ע**ל**א**ה		הקמיע העברי ע' 208	קבלה
רעכגי	רם על כל גוים ה'		הקמיע העברי ע' 200	תהלים קי"ג, ד'
רעכורכמאב	ראשך עליך ככרמל ודלת ראשך כארגמן מלך אסור ברהטים		הקמיע העברי ע' 200	שיר השירים ז', ו'
רפאל	מלאך ראשי ממונה על הרפואה מלאך הממונה על החמה	לרפואה	הקמיע העברי ע' 6, 41 רזיאל המלאך ע' נ"א	
רפש	**רפ**ואה **ש**למה		הקמיע העברי ע' טז'	
רפתל ול	**רפ**אות **ת**הי **ל**שרך **ו**שקוי **ל**עצמותיך		אפגניסתאן ע' 172	משלי ג', ח'
רפתס	רני פלט תסובבני סלה		הקמיע העברי ע' 200	תהלים ל"ב, ז'
רצבלנת	רננו צדיקים בה' לישרים נאוה תהלה		הקמיע העברי ע' 200	תהלים ל"ג, א'

צירוף אותיות	מובן	שימוש	ספרי מקור	ספרי קודש
רצב לנת הלבבעז לשלשת הנבכ ידיומב אצו חימה בישנופכצ ככמה נבת ימכה מיכית כהאוהצו יה עגה מעעי לתמללו אהאיאה בלל מהיר אכבה משה אכיהה ילהא כמאהנבחגל יבכש הלוחלי העיאילל למנוב נחלע וה כביל כבקב יחיעכיל	רננו צדיקים בה׳ לישרים נאוה תהלה. הודו לה׳ בכנור בנבל עשור זמרו לו. שירו לו שיר חדש היטיבו נגן בתרועה. כי ישר דבר ה׳ וכל מעשהו באמונה. אוהב צדקה ומשפט חסד ה׳ מלאה הארץ. בדבר ה׳ שמים נעשו וברוח פיו כל צבאם. כנס כנד מי הים נותן באוצרות תהומות. ייראו מה׳ כל הארץ ממנו יגורו כל ישבי תבל. כי הוא אמר ויהי הוא צוה ויעמד. ה׳ הפיר עצת גוים הניא מחשבות עמים. עצת ה׳ לעולם תעמד מחשבות לבו לדר ודר. אשרי הגוי אשר ה׳ אלהיו העם בחר לנחלה לו. משמים הביט ה׳ ראה את כל בני האדם. ממכון שבתו השגיח אל כל ישבי הארץ. היצר יחד לבם המבין את כל מעשיהם. אין המלך נושע ברב חיל גבור לא ינצל ברב כח. שקר הסוס לתשועה וברב חילו לא ימלט. הנה עין ה׳ אל יראיו למיחלים לחסדו. להציל ממות נפשם ולחיותם ברעב. נפשנו חכתה לה׳ עזרנו ומגננו הוא. כי בו ישמח לבנו כי בשם קדשו · בטחנו. יהי חסדך ה׳ עלינו כאשר יחלנו לך.		Jewish Tradition In Art P. 262	תהלים ל״ג (כל הפרק)
רצהע	**רצון העליון**		הקמיע העברי ע׳ 208	קבלה
רצו	רודף צדקה וחסד		הקמיע העברי ע׳ טז׳	
רצוהע	**רצון העליון**		הקמיע העברי ע׳ 208	קבלה
ררצויה	רבות רעות צדיק ומכלם יצילנו ה׳		הקמיע העברי ע׳ 200	תהלים ל״ד, כ׳
רשבי	רבי שמעון בר יוחאי		הקמיע העברי ע׳ טז׳	
רתה מהא התא	שיר המעלות לשלמה אם ה׳ לא יבנה בית שוא (אותיות אחרונות)		הקמיע העברי ע׳ 200	תהלים קכ״ז, א׳
רתלול	רפאות תהי לשרך ושקוי לעצמותיך	לרפואה, למחלת עצמות	הקמיע העברי ע׳58,59,200 Hebrew Amulets P. 130	משלי ג׳, ח׳

צירוף אותיות	מובן	שימוש	ספרי מקור	ספרי קודש
--ש--				
שאו	שועתי אליך ותרפאני		הקמיע העברי ע׳ 200	תהלים ל׳, ג׳
שבהכ	**שבירת הכלים**		הקמיע העברי ע׳ 208	קבלה
שבר	של בית רבן		הקמיע העברי ע׳ יח׳	

צירוף אותיות	מובן	שימוש	ספרי מקור	ספרי קודש
שברירי	שד רע		Jewish Tradition In Art P. 238	
שדי	שם ה׳, שומר דרכי ה׳		רפאל המלאך ע׳ 26	
שדי דיש ישד	הטיות שונות לשם ה׳		הקמיע העברי ע׳ 47	
שדר	**ש**לוחה **דר**בנן / **ש**לוחה **דר**חמנא		הקמיע העברי ע׳ יח׳	
שהאכייהב	שיר המעלות אשרי כל ירא ה׳ ההלך בדרכיו	הגנה כללית	הקמיע העברי ע׳ 200 Hebrew Amulets P. 50,130	תהלים קכ״ח, א׳
שהאכייה ביככתאולאכפבב ב כזסלהככי גיי יים וביכ יחו בלשע	שיר המעלות אשרי כל ירא ה׳ ההלך בדרכיו. יגיע כפיך כי תאכל אשריך וטוב לך. אשתך כגפן פריה בירכתי ביתך בניך כשתלי זיתים סביב לשלחנך. הנה כי כן יברך גבר ירא ה׳. יברכך ה׳ מציון וראה בטוב ירושלם כל ימי חייך. וראה בנים לבניך שלום על (ישראל).		Hebrew Amulets P. 158	תהלים קכ״ח, א׳ - ו׳
שהאל	שיר השירים אשר לשלמה	לקול מתוק	Hebrew Amulets P. 133	שיר השירים א׳, א׳
שהביאשצהכ	שיר המעלות בשוב ה׳ את שיבת ציון היינו כחלמים		הקמיע העברי ע׳ 200	תהלים קכ״ו, א׳
שההבאיכעי	שיר המעלות הנה ברכו את ה׳ כל עבדי ה׳		הקמיע העברי ע׳ 200	תהלים קל״ד, א׳
שההבכצלי	שיר המעלות הבטחים בה׳ כהר ציון לא ימוט		הקמיע העברי ע׳ 200	תהלים קכ״ה, א׳
שהלאיל	שיר המעלות לשלמה אם ה׳ לא		הקמיע העברי ע׳ 201	תהלים קכ״ז, א׳
שהלן	נ**ש**בע **ה׳** ו**ל**א י**נ**חם (אותיות שניות)		הקמיע העברי ע׳ 201	תהלים ק״י, ד׳
שהלשבלבינ	שיר המעלות לדוד שמחתי באמרים לי בית ה׳ נלך	להצלחה	הקמיע העברי ע׳ 201 רפאל המלאך ע׳ 97	תהלים קכ״ב, א׳
שהקד	**ש**מות **הקד**ושים		הקמיע העברי ע׳ יח׳	
שהת	**ש**ר **הת**ורה		הקמיע העברי ע׳ יח׳	
שוב	**ש**וחט **וב**ודק		Jewish Tradition In Art P. 44	
שויתי	מלה ראשונה בפסוק		Hebrew Amulets P. 130	תהלים ט״ז, ח׳
שושבג	**שום שו**טה **שב**עולם **ג**זירה		הקמיע העברי ע׳ 127	
שושד	**שוש**בינא **ד**מטרוניתא		הקמיע העברי ע׳ 208	קבלה
שושדמ	**שוש**בינא **דמ**טרוניתא		הקמיע העברי ע׳ 208	קבלה
שחדזיק	צרוף של ״שדי״ ו״חזק״. כל אות ב-״חזק״ עוקבת אות ב-״שדי״	שם ה׳	הקמיע העברי ע׳ 39	
שחיאל	מלאך		Hebrew Amulets P. 130	
שחקת	פישון גיחון חדקל פרת - אות שלישית של כל נהר		הקמיע העברי ע׳ 76	
שכן	מלה משם 42 אותיות		Hebrew Amulets P. 130	

צירוף אותיות	מובן	שימוש	ספרי מקור	ספרי קודש
שטרינה (שטרניא) (שטרונה)	אחד משמות השדה לילית	להגנה על תינוק	הקמיע העברי ע' 111 חמסה ע' 116 Jewish Tradition In Art P. 20	
שי	שומר ישראל / שמע ישראל / שורש ישר		הקמיע העברי ע' 201 הקמיע העברי ע' 208	תהלים קכ"א, ד' דברים ו', ד' קבלה
שיאאאא	שמע ישראל ה' אלהינו ה' אחד		הקמיע העברי ע' 71	קריאת שמע / דברים ו', ד'
שיו	שמע ה' וחנני	קריאה לעזרה	הקמיע העברי ע' 58, 201	תהלים ל', י"א
שיחי'	שיחיה		הקמיע העברי ע' יח'	
שיחנ	שובה ה' חלצה נפשי	למחלת נפש	הקמיע העברי ע' 58, 201	תהלים ו', ה'
שיי אאא	שמע ישראל ה' אלהינו ה' אחד	קמיע שומרוני	Hebrew Amulets P. 134	דברים ו', ד'
שי יאיא	שמע ישראל ה' אלהינו ה' אחד	נגד חום	הקמיע העברי ע' 201 Hebrew Amulets P. 133	קריאת שמע / דברים ו', ד'
שילת כמבא	שויתי ה' לנגדי תמיד כי מימיני בל אמוט	קריאה לעזרה	הקמיע העברי ע' 58, 201	תהלים ט"ז, ח'
שיקאוו	שמע ה' קולי אקרא וחנני ועגני	קריאה לעזרה	הקמיע העברי ע' 58, 201	תהלים כ"ז, ז'
שיתיתי	**ש**מו **י**תברך **ת**ורת **ה**' **ת**מ**י**מה		הקמיע העברי ע' 117	
שכבע בכת	שמרני כאישון בת עין בצל כנפיך תסתירני	להצליח בדרך	הקמיע העברי ע' 201 רפאל המלאך ע' 97	תהלים י"ז, ח'
שכה שמה שמו אב	שניך כעדר הקצובות שעלו מן הרחצה שכלם מתאימות ושכלה אין בהם	בזמן ארוסים	Hebrew Amulets P. 133	שיר השירים ד', ב'
שכמיאל	מלאך		Hebrew Amulets P. 130	
שכע	שמר כל עצמתיו / **שכ**ינתא **ע**לאה	למחלת עצמות	הקמיע העברי ע' 59, 201 הקמיע העברי ע' 208	תהלים ל"ד, כ"א קבלה
שכעל כעז	שימני כחותם על לבך כחותם על זרועך		הקמיע העברי ע' 201	שיר השירים ח', ו'
שכת	**שכ**ינתא **ת**תאה		הקמיע העברי ע' 208	קבלה
שלא עאה מיע עמי עשו אילראי שהל יוי שיי שיצ עייהל יוב יימריא ניי צומו ע	שיר למעלות אשא עיני אל ההרים מאין יבא עזרי. עזרי מעם ה' עשה שמים וארץ. אל יתן למוט רגלך אל ינום שמרך. הנה לא ינום ולא יישן שומר ישראל. ה' שמרך ה' צלך על יד ימינך. יומם השמש לא יככה וירח בלילה. ה' ישמרך מכל רע ישמר את נפשך. ה' ישמר צאתך ובואך מעתה ועד עולם.	קריאה לעזרה, למכת שמש	הקמיע העברי ע' 58, 201 Hebrew Amulets P. 130,140	תהלים קכ"א
שלבע	שבח לאל בורא עולם		לחש וקמיע ע' 153, 143	

ספרי קודש	ספרי מקור	שימוש	מובן	צירוף אותיות
	Jewish Tradition In Art P. 327		שני לוחות הברית	שלה
	הקמיע העברי ע' יח'		שיחיה לארך ימים טובים אמן	שליטא
תהלים ס"ב, ט'	הקמיע העברי ע' 58, 201	למחלת לב	שפכו לפניו לבבכם	שלל
	Hebrew Amulets P. 130		מלאך	שלמיאל
קבלה	הקמיע העברי ע' 208		**של**פני **ה**צמצום	שלפהץ
	Hebrew Amulets P. 130		מלאך	שלקיאל
	הקמיע העברי ע' 201		שבע מצוות בני נח	שמבן
	Hebrew Amulets P. 130		מלאך	שמואל
	Hebrew Amulets P. 130		מלאך	שמריאל
קבלה	הקמיע העברי ע' 208		שורש נשמה גוף לבוש היכל	שנגלה
	הקמיע העברי ע' יח'		**שנ**פטר **לב**ית **ע**ולמו	שנלבע
קבלה	הקמיע העברי ע' 208		**ש**בנה **ע**לאה /שורש ענפים הארה	שעה
שמות ט"ו, י"ד תהלים קכ"ח, ו'	הקמיע העברי ע' 201		שמעו עמים ירגזון / שלום על ישראל	שעי
שמות ט"ו, י"ד	Hebrew Amulets P. 133	נגד שודדי דרך	שמעו עמים ירגזון חיל אחז ישבי פלשת	שעי חאיפ
	הקמיע העברי ע' 118		שלום על כל ישראל	שעכי
ישעיהו ו', ב'	הקמיע העברי ע' 201		שרפים עמדים ממעל לו	שעמל
	הקמיע העברי ע' 38		השם המפורש (בשיטת אלב"מ)	שעפע
תהלים קט"ז, ו'	הקמיע העברי ע' 201		שמר פתאים ה' דלתי ולי יהושיע	שפידוי
	Jewish Tradition In Art P. 44		שליח צבור	שץ
	לחש וקמיע ע' 153		שבת קדש	שק
	הקמיע העברי ע' יח'		**ש**בת **קו**דש	שקו
	Hebrew Amulets P. 130		שתי המלים האחרונות בשם 42 אותיות - "שקו" ו-"ציית"	שקוצית
תהלים קכ"ח, א'	הקמיע העברי ע' 202	נגד הפלות, נגד שכול בנים	שיר המעלות אשרי כל ירא (אות ראשונה ואחרונה בכל מלה)	שר הת אי כל יא
	הקמיע העברי ע' 202		**שר**ה **ר**בקה **ר**חל **ול**אה	שררול
	הקמיע העברי ע' 59, 202	לפחד, נגד סכנה	שים שלום טובה	ששט
תהלים ס"ה, ג'	הקמיע העברי ע' 202 רפאל המלאך ע' 97	להצליח בבקשה	שמע תפילה	שת
	הקמיע העברי ע' יח'		שתחיה	שתחי
	Hebrew Amulets P. 130		מלאך	שתניאל

צירוף אותיות	מובן	שימוש	ספרי מקור	ספרי קודש
--ת--				
תאלחל אנלמק	תתן אמת ליעקב חסד לאברהם אשר נשבעת לאבתינו מימי קדם		הקמיע העברי ע׳ 121, 202	מיכה ז׳, כ׳
תגח	תפארת גבורה חסד		הקמיע העברי ע׳ 209	קבלה
תהי	**ת**חת **הי**סוד		הקמיע העברי ע׳ 209	קבלה
תהמתהו	**ת**חית **ה**מתים **מ**ן **הת**ורה **הו**א		הקמיע העברי ע׳ 202	
תו	תבנה ותיכונן		הקמיע העברי ע׳ יח׳	
תובבא	תבנה ותיכונן במהרה בימינו אמן		הקמיע העברי ע׳ יח׳	
תוהק	**תו**רתנו **הק**דושה		Jewish Tradition In Art P. 54	
תום	**ת**פארת **ומ**לכות		הקמיע העברי ע׳ 209	קבלה
תו שלבע	תם ונשלם שבח לאל בורא עולם		The Jews of Kurdistan P. 210	
תח	תלמידי חכמים		Jewish Tradition In Art P. 197	
תחנ	תפארת חסד נצח		הקמיע העברי ע׳ 209	קבלה
תיי בכא	תהמת יכסימו ירדו במצולת כמו אבן	נגד אויב	Hebrew Amulets P. 133	שמות ט״ו, ה׳
תייט	תפתח ידך ישבעון טוב		הקמיע העברי ע׳ 202	תהלים ק״ד, כ״ח
תיתמנ	תורת ה׳ תמימה משיבת נפש	למחלת נפש	הקמיע העברי ע׳ 58, 202	תהלים י״ט, ח׳
תכבצ	**תכ**ונן **בצ**דק		אפגניסתאן ע׳ 136	
תללאלאאלאאיע רש	תדבק לשוני לחכי אם לא אזכרכי אם לא אעלה את ירושלם על ראש שמחתי		הקמיע העברי ע׳ 202	תהלים קל״ז, ו׳
תלתא	תכין לבם תקשיב אזנך	להבריח רוח רעה	הקמיע העברי ע׳ 202 רפאל המלאך ע׳ 98	תהלים י׳, י״ז
תלתו (תילתוי)	אחד משמות השדה לילית	להגנה על תינוק	הקמיע העברי ע׳ 111 Jewish Tradition In Art P. 20	
תמ	תברך מנשים		הקמיע העברי ע׳ 202	שופטים ה׳, כ״ד
תמא	תבורך מנשי אהל		הקמיע העברי ע׳ 202	
תמיפ	תומך מציל ישר פודה		הקמיע העברי ע׳ 202	
תנהי	תפארת נצח הוד יסוד		הקמיע העברי ע׳ 209	קבלה
תנהימ	תפארת נצח הוד יסוד מלכות		הקמיע העברי ע׳ 209	קבלה
תנצבה	תהי נפשו צרורה בצרור החיים		Jewish Tradition In Art P. 78	
תעאו בזיכ	תפל עליהם אימתה ופחד בגדל זרועך ידמו כאבן	לפזר מירזי או הזיה	הקמיע העברי ע׳ 202 Hebrew Amulets P. 133	שמות ט״ו, ט״ז
תעה	תיבנה עירנו הקדושה		הקמיע העברי ע׳ יח׳	

ספרי קודש	ספרי מקור	שימוש	מובן	צירוף אותיות
קבלה	Hebrew Amulets P. 119		אחת מעשר הספירות בקבלה	תפארת
דברים ל״ג, ד׳	לחש וקמיע ע׳ 153, 80 הקמיע העברי ע׳ 202 Hebrew Amulets P. 133	תשמיש / כשלוקחים ילד לבית ספר	תורה צוה לנו משה מורשה קהלת יעקב	תצלממקי
	הקמיע העברי ע׳ 38		אהיה (בשיטת אתב״ש), שם ה׳	תצמץ
	Hebrew Amulets P. 130		מלאך	תריאל
	לחש וקמיע ע׳ 153		הטיה של ״תרחם״	תרמח
	הקמיע העברי ע׳ יח׳		תינוקות של בית רבן	תשבר
קבלה	הקמיע העברי ע׳ 209		**תשו**בה **עלאה**	תשוע
	הקמיע העברי ע׳ 209 Jewish Tradition In Art P. 68		**תפארת** / תלמוד תורה	תת
דברים י״ח, י״ג	הקמיע העברי ע׳ 202 Hebrew Amulets P. 133	נגד דובים פראים	תמים תהיה עם ה׳ אלהיך	תתעיא
קבלה	הקמיע העברי ע׳ 209		תשובה תפילה צדקה	תתצ

Examples and Photographs

דוגמאות ותמונות

1. קמיע, פרס, כסף, רקוע וחרוט, אוסף משפחת גרין.
ר׳ 25 ממ, א׳ 40 ממ
כתובת:
שלוש שורות ראשונות: שמות מלאכים - רפאל, מיכאל, גבריאל. שורה רביעית: בן פורת יוסף (״ף״ בשורה חמישית).
שורה חמישית: ר״ת - בפעעבצעש (בן פורת עלי עין בנות צעדה עלי שור), בראשית מ״ט, כ״ב.
הצורף השמיט ״ע״ אחת, והוסיף אותה בכתיב קטן מעל השורה. כמו כן, בגלל חוסר מקום, ה״ש״ נכתבה בכתיב קטן מתחת לשורה.

1. Amulet, Iran, Silver, chased and engraved, the Green Family collection.
W 25 mm, L 40 mm
Text:
First three lines: Names of angels – רפאל, מיכאל, גבריאל
Fourth Line: בן פורת יוסף (ף is in the fifth line)
Fifth line: בפעעבצעש (בן פורת עלי עין בנות צעדה עלי שור) Genesis 49:22.
The scribe omitted one ״ע״, and added it in small font above the line. Also, due to lack of space, the ״ש״ was written in small font below the line.

Figure 1 תמונה

2. קמיע חמסה, ישראל, סגנון מארוקאי, אלפקה, רקוע וחרוט, אוסף משפחת גרין.
ר׳ 47 ממ, א׳ 72 ממ
כתובת:
שורה ראשונה בקשת: אבג יתצ קרע שטן נגד יכש
שורה שניה בקשת: בטר צתג חקב טנע
באמצע בשלש שורות: יגל פזק שקו
זהו שם ה׳ בן 42 אותיות, כאשר שלושת האותיות האחרונות (צית) הושמטו מחוסר מקום. שם זה נוצר מראשי תיבות של תפילת ״אנא בכח״ בתפילת השחר הנאמרת לפני שחרית.
בארבע אצבעות: חלק מהשם בן 12 אותיות, המורכב מהטיות של השם המפורש. לפי הסדר מהזרת-יהוה, יההו, יוהה, הויה.
בבוהן: י״א, ראשי תיבות של ״ה׳ אלהים״

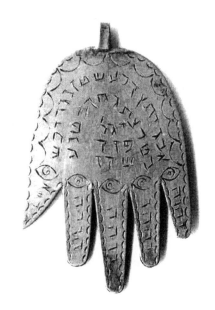

2. Hamsa amulet, Nickel silver, Israel, Moroccan style, chased and engraved, the Green Family collection.
W 47 mm, H 72 mm
Text:
First row in an arc: אבג יתצ קרע שטן נגד יכש
Second row in an arc: בטר צתג חקב טנע
In the middle in three lines: יגל פזק שקו
This is the 42 Letters Name of God, where the last three letters (צית) were dropped due to lack of space.
This name is composed of the initial letters of the אנא בכח Prayer, recited during תפילת השחר before שחרית.
In the four fingers: Part of the 12 Letters Name of God, which is comprised of 12 permutations of השם המפורש. From the right - יהוה, יהחו, יוהה, הויה.
In the thumb: י״א, initial letters of ה׳ אלהים.

Figure 2 תמונה

3. קמיע חמסה, פרס או אפגניסתאן, כסף רקוע וחרוט, אוסף משפחת גרין.
ר׳ 35 ממ, א׳ 66 ממ
כתובת:
שורה ראשונה: אל שדי
שורה שניה: צמרכד. לחש זה מרכב מהאות האחרונה של הפסוק בחמשת הפסוקים הראשונים בבראשית - ..הארץ ..המים ..אור ..החשך ..אחד. צירופים דומים הם "היגלק", שהוא "צמרכד" בשיטת אתב"ש, ו"בוווו", המורכב מהאות הראשונה באותם הפסוקים.
שורה שלישית: גבריאל, מלאך הכח.

3. Hamsa amulet, Iran or Afghanistan, chased and engraved, the Green Family Collection.
W 35 mm, H 66 mm
Text:
First row: אל שדי
Second row: צמרכד. This spell is derived from the last letter in each of the first 5 verses in Genesis. Similar spells are: היגלק, which is צמרכד in the אתב"ש method, and בוווו, the first letter in each of the same verses.
Third row: גבריאל, Gabriel, the Angel of strength.

Figure 3 תמונה

4. קמיע חמסה, מארוקו, כסף, רקוע, חרוט ומנוסר, אוסף משפחת גרין.
ר׳ 76 ממ, א׳ 118 ממ
כתובת:
אנקתם פסתם פסכסים דיונסים
ישנה טעות במלה "פסכסים", הנוסח הנכון הוא "פספסים" או "פספסין".
הכתובת היא שם ה׳ בן כ"ב (22) אותיות, והיא נזכרת בסידור, בסדר נשיאת כפים, בברכת "יהי רצון" אחרי ברכת הכהנים.

4. Hamsa amulet, Morocco, Silver, Openwork, chased and engraved , the Green Family collection.
W 76 mm, H 118 mm
Text:
אנקתם פסתם פסכסים דיונסים
The word פסכסים is misspelled, the correct word is פספסים or פספסין.
It represents the 22 Letter Name of God. It is referenced in the Siddur, in the יהי רצון after ברכת הכהנים.

Figure 4 תמונה

5. קמיע חמסה, ישראל, צפוי כסף, חרוט, אוסף משפחת גרין.
ר׳ 62 ממ, א׳ 90 ממ
כתובת:
בתוך המגן דוד: בן פורת יוסף (בראשית מ״ט, כ״ב)
בכף היד: תשבץ, נקרא מלמעלה למטה.
עמודה ראשונה: השם המפורש.
עמודה שניה: אדני.
עמודה שלישית: ייאי - יי אלהי ישראל.
עמודה רביעית: אהיה - שם ה׳.

5. Hamsa amulet, Israel, Silver plate, engraved, the Green Family collection.
Text:
Inside the Magen David: בן פורת יוסף (Genesis 49:22).
In the palm of the hand: Square, reads from top to bottom.
First column: השם המפורש.
Second column: אדני.
Third column: יי אלהי ישראל - ייאי.
Fourth column: אהיה - Name of God.

Figure 5 תמונה

6. קמיע חמסה, ישראל, עבודה מארוקאית, אלפקה, רקוע וחרוט, אוסף משפחת גרין.
ר׳ 99 ממ, א׳ 171 ממ
כתובת:
שורה ראשונה בקשת: בן פורת יוסף בן פורת עלי עין בנות צעדה עלי שור (בראשית מ״ט, כ״ב), שויתי יהוה לנגדי תמיד (תהלים ט״ז, ח׳) אמן.
שורה שניה בקשת: בשם שדי יוהך כלך (אותיות אחרונות בתהלים צ״א, י״א - כי מלאכיו יצוה לך לשמרך בכל דרכיך) יוהה (חלק משם ה׳ בן י״ב אותיות) לא תירא מפחד לילה מחץ יעוף (תהלים צ״א, ה׳) אמן.
בתחתית היד: שם ה׳ בן י״ב אותיות בשלמותו, בצורת תשבץ.

6. Hamsa amulet, Israel, Moroccan style, Nickel silver, chased and engraved, the Green Family collection.
Text:
First row in an arc:
בן פורת יוסף בן פורת עלי עין בנות צעדה עלי שור
(Genesis 49:22) followed by:
שויתי יהוה לנגדי תמיד (Psalms 16:8) אמן.
Second row in an arc: בשם שדי followed by:
יוהך כלך (Final letters in Psalms 91:11 –
כי מלאכיו יצוה לך לשמרך בכל דרכיך, then יוהה
(part of the 12 Letter Name of God) then
לא תירא מפחד לילה מחץ יעוף (Psalms 91:5) and ending with אמן.
At the bottom: the complete 12 Letter Name of God In a form of a square.

Figure 6 תמונה

בסימן — שמירה לילד וליולדת — טוב

שדי קרע שטן

ובמזל טוב

שיר למעלות אשא עיני אל ההרים מאין יבא עזרי: עזרי מעם יי עשה שמים וארץ: אל יתן למוט רגלך אל ינום שמרך: הנה לא ינום ולא יישן שומר ישראל: יי שמרך יי צלך על יד ימינך: יומם השמש לא יככה וירח בלילה: יי ישמרך מכל רע ישמר את נפשך: יי ישמר צאתך ובואך מעתה ועד עולם:

מכצמצית ביש

ארץ בראל חזאל

ידש שיד גהדצ

קרי ישר דשי דים

אדם
אברהם
יצחק
יעקב

לחש לעין הרע מהרב"א ז"ל

וחוה
ושרה
ורבקה
ולאה

לילית וכל בת דילה

חוצה :

לא תהיה מכשפה
תחיה מכשפה לא
לא תהיה מכשפה

שנת תש"י

נדפס פעה"ק
ירושלם
תובב"א

Figure 7 תמונה

7. Amulet, Israel, wax paper, printed, commercial copy, the Green Family Collection.
W 220 mm, H 317 mm
Text:
On top: In the middle, inside the frame -

7. קמיע, ישראל, ניר שעוה, מודפס, העתק מסחרי, אוסף משפחת גרין.
ר׳ 220 ממ, א׳ 317 ממ
כתובת:
למעלה: באמצע, בתוך המסגרת -

שמירה לילד וליולדת

Outside the frame in large letters -

מחוץ למסגרת באותיות גדולות -

בסימן טוב

Right-

מימין -

ובמזל טוב

Left -

משמאל -

שדי (Name of God) .
קרע שטן (Part of the 42 Letter Name of God).

שדי (שם ה׳) קרע שטן (חלק משם מ״ב אותיות)

Under the header: (Psalms 111, the whole chapter)

מתחת הכותרת: (תהלים פרק קי״א בשלמותו, מנוקד)
שיר למעלות מאין אשא עיני אל-ההרים מאין יבא עזרי: עזרי מעם יי עושה שמים וארץ: אל-יתן למוט רגלך אל-ינום שמרך: הנה לא-ינום ולא ישן שמר ישראל: יי שמרך יי צלך על-יד ימינך: יומם השמש לא-יכבה וירח בלילה: יי ישמרך מכל רע ישמר את נפשך: יי ישמר צאתך ובואך מעתה ועד עולם:

To the right of the hand: (A spell against various types of the Evil Eye, appears in many amulets)

מימין ליד: (לחש נגד סוגים שונים של עין רעה, מופיע בקמיעות רבות).
לחש לעין הרע מהרב מהרב חיד״א (חיים יוסף דוד אזולאי) ז״ל. משביע אני עליכם כל מין עינא בישא אוכמא עינא צרובה עינא תכלתא עינא ירוקה עינא ארוכה עינא קצרה עינא רחבה עינא צרה עינא ישרה עינא עקומה עינא עגולה עינא שוקעת עינא בולטת עינא מבטת עינא בוקעת עינא שואבת עינא דרכורא עינא דנוקבא עינא דאיש ואשתו עינא דאשה ובתה עינא וקרובותיה עין דבחור עין דזקן עין דזקנה עין דבתולה עין דבעולה עין דאלמנה עין דנשואה עין דגרושה עין מין עינא בישא שיש בעולם שראתה והביטה ודברה בעין רעה על פב״פ (פלונית בת פלוני) גזרנא ואשבענא לכון בההיא עינא עילאה עינא קדישא עינא חדא עינא חיורא עינא דאיהי חיור גו חיור עינא דכליל כל חיור עינא דכלא ימנא עינא דכלא שמאלא עינא פקיחא עינא דאשגחותא תדירא עינא דכלא רחמי עינא דלית עלא גבניני עינא דלא אדמיך ולא נאים עינא דכל עיינין בישין אתכפיין ואיטמרו גו כיפין מן קדמוהי עינא דנטיר לישראל דכתיב הנה לא ינום ולא יישן שומר ישראל (תהלים קכ״א ד׳) וכתיב הנה הנה עין ה׳ אל יראיו למיחלים לחסדו (תהלים ל״ג י״ח) בההיא עינא עילאה גזרית ואשבעית עליכון כל מין עינא בישא שתסורו ותערקו ותברחו ותרחיקו מעל (פב״פ) ומעל כל ב״ב (בני ביתו) ולא יהיה בכם שום כח לשלוט (בפב״פ) וכל ב״ב לא ביום ולא בלילה לא הקיץ ולא בחלום ולא בשום אבר מרמ״ח אבריו ולא בשום גיד משס״ה גידי מהיום ומעולם אמן נצח

To the left of the hand: on top-

משמאל ליד: למעלה —
סלה ועד: אתה סתר לי מצר תצרני רני פלט תסובבני סלה (תהלים ל״ב, ז׳, Psalms 33:7). יושב בסתר וכו׳ (תהלים צ״א, א׳, Psalms 91:1).

Under the line – the fable that explains why the name of the Demon Lilith appears on amulets for the protection of children –

מתחת לקו - האגדה המסבירה מדוע שם השדה לילית מופיע בקמיע להגנת הילד —

מס׳ עבוה״ק (מספר עבודת הקודש) הרב חס״ל ז״ל בשם ה׳ אלהי ישראל ששמו גדול ונורא. אליהו ז״ל היה מהלך בדרך ופגע בלילית אמר לה טמאה אנה תלכי אמרה לו אני הולכת לבית היולדת (פב״פ) לתת לה שנת המות ולקחת את בנה לאכלו, אמר לה תהי בחרם עצורה מאת השי״ת (השם יתברך) אבן דומם תהיי ענתה ואמרה לו אדוני התירני אני נשבעתי בשם ה׳ לעזוב את דרכי זה וכל זמן שאני שומעת או רואה את שמותי מיד אברח, ועתה אודיע לך את שמותי וכל זמן שיזכירו שמותי לא יהי׳ לי כח להרע או להזיק אני לגלות את שמותיך ותתנם לכתב ולתלותם בבית הילד או היולדת ומיד אני בורחת: ואלו הם שמותי שטרונא, לילית, אביטו, אמיזרפו, אמיזו, קקש, אודם, איק, פוד, איילו, פטרוטא, אברו, קטא, קלי, בטנה, תלתו, פרטשה: וכל מי שיודע שמותי אני בורחת מן התינוק ותלה בבית הילד או היולדת או הילד זאת הקמיע והילד לא ינזוק ממני לעולם: קבלה מרבי אליעזר בעל התוספות ז״ל. שמירה למגפה ושרפה ה׳ ישמרנו לתלות זאת נגד החלון או נגד הפתח

V

ובדוק ומנוסה וגם האר״י הק׳ (הקדוש) הביא בכתב ידו כל זאת נפלא מאד וגם מר׳ אליהו בעל שם טוב זלה״ה (זכרונו לחיי העולם הבא).

Inside the hand, in the three right nails - בתוך היד: בשלשת הצפורנים מימין –
אסל מתר פתס - (אתה סתר לי מצר תצרני רני פלט תסובבני סלה - תהלים ל״ב, ז׳ ,Psalms 32:7).

In the next two nails: בשתי הצפורנים הבאות –
ופו וה (ויעמד פינחס ויפלל ותעצר המגפה - תהלים ק״ו, ל׳ ,Psalms 106:30).

In the thumb - בבוהן –
חיפל קסמיאל (שמות מלאכים Names of Angels) חמיסלו (חנה מלאך ה׳ סביב ליראיו ויחלצם- תהלים ל״ד, ח׳, Psalms 34:8)

In the first finger - באצבע הראשונה–
נשחסלו מהש (מלה חמישית בשם בן ל״ב אותיות ,5th word in the 72 Letter Name of God)

In the rest of the fingers- ביתר האצבעות –
פגמכאר (צדנלבש – כשכל אות הוחלפה באות שלפניה באלף-בית- כמו באבג״ד, אך בכוון הפוך
צדנלבש - where each letter is replaced by the preceding one in the alphabet)
קהסמגת (צדנלבש בשיטת אבג״ד .method אבג״ד in צדנלבש)
צדנלבש (צרי ומעט דבש נכאת ולט בטנים ושקדים - בראשית מ״ג, י״א ,Genesis 43:11).

Under the fingers : מתחת לאצבעות:

First Row - שורה ראשונה –
שדי ישד דשי דיש (הטיות שונות של ״שדי״, ״שדי״ Permutations of)

Second row - שורה שניה -
אדני

Third row - שורה שלישית –
אראריתא (אחד ראש אחדותו ראש יחודו תמורתו אחד - ספרי חיד״א ,חיד״א Books of) בואל (שם מלאך ,Name of an Angel).

Fourth row - שורה רביעית –
ידש (הטיה של ״שדי״ ,״שדי״ Permutation of) יליאל יחיאל (שמות מלאכים ,Names of Angels).

Fifth and Sixth rows - שורה חמישית ושישית –
שיד (הטיה של ״שדי״ ,״שדי״ Permutation of) אהיה (שם ה׳ ,Name of God).

In the palm of the hand: A square. Reads from top to bottom. The first letter in each column and the third letter in the last column - בכף היד: תשבץ. נקרא מלמעלה למטה. אות ראשונה בכל עמודה ואות שלישית בעמודה האחרונה –
ויעמד פינחס ויפלל ותעצר המגפה (תהלים ק״ו, ל׳, Psalms 106:30)

Second letter in each column - השם המפורש repeated 5 times. אות שניה בכל עמודה - השם המפורש חוזר 5 פעמים.

On the edge of the palm of the hand: בצד כף היד:
כוזו במוכסז כוזו (יהוה אלהינו יהוה בשיטת אבג״ד, שם י״ד אותיות .method, 14 Letter Name אבג״ד in יהוה אלהינו יהוה).

At the bottom of the hand: בתחתית היד:
מצמצית (שם ה׳ בקבלה ,Name of God in Kabbalah) ביט (כי בי חשק ואפלטהו - תהלים צ״א, י״ד ,Psalms 91:14)

On both sides of the circle: משני צדי המעגל:
אדם וחוה אברהם ושרה יצחק ורבקה יעקב ולאה.

מימין למעגל: To the right of the circle:

סני וסנסני וסמנגלוף (המלאכים המגינים על התינוק, Names of the angels protecting the newborn) פנימה: מכשפה לא תחיה (שלש פעמים, Repeated 3 times) נדפס פעה"ק (פה עיר הקדש) ירושלם תובב"א (תבנה ותיכונן במהרה בימינו אמן).

משמאל למעגל: To the left of the circle:

לילית וכל כת דילה חוצה: לא תחיה מכשפה (שלש פעמים, Repeated 3 times) שנת תש"י. (שנת תש"י היא השנה בה נכתב המקור, לא שנת הדפס ההעתקים. תש"י is the year in which the original was written, not when the copies were printed).

במעגל החיצוני: In the outer circle:

בעבייץ (ברוך עושה בראשית ה' ישמור צאתך ובואך) ביקעני סונולחזי והאפההב (ואת האנשים אשר פתח הבית הכו בסנורים - בראשית י"ט, י"א, Genesis 19:11).

במעגל הפנימי: In the inner circle:

וזפ הלא פעב ביב באמ ובה והו (ואמרתם זבח פסח הוא לה' אשר פסח על בתי בני ישראל במצרים בנגפו את מצרים ואת בתינו הציל ויקד העם וישתחוו - שמות י"ב, כ"ז, Exodus 12:27) ילש תבא שרב (יבדל לחיים שומע תפילה ברחמים עליו שלום רב ברכה) ו ליב (ונגע לא יקרב באהלך - תהלים צ"א, י', Psalms 91:10) וחוחוהה (צריך להיות ובהוהוה should be) (ויעמד בין המתים ובין החיים ותעצר המגפה - במדבר י"ז, י"ג, Numbers 17:13) קרע שטן (חלק משם מ"ב אותיות Part of the 42 Letter Name of God) יוהך כלך (אותיות אחרונות ב"כי מלאכיו יצוה לך לשמרך בכל דרכיך" - תהלים צ"א, י"א, Final letters in Psalms 91:11) - אגף סגף נגף (לחש נגד מגיפה, A spell against the plague) ופווה (ויעמד פינחס ויפלל ותעצר המגיפה - תהלים ק"ו, ל', Psalms 106:30) רוטא (עשב בעל ריח חריף בשמוש נגד מגיפה, A sharp smelling herb counteracts the plague) נעורירון (שם מלאך, Name of an angel) יגל פזק (חלק משם מ"ב אותיות, Part of the 42 Letter Name of God).

מעל התמונה: Above the picture:

אליך לא יגש (תהלים צ"א, ז', Psalms 91:7).

באמצע התמונה: In the middle of the picture:

אל שדי אנקתם (חלק משם כ"ב אותיות, Part of the 22 Letter Name of God) טפטפיה (שם מלאך, Name of an Angel) על צבא סנוי (אחד המלאכים המגינים על התינוק, One of the angels protecting the newborn) בטר (חלק משם מ"ב אותיות Part of the 42 Letter Name of God) מזרהי שמור.

במעגלים הקטנים: אותיות מתורת הקבלה. In the small circles: Letters from the Kaballah.

ברבועים מימין: In the rectangles on the right :

אגלא (אתה גבור לעולם אדני) אזבוגה (שם ה', Name of God) צמרכד (האות האחרונה בכל פסוק בחמשת הפסוקים הראשונים בבראשית, The last letter in each of the first 5 verses in Genesis).

ברבועים משמאל: In the rectangles on the left:

אגלא אזבוגה צמרכד (כתובים משמאל לימין. written from left to right).

Bibliography ביבליוגרפיה

דייויס ע, פרנקל ד א, **הקמיע העברי**, מקראי-רפואי-כללי, מכון למדעי היהדות, ירושלים, תשנ"ה, 1995

הנגבי ז, יניב ב, **אפגניסתאן**, בית הכנסת והבית היהודי, המרכז לאמנות יהודית, האוניברסיטה העברית ירושלים, תשנ"א, 1991

יצחקי י, **לחש וקמיע**, סגולות, חלומות, קללות וברכות, צמחי מרפא ורפואות, כתר הוצאה לאור, ירושלים

מולר-לנצט א, **חיי היהודים במרוקו**, מוזיאון ישראל והוצאת סתוית, ירושלים תשמ"ג, 1983

נחמיאס ב, **חמסה**, קמיעות, אמונות, מנהגים ורפואה עממית בעיר העתיקה ירושלים, מודן הוצאה לאור, תל-אביב, 1996

***רפאל המלאך**, הוצאת בקאל, ירושלים, 1986

***רזיאל המלאך**, בימ"ס ספרים א. ברזני, תל-אביב

Schire T, **Hebrew Amulets**, Their Decipherment and Interpretation, Routledge & Keagan Paul, London, UK, 1966

Shachar I, **Jewish Tradition In Art**, The Feuchtwanger Collection of Judaica, The Israel Museum, Jerusalem, 1981

Shwartz-Be'eri O, **The Jews of Kurdistan**, Daily life, Customs, Arts and Crafts, The Israel Museum, Jerusalem, 2000

* ספרים אלו פורסמו במהדורות שונות.
מספרי הדפים המופיעים בטבלה זו נלקחו מהמהדורה הנזכרת ברשימה זו

* These books were published in several editions. The page numbers in the table correspond to the version in this list.